Kohlhammer

Pädagogik im Autismus-Spektrum

Herausgegeben von Christian Lindmeier

Die Herausgebenden

Prof. Dr. Christian Lindmeier leitet die Arbeitsbereiche »Pädagogik bei kognitiver Beeinträchtigung« und »Pädagogik im Autismus-Spektrum« im Institut für Rehabilitationspädagogik an der Martin-Luther-Universität Halle-Wittenberg.
Dr. Marek Grummt und Dr. Mechthild Richter sind dort wissenschaftliche Mitarbeitende.

Christian Lindmeier, Marek Grummt,
Mechthild Richter (Hrsg.)

Neurodiversität und Autismus

Verlag W. Kohlhammer

Dieses Werk einschließlich aller seiner Teile ist urheberrechtlich geschützt. Jede Verwendung außerhalb der engen Grenzen des Urheberrechts ist ohne Zustimmung des Verlags unzulässig und strafbar. Das gilt insbesondere für Vervielfältigungen, Übersetzungen, Mikroverfilmungen und für die Einspeicherung und Verarbeitung in elektronischen Systemen.

Die Wiedergabe von Warenbezeichnungen, Handelsnamen und sonstigen Kennzeichen in diesem Buch berechtigt nicht zu der Annahme, dass diese von jedermann frei benutzt werden dürfen. Vielmehr kann es sich auch dann um eingetragene Warenzeichen oder sonstige geschützte Kennzeichen handeln, wenn sie nicht eigens als solche gekennzeichnet sind.

Es konnten nicht alle Rechtsinhaber von Abbildungen ermittelt werden. Sollte dem Verlag gegenüber der Nachweis der Rechtsinhaberschaft geführt werden, wird das branchenübliche Honorar nachträglich gezahlt.

Dieses Werk enthält Hinweise/Links zu externen Websites Dritter, auf deren Inhalt der Verlag keinen Einfluss hat und die der Haftung der jeweiligen Seitenanbieter oder -betreiber unterliegen. Zum Zeitpunkt der Verlinkung wurden die externen Websites auf mögliche Rechtsverstöße überprüft und dabei keine Rechtsverletzung festgestellt. Ohne konkrete Hinweise auf eine solche Rechtsverletzung ist eine permanente inhaltliche Kontrolle der verlinkten Seiten nicht zumutbar. Sollten jedoch Rechtsverletzungen bekannt werden, werden die betroffenen externen Links soweit möglich unverzüglich entfernt.

1. Auflage 2023

Alle Rechte vorbehalten
© W. Kohlhammer GmbH, Stuttgart
Gesamtherstellung: W. Kohlhammer GmbH, Heßbrühlstr. 69, 70565 Stuttgart
produktsicherheit@kohlhammer.de

Print:
ISBN 978-3-17-041266-8

E-Book-Formate:
pdf: ISBN 978-3-17-041267-5
epub: ISBN 978-3-17-041268-2

Inhaltsverzeichnis

Vorwort 7

I Sozial- und erziehungswissenschaftliche Perspektiven

Einführung in das Paradigma der Neurodiversität 11
Marek Grummt

Neurodiversität und Wissen über Autismus im pädagogischen Fachdiskurs – eine historisch vergleichende Perspektive 29
Kathrin Berdelmann

Neurodiversität und Autismus aus Sicht der Pädagogik der Nicht_Behinderung 46
Christian Lindmeier & Marek Grummt

Neurodiversität – Ein inklusiveres, gendergerechtes Konzept? 61
Imke Heuer

Neurodiverses In-der-Welt-Sein 75
Hajo Seng

II (Schul-)Pädagogik und Neurodiversität

Gelingensbedingungen für eine neurodiversitätssensible Schule – Eckpunkte für pädagogisches Handeln 89
Lukas Gerhards

Neurodiversität als pädagogische Grundhaltung 102
Mechthild Richter

Mathematischer Anfangsunterricht unter der Berücksichtigung von Neurodiversität. Die Grenzen der Kraft der Fünf und die Notwendigkeit der Pluralisierung von Lernwegen 113
Torben Rieckmann

»Also ich glaube, dass da noch viel zu tun ist. Also sehr, sehr viel zu tun ist, ehrlich gesagt.« Über diversitätssensiblen Unterricht mit autistischen Schüler*innen 131
Christina Feschin

III Partizipative Autismusforschung und interdisziplinäre Neurodiversitätsforschung

Autistische Selbstvertretung 145
Aspies e.V. – Menschen im Autismusmusspektrum (Thomas Fuchs, Regina Hartmann, Imke Heuer, Hajo Seng und Mitglieder von Autismus-Selbsthilfegruppen)

Wege hin zu partizipativer Autismusforschung: Das Projekt Heureka! an der LMU München und dem Max-Planck-Institut für Psychiatrie 157
Tobias Schuwerk, Leonhard Schilbach, Hanna Thaler, Ilona Mennerich, Reiko Onishi & Marina Röhrig

Partizipative Autismusforschung und das Partizipative Forschungsnetzwerk Autismus in der Schweiz (PFAU) 170
Andreas Eckert

Ein Zentrum für Neurodiversitätsforschung (ZNDF) in Hamburg .. 180
André Frank Zimpel

Verzeichnisse

Autor:innenverzeichnis 203

Vorwort

In der Buchreihe »Pädagogik im Autismus-Spektrum« beschäftigt sich der erste Band mit dem für die gesamte Reihe grundlegenden Thema »Neurodiversität und Autismus«. Der Begriff der Neurodiversität entstammt autistischen Selbstvertretungsorganisationen und hat, auch wenn er viel weiter greift, weiterhin eine große Relevanz für die autistische Bevölkerung. Die kritische Diskussion vollzieht sich auf politischer, wissenschaftlicher und aktivistischer Ebene – so setzt sich die Neurodiversitätsbewegung auch für die Inklusion, Partizipation und die Rechte von Personen im Autismus-Spektrum ein.

Das Konzept der Neurodiversität impliziert zum einen die unendliche Variabilität menschlicher neuronaler Strukturen; zum anderen wird Neurodiversität als eine weitere Diversitätsdimension neben Dimensionen wie Geschlecht, Klasse und ethnische Zugehörigkeit verstanden. Dem Neurodiversitäts-Paradigma folgend werden verschiedene Neuro-Minoritäten, die sich als neurodivergent verstehen, unter einem ›gemeinsamen Banner‹ vereint betrachtet und die neurotypisch geprägte und dominierte Gesellschaft kritisch hinterfragt. Unter diesem Banner werden mittlerweile neben der Autismus-Spektrum-Störung (ASS) nicht nur Aufmerksamkeitsdefizit-Hyperaktivitätsstörungen (ADHS), Dyskalkulie, Legasthenie und Dyskalkulie fokussiert, sondern auch medizinisch-psychiatrische Diagnosen wie intellektuelle Beeinträchtigung, Tourette-Syndrom, Schizophrenie, bipolare Störung, schizoaffektive Störung und antisoziale Persönlichkeitsstörung.

Die zugehörigen Querschnittsthemen, die historisch große Veränderungen erfahren haben, werden in diversen Wissenschaftsdisziplinen beleuchtet. Diesem interdisziplinären Charakter verschreibt sich auch der vorliegende Band, der Beiträge aus verschiedenen Disziplinen (z. B. Soziologie, Psychologie, Pädagogik) vereint. Der Band beschränkt sich vor allem auf das Thema Neurodiversität und Autismus, denn der wissenschaftliche Diskurs steht in Deutschland – anders als im englischsprachigen Ausland – insgesamt erst am Anfang und umfasst bislang fast ausschließlich die Neuro-Minderheit autistischer Personen.

Der *erste* Teil des Bandes befasst sich mit sozial- und erziehungswissenschaftlichen Perspektiven auf das Konzept Neurodiversität sowie mit der Ein-, An- und Abgrenzung zu und von verwandten Konzepten. Der *zweite* Teil wendet sich pädagogischen und didaktischen Themen zu, die bisher im deutschsprachigen Raum wenig bzw. fast ausschließlich in Form von Ratgeberliteratur für Lehrkräfte Beachtung fanden. Der *dritte* und letzte Teil gibt Raum für Bestandsaufnahmen zur partizipativen Forschung als einer Hauptforderung der Neurodiversitätsbewegung, die im deutschsprachigen Raum auch an Bedeutung gewinnt. Ebenso wird ein Einblick in erste interdisziplinäre Neurodiversitätsforschungen gegeben, die ein Zeichen dafür sind, dass die Idee der Neurodiversität immer breiter anerkannt wird.

An diesem Buch haben zahlreiche Wissenschaftler:innen mit einer Autismus-Diagnose mitgewirkt. Ihnen gebührt unser besonderer Dank, denn ohne sie wäre das Buch in dieser Form nicht möglich gewesen.

Halle an der Saale, Oktober 2022
Christian Lindmeier, Marek Grummt und Mechthild Richter

I Sozial- und erziehungswissenschaftliche Perspektiven

Einführung in das Paradigma der Neurodiversität

Marek Grummt

Der Neurodiversitätsbegriff ist mittlerweile auch im deutschsprachigen Diskurs zu finden. Allerdings ist seine Vielschichtigkeit noch nicht in der Breite angekommen. Ziel dieses Beitrages ist es, die unterschiedlichen Facetten des Begriffs Neurodiversität sowie die Diskurse rund um die Neurodiversitätsbewegung aufzuzeigen, um eine Grundlage für die weiteren Themen des Bandes zu legen und eine Anschlussfähigkeit an andere Diskurse rund um Autismus herzustellen.

Grundlegende Begriffe: Neurodiversität, Neurotypik, Neurodivergenz

Neurodiversität ist eine Theorieperspektive, die sich auf die Vielfalt von neuronalen Strukturen stützt (u. a. Singer 1997, 1998, 2017, 2020; Kapp 2020; Hughes 2018; Liu 2017; Walker 2014, 2021). Mit ›Neuro‹ sind nicht nur die Verbindungen des Gehirns gemeint, sondern alle Nervenverbindungen des gesamten Körpers (Walker & Raymaker 2021). Neurodiversität bezieht sich also nicht nur auf Denkprozesse, sondern auf alle Wahrnehmungs-, Handlungs- und Denkweisen. Neuronale Strukturen sorgen für den Zusammenhang von Geist und Körper, weshalb die Vielfalt neuronaler Verbindungen auch in ihrer Verkörperung sichtbar wird.

Neurodiversität ist damit nicht nur als die Vielfalt von Gehirnen zu verstehen, sondern als eine neue Art der Theoretisierung, die bestrebt ist, einerseits die identitätsbeeinflussenden neuronalen Bedingungen und andererseits die Abweichungen von normaler Wahrnehmung und Reaktion auf die Welt zu bearbeiten (Rosquist, Chown & Stenning 2020a).

Neurodiversität ist als Fakt menschlicher Vielfalt zu sehen – menschliche Nervenbahnen und Hirnstrukturen unterscheiden sich von Individuum zu Individuum. Die Vielfalt von neuronalen Verbindungen impliziert damit alle Menschen: »everyone has a different mind, a different way of being« (Aktivist Vincent Camley auf einem Poster; Camley, 2005).

Dennoch wird in der Debatte um Neurodiversität auch eine Differenz begrifflich gerahmt, die bedeutsam für das Begriffsverständnis ist: die zwischen *neurotypisch* und *neurodivergent*.

Während die Begriffe *neurodivers* und *neurodivergent* oft verwechselt werden (nur eine Gruppe kann neurodivers sein, Individuen entsprechen dagegen einer Typik oder divergieren, sie ›diversieren‹ nicht), dreht sich ein bedeutsamer Teil der Neurodiversitätsdebatte um die Frage, warum die Grenze zwischen neurotypisch und -divergent gezogen wird und wie die Grenzziehung stattfindet (Walker 2014, 2021; Walker & Raymaker 2021).

> »While the extension from this concept to group-based identity politics that distinguish between the neurodivergent and neurotypical may at first seem contradictory, the neurodiversity framework draws from reactions to existing stigma- and mistreatment-inducing medical categories imposed on people that they reclaim by negotiating their meaning into an affirmative construct« (Kapp 2020, 2f.).

Die Differenzziehung mag also auf den ersten Blick verwirren, da man davon ausgehen könnte, dass es sich um eine Ersetzung des Begriffspaares ›gesund – krank‹ handelt – es steckt aber mehr dahinter als nur eine begriffliche Unterscheidung. Einerseits geht es darum, auf die hegemonialen Strukturen und Praktiken hinter der Neurotypik aufmerksam zu machen. Dies impliziert die gesellschaftlich bedingten Klassifikationen von neuronaler Normalität ebenso wie die Kontexte, Räumlichkeiten und Praktiken, die einer bestimmten Vorstellung von Neurotypik entsprechen (z. B. typische bunte und sensorisch anregende Klassenzimmer; Warteräume mit Radiountermalung, TV mit Informationen & Werbung und Stimmengewirr; Unterrichtsstunden ohne angemessene Differenzierung). Das beinhaltet dementsprechend auch professionelle klassifikatorische Rahmungen:

> »NeuroDivergent People aren't in control of our own narrative & the diagnostic manuals are one way the NeuroTypicals control the narratives around NeuroDivergent People« (Holmans 2021).

Andererseits geht es darum, die Grenzziehung zwischen neurotypisch und neurodivergent selbst zu beeinflussen. Um sich als neurodivergent wahrzunehmen, bedarf es damit keiner medizinischen Diagnose.

Menschen, die sich als neurodivergent wahrnehmen und bezeichnen, implizieren, dass ihre Denk-, Wahrnehmungs- und Handlungsweisen von einem dominanten sozialen Standard (Neurotypik) abweichen, was weder wünschenswert noch nicht-wünschenswert, weder negativ noch positiv zu verstehen ist (Walker 2014, 2021). Neurodivergenz kann damit ein breites Spektrum umfassen; die Ursachen können genetischer, traumatischer oder unklarer Natur sein.

Während es für einige Neurodivergenzen Diagnosen bzw. Bezeichnungen gibt (Autismus, Epilepsie, Dyslexie), zeichnet sich die Erfahrung der Neurodivergenz meist durch eine veränderte Resonanz mit der Welt (Rosa 2016) aus. Der Aspekt der Resonanz ist hier im Sinne der Erwartung an ein ›Vertrautwerden‹, eine ›Beziehung‹ mit Anderen, Dingen und der Welt zu verstehen, als ein ›Schwingen‹ mit sozialen, materialen und strukturellen Elementen der Welt, als ein Aufbau einer Weltbeziehung (Rosa 2016). In diesem Verständnis wird die Welt mit der Zeit immer ›lesbarer‹, wie ein Buch (ebd., 699 ff.). Genau wie ein:e Leser:in Antworten im Buch sucht, so sucht der Mensch seine Antworten in der sozialen und materialen Welt. Während alle Menschen Schwierigkeiten haben, die immer komplexer und widersprüchlicher werdende Welt zu lesen (Kinder noch mehr als Erwachsene), so gelingt es ihnen doch meist, eine Weltbeziehung durch Erfahren, Erkennen und somit auch ›Lesen‹ sozialer, materialer und weltlicher Strukturen aufzubauen. Neurodivergenz würde in diesem Verständnis bedeuten, dass einerseits der Prozess des Lesens schwerfällt, teils misslingt oder von einer Typik differiert, andererseits dass das Buch der Welt so geschrieben ist, dass es einige Menschen demotiviert, überfordert oder diskriminiert. Wie ein:e Leser:in eine Beziehung zu einer Geschichte, einer Erzählung oder einer Biografie aufbauen oder auch daran scheitern kann, so kann es Menschen gelingen, eine Weltbeziehung in einer »institutionell gestalteten kapitalistischen Wirklichkeit« (Rosa 2016, 706) aufzubauen – oder ihnen wird genau durch die Art und Weise, wie die Welt gestaltet ist, die Herausforderung, »körperliche und symbolische beziehungsweise sinnvermittelte Weltbeziehungen« (Rosa 2016, 153) zu erwerben, erschwert. Und zwar potentiell auf allen drei Achsen der Weltbeziehung: die des Sozialen (u. a. Familie, Freunde), die der Dingwelt (u. a. Arbeit, Schule, Objekte) und die des Weltlichen (u. a. Natur, Religion, Kunst).

Eine Divergenz – wie auch immer man sie versteht – ist allerdings immer nur unter der Rahmung einer wie auch immer gearteten gesellschaftlichen Typik zu verstehen.

Für die Debatte um Neurodiversität sind vor allem jene Formen der Neurodivergenz von Relevanz, die das gesamte Wesen, die Identität und Persönlichkeit eines Menschen durchdringen. Neurodivergenz wird explizit nicht als Pathologie verstanden – Therapien und Heilungsansätze, die eine Abschaffung von Neurodivergenz verfolgen, werden explizit abgelehnt. Ansätze, die sich auf die Heilung von Neurodivergenzen richten, die nicht identitätsprägend sind (z. B. Epilepsie oder Unfallfolgen), werden dagegen nicht kritisiert – es sei denn sie gehen mit Diskriminierungen einher (Kapp 2020).

Werden bestimmte Gruppen zusammengefasst, die eine ähnliche Form der Neurodivergenz aufweisen, so lässt sich mit Blick auf die mit Neurodivergenz einhergehenden Benachteiligungen von *Neuro-Minoritäten* sprechen (Walker 2014, 2021). Beispielhaft wären hier Menschen mit Schizophrenie oder bipolarer Störung zu nennen, unter bestimmten Umständen aber auch autistische Menschen.

Neurodiversität ist damit primär ein soziologischer, aber auch identitätspolitischer Begriff. Im Folgenden werden die prägenden Diskurse getrennt bearbeitet, um bilanzierend eine zusammenführende Modellierung vorzunehmen: Der Diskurs um das Pathologie-Paradigma, Neurodiversität als politischer Begriff und Anschlüsse an Biodiversität und soziale Dynamiken menschlicher Diversität werden aufgegriffen, um schließlich das Neurodiversitäts-Paradigma durch Ansätze der Performativität sowie sozialstrukturell zu begründen. Exemplifiziert wird dieses Paradigma über den Einfluss der Medikalisierung, also der zunehmenden Dominanz medizinischer Deutungsmuster in der westlichen Kultur.

Neurodiversität als Kontrast zum Pathologie-Paradigma

An manchen Stellen wird Neurodiversität als ›Umbrella-Term‹ (Clouder et al. 2020; Skelling 2019; Graby 2015) oder ›Container-Term‹ (Arnold 2004) genutzt, als Sammelbegriff für verschiedene Schädigungsbilder – ähnlich wie Begriffe wie ›psychische Störung‹ oder ›Unfallfolgen‹. Eine begriffliche Rahmung wie diese geht mit einer Grenzziehung einher, die vor allem über medizinische Diagnosen geführt wird. So lehnte beispielsweise die britische Developmental Adult Neurodiversity Association (DANDA) die Mitgliedschaft einer Person, die eine Hirndurchblutungsstörung durch einen Unfall erlitt, ab, da die Divergenz nicht angeboren war (Arnold 2017).

Neurodiversitätsaktivist:innen lehnen eine solche Begriffsbestimmung und Grenzziehung über medizinische Diagnosen ab (u. a. Arnold 2017; Walker 2014, 2021; Singer 2020; Lindmeier & Grummt in diesem Band), da sich in ihnen medikalisierende hegemoniale Strukturen (s. u.) sowie eine Diversitätsinterpretation als Störung reproduzieren, anstatt auf die gesellschaftliche Dimension der Diversität von neuronalen Strukturen zu fokussieren. Zudem, so lässt sich aus einer kritischen gesellschaftstheoretischen Perspektive hinzufügen, bleibt in einem solchen Begriffsverständnis das Tertium Comparationis – die Neurotypik – unbestimmt.

Nick Walker verweist 2014 auf zwei Paradigmen, die die Neurodiversitätsdebatte bestimmen: das Pathologie-Paradigma und das Neurodiversitäts-Paradigma.

> »The pathology paradigm starts from the assumption that significant divergences from dominant sociocultural norms of cognition and embodiment represent some form of deficit, defect, or pathology. In other words, the pathology paradigm divides the spectrum of human cognitive/embodied performance into ›normal‹ and ›other than normal,‹ with »normal« implicitly privileged as the superior and desirable state« (Walker & Raymaker 2021).

Das Pathologie-Paradigma basiert damit auf einer protonormalistischen Interpretation (Link 2013) von Neurodivergenzen, also Abweichungen von einer wie auch immer definierten neurologischen Normalität (Abb. 1).

Diese Zweiteilung der Menschheit, in normal und nicht-normal, gerät empirisch schnell an ihre Grenzen – da je nach Kontext, Raum und Zeit alle Menschen normal oder nicht-normal sein können. Zudem wird in einem solchen Verständnis das Konstrukt der Normalität nicht weiter hinterfragt. Dennoch findet es sich in medizinischen Diskursen durchaus so wieder, was weiter unten genauer expliziert wird.

In den 1990er Jahren wurden diesem Paradigma soziologische Perspektiven, gerade in Bezug auf ›neurologische Pathologisierung‹, entgegengesetzt, die anfingen, die machtvollen Dynamiken aufzudecken, die die Benachteiligung von neurodivergenten Menschen bedingten.

Pathologie-Paradigma

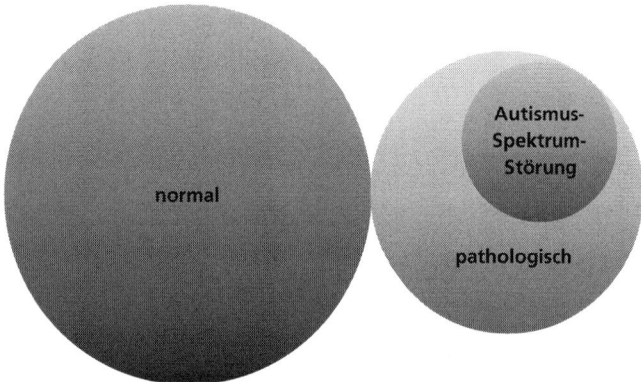

Abb. 1: Pathologie-Paradigma (eigene Darstellung)

Neurodiversität als politischer Begriff

Dieser Diskurs um Normalität und Pathologisierung führte auch zum Begriff der Neurodiversität, der von der Soziologin Judy Singer und dem Journalisten Harvey Blume (Blume 1997, 1998) in gemeinsamen Gesprächen in Abgrenzung zu ähnlichen Begriffskonstruktionen zum ersten Mal öffentlich publiziert wurde (Silberman 2015). Man kann allerdings davon ausgehen, dass er innerhalb der Autismus-Selbstvertretungsszene schon vorher diskutiert wurde (Walker 2021).

Eine erste sozialwissenschaftliche Begriffsnutzung findet sich in Judy Singers Abschlussarbeit (Singer 1997), die adaptiert ein Jahr später im Rahmen eines wissenschaftlichen Papers republiziert wurde:

> »For me, the key significance of the ›Autistic Spectrum‹ lies in its call for an anticipation of a politics of Neurological Diversity, or ›Neurodiversity‹. The ›Neurological Different‹ represent a new addition to the familiar political categories of class/gender/race and will augment the insights of the social model of disability« (Singer 1998, 64).

Schon in dieser ersten Begriffsdiskussion wird die Politisierung der neurologischen Diversität in den Mittelpunkt gerückt, wie Singer 22 Jahre später bestätigt:

> »And like biodiversity, it's not really intended as a scientific descriptor because it's quite obvious that no two humans are alike. It's actually coined like biodiversity for a political purpose, to argue for the conservation of biota – animals and plants. Because it's known that biodiversity is important for sustainable environments. And so, I thought well humans are a subset of that. And it can be used to argue for the importance of allowing human diversity to flourish and the importance of society in allowing human diversity to flourish« (Singer 2020).

Als erster wichtiger Aspekt ist Neurodiversität damit im Anschluss an Debatten um Biodiversität, also Bedeutsamkeit und Anerkennung der Vielfalt biologischer Gegebenheiten, zu verstehen. Eine zentrale Prämisse des Neurodiversitäts-Paradigmas ist es, dass es natürliche Unterschiede in der neurologischen Entwicklung und Funktionsweise bei Menschen gibt. Diese Differenzen sind natürlicher und wertvoller Teil der menschlichen Variation und daher nicht notwendigerweise pathologisch. Anders ausgedrückt: Eine Störung zu haben bedeutet, man kann sich nicht normal entwickeln und voll entfalten – Neurodivergent zu sein bedeutet, man entspricht nicht der Wahrnehmung eines typischen Geistes, das heißt aber nicht, dass man sich nicht voll entfalten könnte.

Neurodiversität ist somit immer auch ein Begriff, der politische Zielstellungen verfolgt. Die ›Logik des Politischen‹ (Meyer 2010) lässt sich dabei in drei Dimensionen herausarbeiten: Polity (die Grundordnung, die jeweils geltenden geschriebenen und ungeschriebenen Verfassungen, also die geltende Grundlage, auf der politische Prozesse stattfinden), Policy (die Inhalte, also die Gegenstände, Ziele und Aufgaben der Politik sowie die Programme, um mit diesen umzugehen) sowie Politics (die Dynamik und Prozesse politischer Auseinandersetzung; die machtvolle Vertretung und Durchsetzung von Interessen; Konflikte, Konsens und Kompromisse) (vgl. Alemann 1995; Jahr 2022; Petrik 2013; Meyer 2010).

Während die Grundordnung, auf der politische Diskurse aufbauen, für die Debatte um Neurodiversität nur von kleiner Relevanz ist, sind es die Ebenen der (1) Policy und die der (2) Politics umso mehr.

(1) Auf der Ebene der Policy, und damit der Ebene der politischen Programme, werden die gegenwärtigen Umgangsweisen mit neurodivergenten Menschen hinterfragt. Neurodiversität verweist darauf, dass ein standardisierter Umgang, der sich vor allem an medizinischen Schädigungsbildern orientiert, vielen Individuen nicht gerecht werden kann. Die Kritik an der Therapieform ABA im Autismus-Spektrum ließe sich als ein Beispiel anführen – ist doch die Finanzierung einer langjährigen Maßnahme, die darauf zielt, sich möglichst unauffällig anzupassen, durchaus als politische Entscheidung zu deuten. Das Motiv der ›Anpassung vor Anerkennung‹ als politisches Programm zu hinterfragen, ließe sich als Folge des Diskurses um Neurodiversität formulieren (z. B. Kirkham 2017).

(2) Die Ebene der Politics als die Art und Weise, in der politische Diskurse geführt werden, findet sich in Bezug auf Neurodiversität im Neurodiversitäts-Aktivismus. Während es durchaus partei- und politiker:innenbezogene Aktivitäten in Bezug auf Neurodiversität gibt (Craine 2020), sind die primären Aktivitäten, die sich unter dem ›Banner‹ der Neurodiversitätsbewegung vereinen, aktivistischer Natur. Interessant ist die Art und Weise der aktivistischen Einflussnahme, die nicht durch Straßenprotest, Streiks oder andere etablierte Techniken sozialer Bewegungen vorgehen (Rodgers 2018), sondern primär den Weg des Cyberaktivismus wählen. Diese Vorgehensweise ist vor allem durch den Boom sozialer Netzwerke begünstigt. Viele Neurodiversitätsaktivist:innen können mittlerweile mehrere zehntausende Menschen mit ihren Botschaften erreichen – und die Follower:innenzahlen steigen stetig.

Bedeutsam für diese politischen Botschaften ist die Dialektik von natürlicher Variation und Behinderung, die Neurodivergenz innewohnt (den Houting 2018).

Da einige kritische Stimmen argumentieren, dass bei einer natürlichen Variation neuronaler Verbindungen keine zusätzliche Unterstützung notwendig wäre (Jaarsma & Welin 2012), ist es wichtig, nicht zu vergessen, dass mit einer Abweichung von einem neurotypischen Standard oftmals Behinderungserfahrungen einhergehen.

> »Advocates therefore concurrently campaign for acceptance and respect for autistic people as valuable members of society and also fight for appropriate support and services to meet the needs of the autistic community« (den Houting 2018).

Während im Pathologie-Paradigma Interventionen unterstützt werden, die auf Anpassung und Reduktion autistischer Wesensmerkmale zielen (Jaarsma & Welin 2015; French & Kennedy 2018), werden im Neurodiversitäts-Paradigma Interventionen, Unterstützungsangebote, Innovationen und Novellierungen gefordert und unterstützt, die im Einvernehmen mit den neurodivergenten Menschen auf Verbesserung des subjektiven Wohlbefindens und der wahrgenommenen Lebensqualität zielen. Gleichzeitig werden neurodivergierende Wesenszüge nicht problematisiert, sondern unterstützt.

Neurodiversität im Anschluss an soziale Dynamiken menschlicher Diversität

Als zweiter wichtiger Aspekt der Idee der Neurodiversität, der von Anfang an in der Debatte eine Rolle spielte, ist der Anschluss an andere politische Diversitäts-Kategorien wie Klasse, Gender und Ethnie. Er verweist damit auf die gleichen Macht-Dynamiken, impliziert aber auch ähnliche Paradoxien.

> »The neurodiversity paradigm starts from the understanding that neurodiversity is an axis of human diversity, like ethnic diversity or diversity of gender and sexual orientation, and is subject to the same sorts of social dynamics as those other forms of diversity – including the dynamics of social power inequalities, privilege, and oppression. From this perspective, the pathologization of neurominorities can be recognized as simply another form of systemic« oppression which functions similarly to the oppression of other types of minority groups« (Walker & Raymaker 2021).

Walker deutet Neurodiversität hier im Gespräch mit Raymaker als eine weitere ›Achse menschlicher Diversität‹. Der Begriff der Achse ist im deutschsprachigen Bereich in verschiedenen Kontexten genutzt worden, so im Sinne der ›Achsen der sozialen Ungleichheit‹ (Klinger, Knapp & Sauer 2007), bei Knapp & Wetterer (2003) als ›Achsen der Differenz‹ sowie bei Dackweiler (2001) als ›Achsen sozialer Differenz‹. In Bezug auf Intersektionalität wird er durch Walgenbach (2017) kritisiert, da der Begriff der ›Achse‹ eine affirmative und weniger eine kritische Perspektive impliziert. Die Konstruktion ›Achsen der Diversität‹ findet sich im deutschsprachigen Raum nur in Bezug auf die ›Achsen der Ungleichheit‹ (Klinger, Knapp & Sauer 2007) – dies scheint die Bedeutung zu sein, die auch Walker ihr zuschreibt – das

Konstrukt der ›axis of human diversity‹ selbst scheint im englischsprachigen Diskurs nicht etabliert zu sein[1].

Es geht also vor allem um die Strukturen und Dynamiken, die ähnlich denen der anderen Diversitätsdimensionen sind. Wie bei diesen geht eine Differenzziehung meist mit soziologisch bedingten Abwertungen oder Benachteiligungen Einzelner einher – meist jenen, die am Rande eines Diversitätskontinuums stehen. Die Idee der Neurodiversität impliziert damit, ebenso wie Diskurse um Klasse, Ability oder Gender, Kritik an hegemonialen Deutungen, Strukturen und Praktiken – vor allem an den Strukturen und Praktiken der Neurotypik. Das führt auch dazu, dass im Diskurs um Neurodiversität die Zwei-Gruppen-Differenz von neurotypisch und neurodivergent aufrechterhalten wird (Abb. 2). Gleichzeitig wird Neurodiversität als Kontinuum verstanden, das sich je nach Kontext, Raum und Zeit flexibel verändert (vgl. hierzu Lindmeier & Grummt in diesem Band).

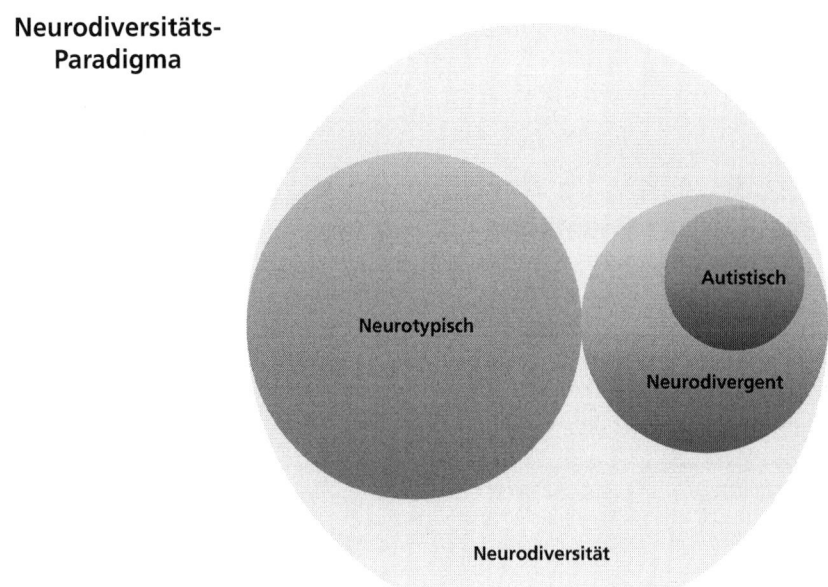

Abb. 2: Hinführung zum Neurodiversitäts-Paradigma (eigene Darstellung)

---

1 Eine Suche in den üblichen wissenschaftlichen Datenbanken (Google Scholar, ERIC, GESIS, EBSCO) erbrachte keine passenden Ergebnisse.

Neurodiversität als Begriff der performativen Wirksamkeit des verkörperten Denkens und Handelns

So wie in den anderen Diversitätsdimensionen lässt sich neben Benachteiligung und Behinderung auch Neurodivergenz als performativ hervorbracht verstehen. Grob umrissen ist damit gemeint, dass Benachteiligung und Divergenz im Handeln, in der Praxis entstehen und nicht naturgegeben schon vorher bestanden. Ein solcher poststrukturalistischer und praxeologischer Zugang, der im Grunde genommen fast alle Studies (Gender Studies, Cultural Studies, Black Studies usw.) prägt, ist auch auf Debatten um Neurodiversität anwendbar – allerdings wird der Zugang bisher nur selten gewählt (Rosquist, Stenning & Chown 2020a).

Mit dieser Perspektive geht diejenige der ›performativen Wirksamkeit des verkörperten Denkens und Handelns‹ (Butler 2016) einher, die sich unter anderem im Diskurs um die Verkörperung der neuronalen Strukturen ausdrückt. Walker macht dies deutlich an der Differenz von »mind«, was mehr oder weniger passend mit ›Geist‹ zu übersetzen wäre, und »brain«, also ›Gehirn‹. Während über viele Jahre Neurodiversität als die Vielfalt von Gehirnen diskutiert wurde, so ist es doch die Vielfalt des Geistes und deren Verkörperung, die für die Debatte prägend ist:

> »Neurodiversity, simply put, is the diversity among human minds. For 15 years or so after the term was coined, it was common for people to speak of neurodiversity as ›diversity among brains‹. There still are plenty of people who talk about it that way. I think this is a mistake; it's an overly reductionist and essentialist definition that's decades behind present-day understandings of how human bodyminds work« (Walker & Raymaker 2021).

Mit ›Neuro‹ sind – wie man denken könnte – eben nicht nur die Strukturen des Gehirns gemeint. ›Neuro‹ steht für neuronale Verbindungen, was nicht nur die Verbindungen im Gehirn, sondern auch die Nervenverbindungen im gesamten Körper impliziert. Neurodiversität meint nicht eine andere Form zu Denken – Diversität in neuronalen Verbindungen meint *die komplexe Beziehung von kognitiven Vorgängen und Verkörperung:*

> »So neurodiversity refers to the diversity among minds, or among bodyminds« (Walker & Raymaker 2021).

Der dritte schon bei Singer vorkommende Aspekt ist der Anschluss an das soziale Modell von Behinderung. Auch wenn sie selbst diesen mittlerweile relativiert (Singer 2017), findet sich die Idee der sozialen Konstruktion von Behinderung durchaus in vielen Begriffsbestimmungen (Walker 2014, 2021; Hughes 2016; den Houting 2018) und hängt damit auch mit der Vorstellung einer performativen Hervorbringung von Neurodivergenz zusammen.

Neurodiversität schließt damit auch an Diskurse um Disability Rights an; so schreibt Kapp mit Bezug auf Neurodiversität:

> »[T]he term implicitly refers to a tenet of inclusion based on universal rights principles, with an emphasis on those with neurological disabilities. This includes aspirations of full inclusion in education, employment, and housing; freedom from abuse (e.g. abolition of seclusion and both chemical – that is, overmedication to control behavior – and physical

restraint); and the right to make one's own decisions with support as needed« (Kapp 2020, 4).

Auch im Rahmen von Neurodiversität wird ein Gedanke des sozialen Modells von Behinderung diskutiert: Behinderungserfahrungen könnten durch Veränderungen der Umwelt und angemessene assistive Technologien und Unterstützungen vermindert oder ganz vermieden werden.

> »Providing a non-speaking autistic person with an alternative method of communication may give them a voice, but they will only truly stop being disabled when others listen« (den Houting 2018).

Es ist vor allem die (nicht gelingende) Passung von individueller Neuronalität und gesellschaftlichen neurotypischen Anforderungen, die für neurodivergente Menschen zu Behinderungserfahrungen führen kann – ein Gedanke, der weder dem sozialen noch dem medizinischen Modell von Behinderung in ihren ursprünglichen Lesarten entspricht (vgl. Waldschmidt 2020; Bilgeri & Lindmeier 2020). Es scheint eher, dass Neurodiversität im Anschluss an relationale Modelle und vor allem das kulturelle Modell von Behinderung zu verstehen ist, auch wenn verbindende Arbeiten bisher noch ausstehen. Trotzdem kann an dieser Stelle festgehalten werden, dass es im Diskurs um Neurodiversität das Element der *Neurotypik* ist, das die machtvollen sozialen Dynamiken hervorbringt, die zu Diskriminierung, Benachteiligung und Behinderungserfahrungen führen können – unabhängig davon, ob Neurotypik kulturell, gesellschaftlich und/oder sozialstrukturell zu verorten ist (Abb. 3).

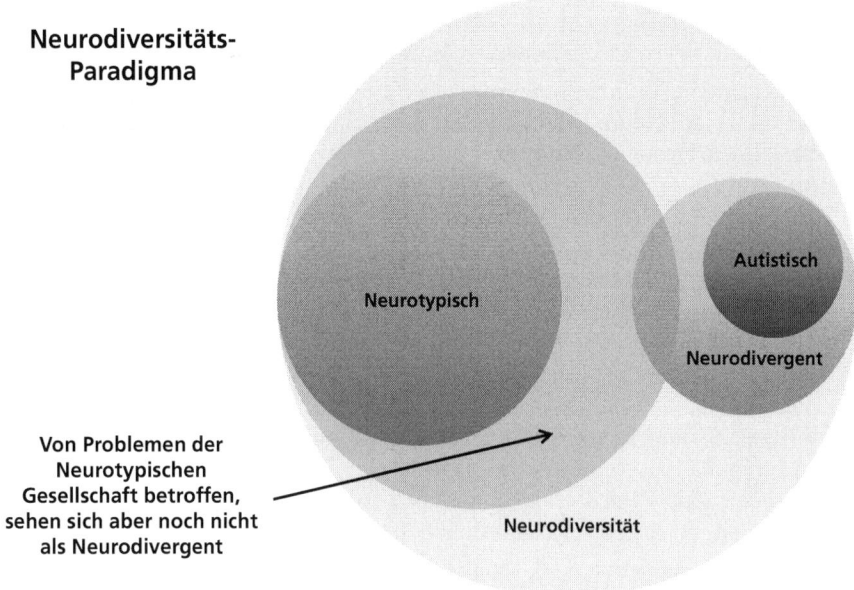

Abb. 3: Neurodiversitäts-Paradigma (eigene Darstellung)

Mit dem Fokus auf die Macht der Neurotypik wird auch die Kritik entschärft, dass sich der Diskurs um Neurodiversität nur auf Menschen mit geringem Unterstützungsbedarf beziehen würde (Jaarsma & Welin 2012; Fenton & Krahn 2007). Bestimmte neurotypische Kontexte können je nach Raum, Zeit, aber auch individueller Fähigkeit zu hochfunktionalen und niedrigfunktionalen Erfahrungen ein und derselben Person führen, weshalb diese Differenz sich auch empirisch nicht bestätigen lässt. Zudem geht mit den Begrifflichkeiten des ›Hochfunktionalen‹ und ›Niedrigfunktionalen‹ die Tendenz der Über- und Unterschätzung einher, die einerseits Unterstützungsbedarfe negiert, anderseits Potentiale unerkannt bleiben lässt (den Houting 2018). Aus der Grundannahme des Neurodiversitäts-Paradigmas, dass alle neurologischen Variationen wertvoll sind, geht hervor, dass alle neurodivergenten Menschen explizit inkludiert werden – auch jene mit hohem Unterstützungsbedarf. Dass die niedrige Repräsentanz von Menschen mit höherem Unterstützungsbedarf (Sequenzia 2012) in der Forschung und in aktivistischen Kontexten damit zusammenhängt, dass ihnen die aktivistischen Fähigkeiten abgesprochen werden und sie nur wenig Unterstützung erhalten, aktivistisch tätig zu werden, ließe sich als Hypothese formulieren.

Diese grundlegenden Elemente der Neurodiversität wurden und werden primär durch die Neurodiversitätsbewegung in den Diskurs eingebracht und werden von dieser weiterhin aktivistisch vertreten.

Die *Neurodiversitätsbewegung* tritt, ähnlich wie vergleichbare soziale Bewegungen, für die Inklusion, Partizipation und Diskriminierungsfreiheit von Menschen ein, die sich selbst als neurodivergent bezeichnen. Sie setzt sich explizit gegen diskriminierende neurotypische Strukturen und für eine anerkennende und diverse Gesellschaft ein.

> »I'd define the neurodiversity movement as the movement to shift the prevailing culture and discourse away from the pathology paradigm and toward the neurodiversity paradigm. The neurodiversity movement is by no means monolithic; there are a lot of different ways that people are working to bring about this shift in different realms and contexts, and of course there's some variation in how the neurodiversity paradigm is interpreted by different groups and individuals within the movement« (Walker & Raymaker 2021).

Die Bedeutung der Diskursmacht Medikalisierung für Neurodiversität

Der Diskurs um Neurodiversität wird nun durch die Debatte um Medikalisierung exemplifiziert. Die sozialwissenschaftliche Bedeutung der Zunahme des medizinischen Einflussbereichs wird gerade für Menschen, die sich als neurodivergent wahrnehmen, immer sichtbarer.

> »Mit dem Begriff Medikalisierung ist ein sozialer Prozess gemeint, der erstens auf die historische Etablierung medizinischer Institutionen verweist, der zweitens die Expansion

medizinischer Einflussbereiche durch die Bedeutungszunahme medizinischer Denkweisen umfasst, und drittens eine zunehmende Entgrenzung der medizinischen Handlungsfelder umfasst« (Karsch 2019, 89).

Diagnosen und Pathologisierungen werden durch die medizinische Deutungshoheit – man könnte vom medikalisierenden Monopol sprechen – in einer dualisierenden Normalisierung erzeugt. Es zeigt sich in der Grenzziehung von behandlungsbedürftig und nicht behandlungsbedürftig, gesund und krank, typisch und autistisch. Und auch wenn die Grenze empirisch nicht klar zu ziehen ist, was sich schließlich auch im Diskurs um einen flexiblen Normalismus (Link 2013; Karsch 2019) zeigt, so ist die Grenzziehung weiterhin sehr relevant als sozialer Differenz-Mechanismus. Dies zeigt sich sowohl (1) praxeologisch als auch in (2) Objektivierungstendenzen moderner Gesellschaften.

(1) Praxistheoretisch lässt sich eine Veränderung der Grenzen der Normalisierung empirisch beobachten. Historische Beispiele wären hier (durchaus auch protonormalistisch wirkend[2]) die Normalisierung des Frauenwahlrechts und der Homosexualität (Liebig & Übel 2020; Arndt 2020). Aktuell sind Verschiebungen beispielsweise in Bezug auf den Umgang mit Natur und Umwelt oder ein verändertes Bewusstsein für Lebensstile, Ernährung und persönliches Gesundheitsmanagement zu beobachten – die allerdings bisher noch eher als flexible Normalisierungen interpretierbar sind. Das Neurodiversitäts-Paradigma lässt sich strukturell ähnlich verstehen: es geht um ein Hinterfragen und Aufweichen der protonormalistischen Grenze zwischen neurotypisch und pathologisch, die damit verbundene Verringerung der Dominanz des medikalisierenden Monopols und schlussendlich eine flexible Normalisierung neurologischer Divergenz.

(2) Ein anderes Phänomen der Modernisierung ist die Objektivierung bestimmter Zonen, im Sinne der Vermessung der Welt, die zu einer Normalisierung dieser führen kann. Dies ist vor allem die Folge evidenzbasierter Forschung, die nicht mehr nur für wissenschaftliche Schlussfolgerungen Relevanz hat, sondern tief in die Alltagswelt eingedrungen ist. Einerseits bestimmen wissenschaftliche Empfehlungen auf bewusster handlungspraktischer Ebene den Alltag in vielen gesellschaftlichen Dimensionen – sehr offensichtlich in den Folgen der Gesundheitspolitik im Falle einer Pandemie, aber auch Statistiken zur E-Mobilität oder Stressempfinden beeinflussen Denk- und Handlungsmuster vieler Menschen. Andererseits sind es auch unbewusste Vermessungen des Menschen, die zu gesellschaftlichen Normalisierungsprozessen führen können, beispielsweise jene durch die Großkonzerne hinter sozialen Netzwerken, Smartphones und Wearables, die nicht nur Schrittzahlen und Aktivitätslevel beeinflussen und normalisieren, sondern auch Nutzungsverhalten, Interessen und Kontakte (Lanier 2013, 2018). Auf der Basis objektivierender Normalisierungen weitet sich der Einfluss von standardisierender Wissenschaft sowie der Medizin weiter aus. Menschen mit ADHS werden auf Grund objektiv messbarer Handlungen als faktisch »anders« definiert, Autismus durch

---

2 Protonormalistisch meint, vereinfacht, eine klare Grenzziehung von normal und nicht-normal – es ist in westlichen Kulturen ›normal‹, dass Frauen wählen dürfen. Im Falle des flexiblen Normalismus gibt es eine breite Toleranzzone, die auch in Bewegung zu verstehen ist (ausführlich dazu Link 2013).

standardisierende medizinische Tests immer stärker mit einer Störung als einer Seinsweise verbunden. Durch standardisierte Verfahren hervorgebrachte Diagnosen, wie Lernbehinderung, Lese-Rechtschreibstörungen oder andere Entwicklungsstörungen, scheinen zudem nur schwer umkehrbar, eine Zurücknahme erfolgt sehr selten. Was die Objektivierung und Protonormalisierung der Wissenschaft und vor allem der Medizin hervorbringt, kann hier nur vermutet werden, doch in jedem Fall ist die Anschlussfähigkeit an die Systeme der Politik und der Bildung dadurch gut herstellbar. Auch wenn eine identitätsbezogene Diagnose entlastend für Individuen, das soziale Umfeld und Institutionen sein kann, so sind es genau solche Komplexitätsreduktionen, die durch Bewegungen wie die Neurodiversitätsbewegung und Perspektiven wie die des ›Doing Difference‹ bzw. die der Cultural Studies hinterfragt werden.

Neurodiversität ist damit immer auch als Begriff einer sozialen Bewegung zu verstehen, die durch Identitätspolitik jene objektivierenden Zuschreibungen informiert dekonstruiert und gleichsam eigene Interessen vertritt. Ebenso wie anderen sozialen Bewegungen geht es um die Aufdeckung der Interessen und Diskurse hinter den etablierten Praktiken, die als machtvoll bzw. hegemonial verstanden werden – bspw. die Praktiken von Professionellen und Institutionen.

Identitätspolitik im Neurodiversitätsverständnis ist dabei multiperspektivisch – so differieren auch die politischen Forderungen und Botschaften.

»ADHS Deutschland e.V. fordert daher: Die Möglichkeit der Anerkennung der ADHS als Behinderung im Sinne des SGB IX« (Positionspapier ADHS Deutschland e.V.; Neuy-Bartman, Skrodzki & Streif 2013).

Während im zitierten Positionspapier vor allem Ressourcen fokussiert werden, die durch eine Anerkennung als Behinderung impliziert wären, geht es in Forderungen der Autismus-Selbstvertretungen nur peripher um materielle und symbolische Unterstützung, sondern eben um Themen wie Paradigmenwechsel, Trennung von Krankheit und Behinderung, Abschaffung degradierender Therapieverfahren sowie Anerkennung und Respekt divergenter Weltwahrnehmungen und Weltresonanz (vgl. hierzu u. a. die Beiträge von Aspies, Seng, Heureka in diesem Band).

Die politischen Forderungen um Neurodiversität sind dabei als De-Pathologisierung einzuordnen. Die Diversität neurologischer Voraussetzungen und Strukturen ist somit durchaus kategorial klassifizierbar, doch diese Klassifikationen automatisch als Störungen im negativen Sinne zu interpretieren, wird abgelehnt. Diese Ablehnung beinhaltet allerdings Feinheiten: Es ist durchaus möglich, bestimmten Aspekten oder Teilen einer Neurodivergenz einen Krankheitswert zuzuschreiben und diese anzuerkennen – gleichzeitig aber mit Blick auf eine allgemeine Diagnose explizit zu statuieren: »ADHS ist keine Krankheit« (Wittwer 2019) und »Autismus ist keine Störung, keine Krankheit, kein Systemfehler« (auticon 2022).

Eine medizinische oder auch selbstgegebene Diagnose bedeutet nicht automatisch, sich krank zu fühlen. Problematisch ist nicht die kategoriale Zuweisung, sei sie fremd- oder selbstbestimmt, sondern die gesellschaftliche Interpretation dieser Kategorie als problematisch. Die Neurodiversitätsbewegung setzt damit ein Gegenmodell zur reinen Diagnostik durch Expert:innen im Sinne eines ko-konstruktiven Kategorisierungsprozesses. Neurodivergenz entsteht aus einer Konvergenz von

Selbst- und Fremdzuschreibungen. Mit steigender Bewusstheit über die Grenzen von Neurotypik und Neurodivergenz übernehmen Menschen immer mehr Verantwortung für kategoriale Differenzbestimmung – nicht nur im Rahmen von Selbstdiagnosen, sondern durch Kontextualisierung der erlebten, beobachteten, prozessierten und wahrgenommenen Zustände, Einschätzungen und Ereignisse. Jene Selbst(re)kontextualisierungen sind unabhängig und in Wechselwirkung zu standardisiertem Vorgehen zu verstehen – was allerdings mit der Fähigkeit zusammenhängt, sich von Fremdbestimmungen durch Dritte lösen zu können. Dies kann nicht nur für Kinder und Jugendliche sehr schwer sein. Eine Sensibilität für diesen Prozess zeichnet die Idee der Neurodiversität aus: Eine wie auch immer gewonnene Diagnose wird erst im individuellen Umgang – also in Selbst(re)kontextualisierung – zu einem spezifisch individuellen Wahrnehmen, Verstehen und Handeln und somit identitätsprägend. Eine Diagnose resultiert nicht automatisch in einem diagnosebezogenen Habitus. Die Neurodiversitätsbewegung steht damit auch für eine vergemeinschaftende diskursive Bearbeitung und Reflexion diverser neurodivergenter Ausgangslagen.

Mit dem Ausgang von Neurodivergenz als Selbst(re)kontextualisierung kann auch die Absprache einer Diagnose bearbeitet werden. Wird durch diagnostizierende Expert:innen eine Diagnose ausgeschlossen, kann es sein, dass für eine:n Betroffene:n die Zugehörigkeit zur konstruierten Gemeinschaft der Menschen mit eben jener Diagnose verweigert wird. Der Zugang zu einer Gruppe, die sich in einer neurotypisch dominierten Welt als neurodivergent versteht, kann damit durch Logiken der Neurotypik verhindert werden. Neurodiversität ernst zu nehmen, müsste auch dies hinterfragen – sonst müsste man wohl von Neurodifferenz sprechen.

Diagnosen sind allerdings nur ein Puzzleteil – wenn auch ein hegemonial stark aufgeladenes. Bedeutsam sind vor allem die Erfahrungen, die bestätigend oder widersprechend wirkend die persönliche (neuronale) Identität prägen. Es braucht keine Diagnose, um sich ›einfach anders‹ zu fühlen. Diagnosen sind nur ein Teil des Ko-Konstruktionsprozesses, der auch Neuro-Minoritäten performativ hervorbringt – doch gesellschaftliche Prozesse der Benachteiligung und Diskriminierung wirken auch ohne Diagnostik. Neurodiversität bedeutet damit immer auch, die neurotypische Gesellschaft genauer zu verstehen.

Fazit – Neurodiversität als Paradigma, Identitätspolitik, soziale Dynamik und performative Wirksamkeit divergierenden Denkens, Wahrnehmens und Handelns

Wie dargestellt, ist Neurodiversität mehr als nur die Vielfalt von Gehirnen. Neurodiversität ist als Begriff, Weltsicht und Selbstverständnis erstens als ein neues Paradigma zu verstehen, das sich gegen pathologisierende Zuweisungen richtet. Damit wird auf die identitätsstiftende Wirkung der Benennung als ›krank‹ im Vergleich zu

›neurodivergent‹ verwiesen. Das Neurodiversitäts-Paradigma (Walker 2014, 2021) steht für die Gleichwertigkeit der natürlichen Vielfalt neuronaler Strukturen.

Zweitens ist Neurodiversität ein politischer Begriff, der vor allem auf Identitätspolitik, Inklusion, Partizipation, Diskriminierungsfreiheit und ›Anerkennung vor Anpassung‹ zielt.

Drittens wird mit der Perspektive der Neurodiversität an die sozialen Dynamiken menschlicher Diversität angeknüpft. Diese Perspektive schließt an die Diskurse um Klasse, Gender, Ability, Ethnie, Alter usw. an, die kritisch auf die Praktiken und Strukturen hinweisen, die zur Abwertung und Benachteiligung einzelner Mitglieder der Gesellschaft, die meist am Rande eines Diversitätsspektrums stehen, führen. Das kritische Bewusstsein darüber, dass gesellschaftliche Mechanismen – hier die der ›Neurotypik‹ – einzelne Menschen benachteiligen und minorisieren, führt dazu, eine Zwei-Gruppen-Theorie aufrecht zu erhalten, nämlich die zwischen neurotypisch und neurodivergent. Gleichzeitig ist die Grenze zwischen den beiden Polen dynamisch, fließend und vor allem kontextabhängig zu verstehen.

Schließlich verweist Neurodiversität viertens auf die Performativität neuronaler Strukturen. Diese Perspektive, die im Anschluss an die Cultural Studies, die Praxeologie und den Post-Strukturalismus zu verstehen ist, verweist darauf, dass Benachteiligung und Divergenz einerseits im Handeln, also durch Praxis, und andererseits durch Verkörperung, also auch den Zusammenhang von Geist und Körper, entstehen – und nicht zwangsläufig naturgegeben sind.

Diese vier Ebenen des Neurodiversitätsbegriffs wirken gleichzeitig und sind interdependent zu verstehen (Abb. 4). Sie verweisen auf die komplexe Ausgangslage, die immer wieder zu Behinderungserfahrungen, Diskriminierungen und Stigmatisierungen führt, die Menschen erleben, die nicht einem neurotypischen Bild entsprechen.

Ein solch multiperspektivischer Begriff eröffnet eine Verschiebung des Fokus von Neurodivergenz auf die Strukturen, Praktiken und Diskurse der neurotypischen Gesellschaft. Es ist nicht die Klarheit über die Neurodivergenz, die ein Verstehen von Neurodiversität ermöglicht, sondern ein Streben nach einem Verstehen von Neurotypik. Was ist das überhaupt, eine typische neurologische Entwicklung, Wahrnehmung, Verarbeitung und Verkörperung? Genau dies zu erkunden ist Ziel der sich gerade erst entwickelnden Neurodiversity Studies – ein Forschungsbereich, der nicht nur das Wohlbefinden neurotypischer Menschen im Blick hat, sondern vor allem eine ›kognitive Dekolonialisierung‹ (Rosquist, Stenning & Chown 2020b) der Gesellschaft anstrebt. Erste theoretische Fundamente liegen vor (unter anderem angefangen bei Singer 1997 über Walker 2014, hin zum ersten Sammelband Rosquist, Stenning & Chown 2020a), doch hier sind noch viele offene ›Baustellen‹ auf empirischer als auch theoretischer Ebene zu identifizieren.

Einerseits ist somit weiterhin von Bedeutung, Perspektiven der Neurodiversitätsbewegung ernst zu nehmen und Stimmen Gehör zu verschaffen, denen noch eine Plattform fehlt. Andererseits braucht es für eine weitere Fundierung eine Bedeutungszunahme neurodiversitätssensibler und kritischer Neurotypik fokussierter Forschung, sowohl durch pädagogische, psychologische, neurowissenschaftliche und soziologische Forschungsrichtungen, also auch durch die emergierenden Neurodiversity Studies. Dies impliziert schlussendlich in jedem Fall eine Zunahme

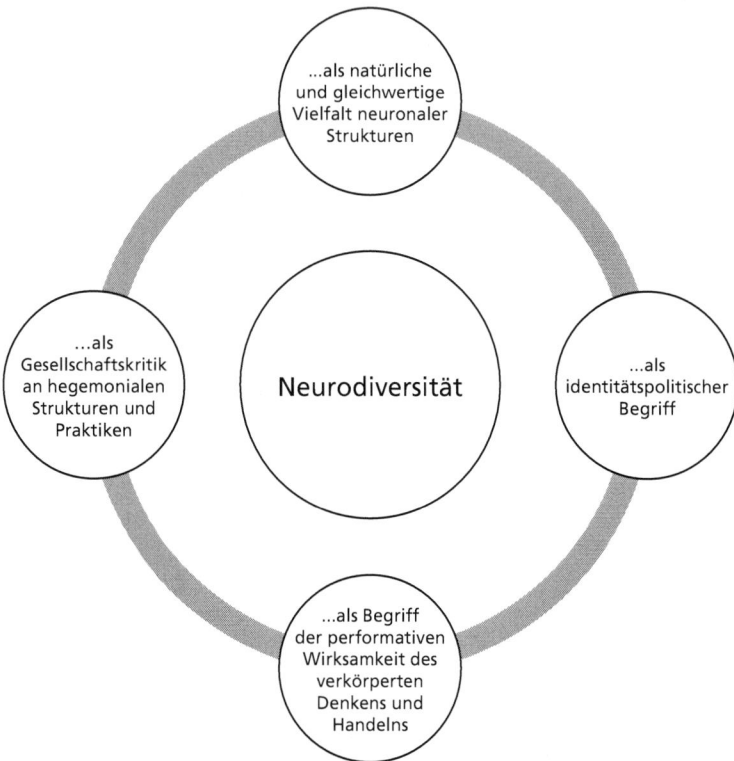

Abb. 4: Neurodiversität als multiperspektivischer Begriff

partizipativer, oder besser inklusiver, Forschung – und damit mehr Forschung aus ›Innensicht‹. Es braucht die Insider-Perspektive von Menschen, die das Neurodiversitäts-Paradigma täglich leben und Neurotypik deutlicher identifizieren können, und nicht nur die der Menschen, die mit dem Privileg geboren wurden, von den hegemonialen Strukturen der Neurotypik zu profitieren.

Literatur

Alemann, U. von (1995). *Grundlagen der Politikwissenschaft. Ein Wegweiser* (2. Aufl.). Springer.
Arndt, S. (2020). *Sexismus* Geschichte einer Unterdrückung.* C. H. Beck.
Arnold, L. (2004). Coventry Neurodiversity Group. http://cng.larry-arnold.net/neurodiversity.htm
Arnold, L. (2017). A brief history of »Neurodiversity« as a concept and perhaps a movement. *Autonomy, the Critical Journal of Interdisciplinary Autism Studies.* http://www.larry-arnold.net/Autonomy/index.php/autonomy/article/view/AR23
auticon (2022). Was heißt hier Autismus? https://auticon.de/autismus/ [10.01.2022].

Bilgeri, M. & Lindmeier, C. (2020). Ein human-ökonomisches Modell von Behinderung. *Vierteljahresschrift für Heilpädagogik und ihre Nachbargebiete, 2.*
Blume, H. (1997). Autistics, freed from face-to-face encounters, are communicating in cyberspace. New York Times, S. Section D, Page 6.
Blume, H. (1998). *Neurodiversity. On the neurological underpinnings of geekdom.* The Atlantic Monthly.
Butler, J. (2016). *Anmerkungen zu einer performativen Theorie der Versammlung.* Suhrkamp.
Camley, V. (2005). Celebrate neurodiversity. [Poster].
Clouder, L., Karakus, M., Cinotti, A., Ferreyra, M. V., Fierros, G. A. & Rojo, P. (2020). Neurodiversity in higher education: a narrative synthesis. *High Educ, 80*, 757–778. https://doi.org/10.1007/s10734-020-00513-6
Craine, M. (2020). Changing Paradigms: The Emergence of the Autism/Neurodiversity Manifesto. In S. K. Kapp (Ed.), *Autistic Community and the Neurodiversity Movement. Stories from the Frontline* (pp. 255–276). Palgrave Macmillan.
Dackweiler, R. (2001). Konturen einer feministischen Re-Definition von Staatsbürgerschaft als Konzept zur Analyse von Frauenbewegungen weltweit. *Zeitschrift für Frauenforschung & Geschlechterstudien, 19*, 1+2, 173–187.
den Houting, J. (2019). Neurodiversity: An insider's perspective. *Autism, 23*(2), 271–273. https://doi.org/10.1177/1362361318820762
Fenton, A. & Krahn, T. (2007). Autism, neurodiversity and equality beyond the ›normal‹. *Journal of Ethics in Mental Health, 2*(2), 1–6.
French, L. & Kennedy, E. M. M. (2018). Annual research review: early intervention for infants and young children with, or at-risk of, autism spectrum disorder: a systematic review. *Journal of Child Psychology and Psychiatry, 59*(4), 444–456.
Graby, S. (2015). Neurodiversity: bridging the gap between the disabled peoples movement and the mental health system survivors movement? In H. Spandler, J. Anderson & B. Sapey (Eds.), *Madness, Distress and the Politics of Disablement.* Polity Press.
Holmans, L. (2021). Why Autistic and NeuroDivergent People May Not See Themselves in the Autism Diagnostic Criteria. https://neurodivergentrebel.com/2021/10/27/why-autistic-and-neurodivergent-people-may-not-see-themselves-in-the-autism-diagnostic-criteria/ [01.11.2021].
Hughes, J. M. F. (2016). Increasing Neurodiversity in Disability and Social Justice Advocacy Groups [whitepaper]. Autistic Self Advocacy Network.
Jahr, D. (2022). *Die Politik der Schulklasse. Dokumentarische Videoanalysen unterrichtlicher Praktiken zwischen Integration und Destruktion.* Springer VS.
Jaarsma, P. & Welin, S. (2012). Autism as a natural human variation: reflections on the claims of the neurodiversity movement. *Health Care Analysis, 20*(1), 20–30.
Jaarsma, P. & Welin, S. (2015). Autism, accommodation and treatment: a rejoinder to Chong-Ming Lim's critique. *Bioethics, 29*(9), 684–685.
Kapp, S. K. (2020). Introduction. In S. K. Kapp (Ed.), *Autistic Community and the Neurodiversity Movement* (pp. 1–19). Palgrave Macmillan.
Karsch, F. (2019). Zwischen ADHS-Diagnose und Neurodiversität: Die Ko-Konstruktion medizinischer Problemgruppen. In D. Negnal (Hrsg.), *Die Problematisierung sozialer Gruppen in Staat und Gesellschaft* (S. 85–104). Springer VS.
Kirkham, P. (2017). ›The line between intervention and abuse‹ – autism and applied behaviour analysis. *History of the Human Sciences, 30*(2), 107–126. https://doi.org/10.1177/0952695117702571
Klinger, C., Knapp, G.-A. & Sauer, B. (Hrsg.) (2007). *Achsen der Ungleichheit. Zum Verhältnis von Klasse, Geschlecht und Ethnizität.* Campus Verlag.
Knapp, G.-A. & Wetterer, A. (Hrsg.) (2003). *Achsen der Differenz. Gesellschaftstheorie und feministische Kritik.* Bd. 2. Verlag Westfälisches Dampfboot
Lanier, J. (2013). *Who owns the future?* Simon and Schuster.
Lanier, J. (2018). *Ten Arguments For Deleting Your Social Media Accounts Right Now.* Henry Holt.
Liebig, S., & Übel, B. (2020). *19. Januar 1919. Frauenwahlrecht. Ein Meilenstein zur Gleichberechtigung.* Kohlhammer.

Lindmeier, C. (2019). *Differenz, Inklusion, Nicht/Behinderung. Grundlinien einer diversitätsbewussten Pädagogik.* Kohlhammer.
Link, J. (2013). *Versuch über den Normalismus. Wie Normalität produziert wird* (3. Aufl.). Vandenhoeck & Ruprecht.
Liu, E. Y. (2017). Neurodiversity, Neuroethics, and the autism spectrum. In *The Routledge Handbook of Neuroethics* (pp. 394–411). Routledge.
Meyer, T. (2010). *Was ist Politik?* (3., akt. und erg. Aufl.). VS.
Neuy-Bartman, A., Skrodzki, K., & Streif, J. (2013). ADHS im Erwachsenenalter – ein Positionspapier der Selbsthilfe. https://www.adhs-deutschland.de/PortalData/1/Resources/pdf/4_8_4_politik/ADHS_im_Erwachsenenalter_-_ein_Positionspapier.pdf
Petrik, A. (2013). *Von den Schwierigkeiten, ein politischer Mensch zu werden. Konzept und Praxis einer genetischen Politikdidaktik* (2., erw. u. aktual. Aufl.). Budrich.
Rodgers, K. (2018). *Protest, Activism & Social Movements.* Oxford University Press.
Rosa, H. (2016). Resonanz. Eine Soziologie der Weltbeziehung. Suhrkamp Verlag.
Rosqvist, H. B., Stenning, A. & Chown, N. (2020a). Introduction. In H. B. Rosqvist, A. Stenning & N. Chown (Eds.), *Neurodiversity Studies. A New Critical Paradigm* (pp. 1–12). Routledge Advances in Sociology. Taylor and Francis.
Rosqvist, H. B., Stenning, A. & Chown, N. (2020b). Neurodiversity studies. Proposing a new field of inquiry. In H. B. Rosqvist, A. Stenning & N. Chown (Eds.), *Neurodiversity Studies. A New Critical Paradigm* (pp. 226–229). Routledge Advances in Sociology. Taylor and Francis.
Sequenzia, A. (2012). Non-speaking, ›low functioning‹. In J. Bascom (Ed.), *Loud Hands: Autistic People, Speaking* (pp. 159–161). The Autistic Press.
Silberman, S. (2015). *NeuroTribes. The Legacy of Autism and the Future of Neurodiversity.* Avery.
Singer, J. (1997). *Odd People. In The Birth of Community Amongst People on the »Autism Spectrum«: A personal exploration of a New Social Movement based on Neurological Diversity.* Faculty of Humanities and Social Science. University of Technology Sydney.
Singer, J. (1998). »Why can't you be normal for once in your life?« From a »problem with no name« to the emergence of a new category of difference«. In M. Corker & S. French, S. (Eds.), *Disability discourse* (pp. 59–67). UK Open University Press.
Singer, J. (2017). *NeuroDiversity. The Birth of an Idea.* Kindle Direct Publishing.
Singer, J. (2020). What is neurodiversity? In Autism Explained Online Summit 2020 – Session Transcript.
Skelling, J. (2019). Neurodiversity: An overview. In The Education Hub. https://theeducationhub.org.nz/category/school-resources/ [13.11.2021].
Waldschmidt, A. (2020). Jenseits der Modelle. Theoretische Ansätze in den Disability Studies. In P. Fuchs, S. Köbsell, D. Brehme & C. Wesselmann (Hrsg.), *Disability Studies im deutschsprachigen Raum* (S. 56–73). Beltz.
Walgenbach, K. (2017). *Heterogenität – Intersektionalität – Diversity in der Erziehungswissenschaft* (2., durchgesehene Aufl.). Verlag Barbara Budrich.
Walker, N. (2013). Throw away the master's tools: Liberating ourselves from the pathology paradigm. https://neuroqueer.com/throw-away-the-masters-tools/
Walker, N. (2014). Neurodiversity: Some Basic Terms & Definitions. http://neurocosmopolitanism.com/ neurodiversity-some-basic-terms-definitions
Walker, N. (2021). *Neuroqueer Heresies: Notes on the Neurodiversity Paradigm, Autistic Empowerment, and Postnormal Possibilities.* Autonomous Press.
Walker, N., & Raymaker, D. M. (2021). Toward a Neuroqueer Future: An Interview with Nick Walker. *Autism in Adulthood, 3,* 5–10.
Wittwer, A. (2019). *Warum ADHS keine Krankheit ist: Eine Streitschrift.* Hirzel.

Neurodiversität und Wissen über Autismus im pädagogischen Fachdiskurs – eine historisch vergleichende Perspektive

Kathrin Berdelmann

Die Diagnose Autismus, so der französische Soziologe Alain Ehrenberg, hat eine »spektakuläre Karriere« hinter sich. Autismus sei der wichtigste Bezugspunkt für eine Neuordnung der Beziehungen zwischen dem Normalen und dem Pathologischen. Mit dem Begriff Neurodiversität werde er zu einer ‚Lebensweise' und durch seinen Bezug auf Kognitions- und Neurowissenschaften nicht mehr durch gestörtes Verhalten und andere Defizite definiert, sondern in den Zusammenhang mit verborgenen Potenzialen des Gehirns gestellt (Ehrenberg 2019, 70).

Tatsächlich hat sich seit den ersten Beschreibungen in den 1940er-Jahren das Wissen über Autismus und damit das grundlegende Verständnis dessen, womit man es dabei zu tun hat, bereits mehrfach gewandelt. In den vergangenen 70 Jahren bildete sich nicht nur in etlichen Wissenschaftsdisziplinen wie Psychiatrie, klinischer Psychologie, Kognitions- und Neurowissenschaften eine Autismusforschung heraus, es entwickelte sich auch in Klassifikation, Diagnostik und therapeutischer Praxis eine Vielzahl von professionellen Methoden. Historisch gesehen hat sich also in relativ kurzer Zeit ein vielfältiges Wissen über Autismus ausgeformt und immer weiter diversifiziert, bei dem es sich nicht nur um ein wissenschaftliches und professionsbezogenes praktisches Wissen (von Pädagog*innen und Eltern), sondern zunehmend auch um ein von Autist*innen selbst erzeugtes Wissen handelt. Die amerikanische Wissenschaftlerin Chloe Silverman resümiert in ihrer Geschichte des Autismus in den USA, es handele sich bei dem Wissen über Autismus um: »a series of temporary configurations made unstable and more theoretically diverse by the variety of disciplines involved, the centrality of people involved in research [...]« (Silverman 2012, 22).

Wissenschaftliches, professionelles und alltagspraktisches Wissen bildete sich im Spannungsfeld zweier verschiedener und das allgemeine Verständnis von Autismus und den Umgang mit Autist*innen präfigurierenden Perspektiven heraus: der Perspektive auf Autismus als (krankhafte) Störung und jener auf Autismus als neurologische Variation.[3] Diese beiden Sichtweisen auf Autismus betrafen auch pädagogische Vorstellungen über die Veränderbarkeit des Individuums. In diesem Beitrag wird (ausschnittsweise) der Frage nachgegangen, wie das wandelnde Wissen über Autismus – vor dem Hintergrund der beiden Lesarten – in die pädagogische Disziplin hineinwirkte, wie es im pädagogischen Feld rezipiert wurde und zur Genese eines eigenen ›pädagogischen‹ Wissens über Autismus und dem praktischen Umgang damit beitrug.

---

3 dazu Theunissen 2016

Was bedeutet dieses hybride und sich im stetigen Wandel befindende Wissensfeld um Autismus für die Pädagogik, von der einerseits erwartet wird, dass sie den bildungspolitischen Auftrag der Inklusion erfüllt, und die sich andererseits mit steigenden Zahlen diagnostizierter Autist*innen konfrontiert sieht? Pädagogik hat als praktisch orientierte Disziplin in ihren Institutionen mit Autist*innen umzugehen und ihrer unterschiedlichen Klientel Lernen und Veränderung zu ermöglichen. Das jeweilige Verständnis von Autismus, so der britische Erziehungswissenschaftler und Psychologe Damian Milton, hat einen fundamentalen Einfluss auf die Art und Weise, wie Autist*innen in Erziehungs- und Bildungsprozessen adressiert werden (Milton 2019, 3).

Genau hier zeigen sich frappierende Unterschiede im internationalen Vergleich: Gesetze, bildungspolitische Programme und Strategien bis hin zu pädagogischen Arrangements und schulischen Infrastrukturen, die die schulische Inklusion von autistischen Schüler*innen regeln und unterstützen, variieren stark im europäischen Vergleich (Roleska et al. 2018; Posada et al. 2007). Im angloamerikanischen Raum entwickelte sich bereits seit den 1990er-Jahren ein umfassendes inklusives Schulsystem mit verschiedenen autismusspezifischen Programmen und Ressourcen. Dies verdankt sich unter anderem dem in den 1970er Jahren eingeführten Recht auf den Besuch von Regelschulen und der Verabschiedung mehrerer Autismus-Gesetze im Bereich der Bildungspolitik.[4] Seit den 1990er-Jahren werden, wie es u. a. Theunissen für die USA (2014) und Evans für Großbritannien (2017) darstellen, zahlreiche inklusive autismusspezifische Schulkonzepte und Unterrichtsmethoden entwickelt und erweitert. Im deutschen Bildungswesen sind dagegen eine autismusbezogene Pädagogik und vergleichbare schulische Ressourcen und Infrastrukturen noch sehr gering bis gar nicht auffindbar. Abhängig vom Bundesland findet ein Großteil der Beschulung bis dato im Sonder- und Förderschulwesen statt, umfassende Gesetze zur Beschulung autistischer Menschen wie in Großbritannien oder den USA wurden bisher nicht erlassen und es gibt sehr wenige auf Autismus spezialisierte Schulen. Sofern sie nicht in Hamburg, Schleswig-Holstein oder Berlin[5] zur Schule gehen, werden Schüler*innen im Autismus-Spektrum unter andere, oftmals nicht passende Förderschwerpunkte subsumiert (Theunissen 2016). In einem Artikel über Unterschiede im Umgang mit Autismus in Nordamerika und Europa kommen die Autor*innen zum Schluss, dass Deutschland nicht nur im Hinblick auf Förderung von Kindern im Autismus-Spektrum insgesamt, sondern auch hinsichtlich der Schulsituation ein Entwicklungsland sei, weil das eigentliche Potenzial der Kinder im Autismus-Spektrum auf der Strecke bleibe und ihre Lebenschancen beschränkt würden (Keenan et al. 2015, 173).

Ein Grund, warum sich dies im angloamerikanischen Raum im Vergleich zu Deutschland so anders entwickelte, mag sein, dass dort, wo autistische Kinder schon

---

4 2009 wurden mehrere »Autism Acts« und in Nordirland und in Wales jeweils ein »ASD (Autism Spectrum Disorder) Action Plan« verabschiedet sowie im Anschluss die Autismus-Strategie »Think Autism« entwickelt, die inklusiven Schulen autismusspezifische Förderinstrumente bereitstellte (materielle Ressourcen, Fortbildungen und Schulentwicklungsmaßnahmen).
5 In diesen Ländern gibt es den Förderschwerpunkt Autismus.

viel früher im Regelschulwesen beschult wurden, ein anderes Problembewusstsein für die Erfordernisse einer autismusspezifischen Infrastruktur im inklusiven Bildungswesen entstand. An dieser Überlegung wird im Folgenden angeknüpft und gezeigt, wie sich zum einen Teile eines solchen Problembewusstseins in Form von Sichtweisen auf und zum anderen das Wissen über Autismus in beiden Ländern im pädagogischen Diskurs der Fachzeitschriften historisch unterschiedlich entwickelten. Eine Annahme dabei ist, dass in diesen Fachzeitschriften ein für die Pädagogik als relevant erachtetes Wissen über Autismus aus anderen wissenschaftlichen Disziplinen rezipiert wurde und als Referenzrahmen für die Entwicklung und Legitimation von praktischen, pädagogischen Umgangsweisen mit Autist*innen diente. »Die Realisierung eines pädagogischen Auftrages verlangt, vor allem von der Psychologie entwickelte Methoden in Heil- und sonderpädagogischen Verfahrensweisen zu integrieren«, forderte auch schon früh der Erziehungswissenschaftler Georg Feuser (1976, 644). Eine daraus abgeleitete weitere Annahme lautet, dass in den Artikeln dann eine bestimmte Sichtweise auf Autismus und damit verknüpftes Verständnis von der pädagogischen Aufgabe im Umgang mit Autist*innen rekonstruierbar ist.

Zunächst werden die beiden bereits erwähnten Sichtweisen auf Autismus vorgestellt, die den pädagogischen Diskurs rahmen und den Umgang mit Autist*innen jeweils anders präfigurieren. Sie stehen zugleich für bestimmte (disziplinäre) Wissensfelder, auf die sich Autor*innen in der Argumentation für einen bestimmten pädagogischen Umgang mit Autismus bezogen. Die Herausbildung von typischen Argumenten wird schlaglichtartig beleuchtet (1). Im Anschluss daran wird anhand einer klein angelegten Zeitschriftenanalyse gezeigt, wie sich im sonder- und heilpädagogischen Fachdiskurs Teile eines pädagogischen Wissens über Autismus vor dem Hintergrund der jeweiligen Sichtweise auf Autismus herausbildeten. Hierbei wird auf Unterschiede bei den englisch- und deutschsprachigen Zeitschriften eingegangen (2). Im abschließenden Fazit werden (3) Thesen für die weitere Erforschung einer pädagogischen Wissensgeschichte von Autismus in Deutschland formuliert.

1 Autismus als Störung mit Verhaltensdefiziten und Autismus als neurologische Variation mit Wahrnehmungsbesonderheiten

Die Frage, ob Autismus als Entwicklungsstörung oder als Form der Neurodiversität verstanden wird, beinhaltet konsequenterweise bestimmte Vorstellungen über den Umgang mit Autist*innen, die von Theunissen (2016) einerseits als ›Behandlungsperspektive‹ (a) und andererseits als ›Neurodiversitätsperspektive‹ (b) bezeichnet werden. Beide Perspektiven haben sich historisch entwickelt und existieren weiter fort.

a) Behandlung von Verhaltensdefiziten bei Autismus seit den 1950er-Jahren

In der *Behandlungsperspektive* geht es vorwiegend um das – oft als sonderbar – wahrgenommene Verhalten und die fehlende oder reduzierte soziale Interaktion, die bei Autist*innen beobachtbar sind. Die Behandlungsperspektive ist so von einer Defizit-Sichtweise auf Autismus geprägt.

Nach den Vorgaben von Kanner und Asperger stellte sich Autismus ab den 1950er-Jahren in medizinischer und psychologischer Ursachenforschung als krankhafte Störung des Verhaltens dar (Silverman 2012, 7). Die Umgangsweisen waren von Vorstellungen der Heil- bzw. Behandelbarkeit durchzogen und Interventionen richteten sich auf Körper und Verhalten der Autist*innen. Wissen über Autismus wurde damals vorwiegend durch Psychiatrie und Psychologie zur Verfügung gestellt. In praktischen Kontexten der Behandlung, aber auch im pädagogischen Feld wurde insbesondere auf Wissen aus psychoanalytischen, behavioristischen und später verhaltenstherapeutischen Ansätzen referiert. Eine einflussreiche Figur war in dieser Phase der psychogen argumentierende Kinderpsychologe Bruno Bettelheim, der frühkindliche Erfahrungen im Elternhaus für den Auslöser autistischen Verhaltens hielt und eine gestörte Bindung als Folge ausmachte (Bettelheim 1967). Kanner hatte zur Beschreibung der Ursachen von kindlichem Autismus bereits die so genannte »Kühlschrankmutter« ins Spiel gebracht (Kanner 1948). An dieses Konzept knüpfte unter Einfluss von Freuds Psychoanalyse ein Denken an, demzufolge v. a. die Mutter, die ihr Kind unbewusst zurückweist, Verursacherin für den Autismus sei (Feinstein 2019, 30). Aufbauend auf diesem Verständnis wurden therapeutische Maßnahmen wie die »Parentectomy« (Feinstein 2019, 30) entwickelt, die die Herausnahme des Kindes aus seiner Familie und das Leben in Institutionen i. d. R. ohne weiteren Kontakt zu den Eltern vorsah. In den folgenden Jahrzehnten haben sich verschiedene Therapien zur Heilung und Behandlung von Autismus herausgebildet. Neben medizinischen Behandlungen etwa durch Elektroschocktherapie oder Pharmakotherapie (Silberman 2015, 224 f.) basierten viele noch auf der Grundannahme einer gestörten Bindung zwischen den Eltern und ihrem autistischen Kind. Neben exzessiver Psychoanalyse war für den deutschsprachigen pädagogischen Raum v. a. die Festhaltetherapie von Bedeutung, die als »Attachment-Therapy« vom Psychologen Robert Zaslow in den 1970er-Jahren in den USA entwickelt worden war (Zaslow 1975). Sie wurde vom Verhaltensforscher Nikolaas Tinbergen (1983) als »Holding-Therapy« auf den Autismus bezogen, Tinbergen versprach Heilung der vermeintlich durch traumatische Einflüsse gestörten Bindung zwischen Mutter oder anderer enger Bezugsperson und dem Kind. Die Festhaltetherapie hatte in ihren Varianten großen Einfluss und ist bis heute in Europa verbreitet (Bishop 2008, 19).

Die folgende Zeit bis etwa zur Jahrtausendwende war aber auch durch die Zunahme verhaltenstherapeutischer Ansätze geprägt, die zum Ziel hatten, eine möglichst normale Entwicklung durch frühe Intervention zu ermöglichen. Der Fokus lag hier auf der Behandlung und Verringerung von auffälligen und »unnormalen« Verhaltensweisen. Für den angloamerikanischen Raum spielt die von Ole Ivar Lovaas (1987) auf den Autismus angewandte *Applied Analysis* (ABA) eine herausragende Rolle. Die Therapie setzt auf Methoden des operanten Konditionierens, um Verhalten zu modifizieren. In den 1960er Jahren entwickelt, wurde ABA 1999 vom Surgeon General als Grundlage jeder Intervention für Kinder im Autismus-Spektrum empfohlen (Surgeon General 1999). Spätestens seit diesem Zeitpunkt haben sich in den USA Verständnis und Einsatz von ABA-Methoden in Erziehung und Bildung als »treatment as usual« durchgesetzt. Im deutschsprachigen Raum wurden ABA-Methoden im Vergleich lange Zeit weder besonders wahrgenommen noch unterstützt (Keenan et al. 2015, 172). Dort setzte sich die autismusspezifische Verhaltenstherapie (AVT) stärker durch, die wie ABA mit klassischen Verstärkermethoden aus dem Behaviorismus arbeitet, bei denen auch das negative unerwünschte Verhalten verhindert werden soll. In der heutigen Praxis sind beide Ansätze auffindbar (Bernard-Opitz & Nikopoulos 2016). Die hier dargestellten Entwicklungen und Ansätze waren an der Herausbildung der Behandlungsperspektive beteiligt. Nachfolgend soll es um die historische Entwicklung der Neurodiversitätsperspektive gehen, die sich parallel herausbildete und seit nunmehr 30 Jahren stärker wahrgenommen und rezipiert wird.

b)   Autismus im Kontext neurologischer Vielfalt

Spätestens seit den 1990er-Jahren wurde mit dem Begriff Neurodiversität die gleichwertige Anerkennung der andersartigen Wahrnehmungs-, Denk- und Verhaltensweisen von Autist*innen gefordert. Unterstützt durch neurowissenschaftliche Befunde wurden darin Wahrnehmungsbesonderheiten als zentrales Merkmal von Autismus gesehen (Theunissen 2016, 311). In der Neurodiversitätsperspektive wird Autismus als neurologische Variation verstanden. Der Begriff Neurodiversität wurde durch die australische Soziologin Judy Singer geprägt, sie spricht von den »neurologisch Anderen« und wandte sich explizit gegen die frühen »mother-blaming«-theories (Jaarsma & Welin 2012, 23).

Die Idee, dass Autismus biologische Ursachen hat, war schon früh vorhanden, konnte aber in den ersten Nachkriegsjahrzehnten noch nicht nachgewiesen und von dem diskursdominanten psychoanalytischen Erklärungsmodell lange zurückgedrängt werden. Das änderte sich mit einer Zwillingsstudie und nachfolgenden Arbeiten der britischen Kinderpsychiaterin Susan Folstein und ihres Kollegen Michael Rutter (1977). Hier konnte ein erhöhtes Vorkommen von autistischen Zügen bei Verwandten nachgewiesen werden (Bishop 2008, 18). Wichtige Grundlagen für die Erforschung genetischer Ursachen waren zuvor bereits durch den US-Psychologen Bernard Rimland gelegt, der selbst einen autistischen Sohn hatte. Er war auf der Suche nach Erklärungsansätzen, die Bettelheims Theorie der psychogenen Störung widerlegten. In seinem Buch »Infantile Autism« (1964) verortete er die Ursachen von Autismus in Genetik und Neurologie. Er war außerdem der Gründer der ersten Selbstvertretungsorganisation, der National Society for Autistic Children, die sich für eine Gesetzgebung einsetzte, die Autist*innen das Recht auf Bildung zusicherte (Silberman 2015, 282).

Seit den 1990er-Jahren stellten dann Neurobiologie, Neuropsychologie, Bildgebung und Genetik der Autismusforschung vermehrt neue Erkenntnisse aus biologisch orientierter Grundlagenforschung bereit. Dazu gehören beispielsweise Erklärungsansätze zu fehlenden Spiegelneuronen oder zu verminderter Synchronisation der Aktivitätsmuster verschiedener Gehirnbereiche (Freitag 2007), die erklärten, warum es zu neurountypischen Wahrnehmungen und Denkweisen kommt.

Das Verständnis von Autismus als neurologische Variation wurde seit Ende der 1980er-Jahre von Autist*innen auch selbst vertreten. Insbesondere die Autistin und Tierverhaltenswissenschaftlerin Temple Grandin vertrat bereits 1986 die Auffassung, dass es sich bei Autismus um »eine Beeinträchtigung jener Systeme [handele K.B.], die sensorische Informationen weiterverarbeiten« (Grandin 1986, 16). Von Autismus als Neurodiversität auszugehen bedeutet, dass es keine »normalen Gehirne« gibt. So resümiert der britische Neuropsychologe Simon Baron-Cohen in einem Artikel über das Konzept der Neurodiversität: »there is no single way for a brain to be normal, as there are many ways for the brain to be wired up and reach adulthood [...]« (Baron-Cohen 2017, 764).

Im Rahmen der Neurodiversitätsbewegung sprechen sich viele Autist*innen und die von ihnen gegründeten Organisationen für diese Sichtweise auf Autismus aus. Neben Temple Grandin vertrat beispielsweise Jim Sinclair im Jahr 1993 auf der International Conference for Autism Research in Toronto, dass Autismus eine bestimmte Persönlichkeitsstruktur und eine Identität sei – »a way of being. It colors every experience, every sensation, perception, thought, emotion and encounter, every aspect of experience. It is not possible to separate autism from the person« (Sinclair 1993). Konsequenterweise sei Autismus deshalb auch nicht zu therapieren.

Von Neurodiversität auszugehen, führt weg von einer Defizitsichtweise und richtet den Umgang mit Autismus anders aus, als dies in der oben dargestellten Behandlungsperspektive der Fall ist. Im Anschluss an neurodiverse Sichtweisen auf Autismus entwickelten sich u. a. Maßnahmen, die nicht auf Verhaltensnormalisierung zielen, sondern sich eher auf den Aufbau von Coping-Strategien wie Stressbewältigung, Selbstbefähigung (Theunissen 2019, 67 f., 198 f.) oder solchen Strategien richten, die die Umwelt von Autist*innen zum Gegenstand von Interventionen machten. Hierbei wurden einerseits unterstützende Mittel, wie Kommunikationshilfen, entwickelt, andererseits wird das soziale Umfeld, beispielsweise in den Schulen, aufgeklärt und sensibilisiert (beispielsweise Whitaker et al. 1998; Jones 2007).

Lassen sich diese Sichtweisen auf Autismus auch im englisch- und deutschsprachigen pädagogischen Fachzeitschriftendiskurs zwischen 1950 und 2015 wiederfinden? Welches Wissen wird dafür rezipiert und welche Umgangsweisen mit Autist*innen werden daraus abgeleitet? Anders als in Medizin und Psychologie, wo es vorwiegend um Fragen nach den Ursachen von und den Behandlungsmöglichkeiten für Autismus ging, ist im pädagogischen Diskurs des Bildungswesens die Frage der praktischen Beschulbarkeit und des schulischen Umgangs mit autistischen Kindern zentral. Ich gehe davon aus, dass sich dies in historischer Perspektive mit nationalen Spezifika der Rezeption und in Verbindung mit der Behandlungs- und Neurodiversitätsperspektive auf Autismus rekonstruieren lässt.

2 Zeitschriftenanalyse: Autismus im pädagogischen Fachdiskurs

Für den englisch- und deutschsprachigen pädagogischen Diskurs wurden einschlägige – aber nicht alle in Frage kommenden – sonder- und heilpädagogischen sowie auf Schule bezogenen psychologischen Fachzeitschriften ausgewählt. Zur Analyse des angloamerikanischen Diskurses wurden Artikel des »British Journal for Special Education«, des »Journal for Special Education« und solche der Zeitschriften »Intervention in School and Clinic«, »Journal of School Psychology« und »School Psychology International« im Zeitraum von 1950 bis 2015 berücksichtigt (99 Artikel). Bei den deutschsprachigen Zeitschriften sind die »Zeitschrift für Heilpädagogik«, »Heilpädagogische Forschung«, »Behindertenpädagogik« und »Sonderpädagogische Förderung heute« in die Analyse einbezogen worden. Darin finden sich im Untersuchungszeitraum 52 Artikel zu Autismus, mehr als zwei Drittel davon zwischen den Jahren 2000 und 2015 mit einer besonders hohen Häufigkeit seit 2008.

Zur Untersuchung der Frage, wie sich vor dem Hintergrund der Sichtweisen auf Autismus auf psychiatrisch-psychologisches und neurowissenschaftliches Wissen bezogen wurde, und wie daraus eine bestimmte Präferenz für den Umgang mit Autismus resultierte, wurde besonders darauf geachtet, für welche Position der jeweilige Artikel optierte und der Kontext der Argumentation besonders berücksichtigt. Zudem wurde gefragt, welches (inter)disziplinäre Wissen jeweils dafür herangezogen wurde und wie dieses in die pädagogische Argumentation eingepasst wurde. Dabei traten deutliche Unterschiede zwischen englisch- und deutschsprachigen Fachzeitschriften zutage

a) Pädagogisches Handeln als therapeutisches Handeln – pädagogische Bezugnahmen auf Psychiatrie, Psychologie und Verhaltenstherapie

Angloamerikanische Fachzeitschriften

In den ausgewählten Zeitschriften erschienen die frühesten Beiträge über Autismus im Jahr 1968 im Journal of Special Education. Sie berichten von experimentellen Versuchen im Labor, die Verhaltensauffälligkeiten mit behavioristischen Methoden zu verändern versuchten. Damit lieferten sie Grundlagen für die später entwickelten verhaltenstherapeutischen Programme zur Behandlung von Autismus wie die Applied Behavior Analysis. Exemplarisch für einige Artikel aus der Zeit ist eine Fallstudie aus dem Jahr 1968, in der das Blickkontaktverhalten eines Mädchens durch verschiedene Verstärkungsarten verändert werden sollte, was als Vorbedingung für das Erlernen anderer sozialer Fähigkeiten galt. Der Fokus liegt auf der Erprobung und der Effizienz von Methoden zur Verhaltensnormalisierung, wie dieser Auszug zeigt: »gaze aversion was eliminated in an autistic subject by selectiveley reinforcing visual attention responses [...] By day 23, extinction was almost complete. [...] The economy and effectiveness of operant conditioning techniques in this respect is evident« (Brooks et al. 1968, 308).

Nachdem sich zwischen 1970 und 1990 langsam autismusspezifische Programme (wie ABA und AVT) auf der Grundlage von behavioristischen Methoden entwickelten, berichteten Beiträge im British Journal for Special Education von erfolgreichen therapeutischen Maßnahmen. Die dort diskutierten Verfahren für die Anwendung in pädagogischen Institutionen ähneln sich darin, dass sie den autistischen Schüler*innen ein stark strukturiertes, therapeutisches Lernumfeld schaffen sollten, das das Erlernen bestimmter Verhaltensweisen ermöglichen sollte. Das Ziel war dabei, autistische Kinder in den regulären Klassenunterricht integrierbar zu machen. Ein Artikel zum »Structured management of autistic children« aus dem Jahr 1987 stellt eine pädagogische Intervention für die Vorschule vor, bei der strukturierte Verhaltenstechniken nach dem Vorbild der Applied Behavioral Analysis in der Schule wie zu Hause ausgeführt werden sollen, um u. a. obsessives und repetitives Verhalten (wie das Kreisenlassen von Gegenständen und Hände-Wedeln) zu reduzieren.

> »[…] all stereotypic behavior (particular attention being given to hand flapping) was subject to a verbal warning after which her hands were restrained to her sides while she faced the wall. […] Again the parents were trained in order that there should be continuity of management between home and school. This part of the programme is similar to a procedure outlined by Rolieler and Van Houten (1985)« (Randall & Gibb 1987, 69).

Pädagogisches Handeln soll auf die Verringerung von auffälligem Verhalten durch Warnen, Bestrafen und direktes Einwirken auf den Körper abzielen. Um den Lerneffekt zu unterstützen, wird den schulischen Akteuren geraten, die Eltern ebenfalls mit einzubeziehen. Mit einer Referenz auf *Rolieler und Van Houten* wird eine psychologische Studie zur Verhaltensmodifikation durch behavioristische Methoden der Bewegungsunterdrückung herangezogen. Obwohl nicht weiter auf diese Studie eingegangen wird, wird die Referenz zur Legitimation des Vorgehens genutzt und die vorgeschlagene Methode damit in einem psychologisch-verhaltenstherapeutischen Wissensfeld verortet.

Viele Artikel dieser Art stehen für einen pädagogischen Umgang mit Autismus, den man mit der Birminghamer Professorin für Autismusforschung Rita Jordan als »Teaching as Therapy« (2008) bezeichnen kann. Erfolg des pädagogischen Handelns wird daran beurteilt, inwiefern es gelingt, Kinder »weniger autistisch« zu machen (Jordan 2019, 44). Sie stehen häufig im Kontext der Applied Behavioral Analysis, – so auch in den Artikeln über »Ecobehavioral Assessment« (Rotholz et al. 1989) oder Behavioral Writing (Hartley & Salzwedel 1980).

Verstärkte Diskussionen um die Beschulung autistischer Kinder in Regelschulen finden sich mit dem Integrationsbegriff in den 1970er und 1980er-Jahren, ab Mitte der 1990er Jahre erschienen regelmäßig Beiträge zu Fragen rund um die Inklusion in Regelschulen.

Deutschsprachige Fachzeitschriften

In der Auswahl der deutschsprachigen Fachzeitschriften wird Autismus vor 1970 nicht thematisiert. Ab 2000 beginnt sehr vereinzelt die Diskussion um Beschulung außerhalb des Sonder- und Förderschulwesens. Bis zum Ende der 2000er Jahre wird Autismus im deutschsprachigen Diskurs schließlich stärker diskutiert, hier verdoppelt sich die Publikationsanzahl innerhalb kurzer Zeit.

Die Grafik bildet nicht einzelne Publikationen ab, sondern zeigt, wann bestimmte Themen im Diskurs aufkamen. Seit 1971 ging es um Fragen spezifischer Beschulung von Autist*innen, bis in die 2000er-Jahre bezogen sich diese Debatten aber anders als im anglophonen Raum hauptsächlich auf das Sonder- und Förderschulwesen. Publikationen ab etwa 2006 enthalten vermehrt Plädoyers für die Beschulung im Regelschulwesen, wobei erst ab 2009 von schulischer Inklusion im Zusammenhang mit Autismus gesprochen wird.

Die Festhaltetherapie findet im Vergleich zum englischsprachigen Diskurs und zu anderen kaum besprochenen Methoden einen starken Niederschlag in deutschsprachigen pädagogischen Zeitschriften. Im Jahr 1988 gibt es in der Zeitschrift Behindertenpädagogik sogar ein Schwerpunktheft zum Thema, in dem das Festhalten kontrovers diskutiert wird. Auch in den folgenden zwei Dekaden reißt die Debatte nicht ab. Die Zeitschrift für Heilpädagogik veröffentlicht z. B. 1990 einen Beitrag von Janzowksi et al., der die Haltetherapie als Methode versteht, um eine gute Bindung zwischen Bezugsperson (hier der Mutter) und Kind aufzubauen, die den emotionalen Zustand und kognitive Entwicklung positiv beeinflussen:

> »Die Therapie für autistische Kinder sollte nach Tinbergen/Tinbergen das Normalisieren [...] und die emotionale Stabilisierung anstreben. Die Methode des erzwungenen Festhaltens ermöglicht das Erreichen dieser Ziele. Dadurch wird dem Kind die Basis für eine weitere, weitgehend ungestörte körperliche und geistige Entwicklung gegeben. Während die Mutter ihr Kind in der HT festhält, unterbindet sie dessen Versuche, sich durch stereotype Selbststimulation und Veränderung der Körperlage der sozialen Situation zu entziehen« (Janzowski et al. 1990, 860).

In der Tradition der Ansätze, die von Bindungsstörung ausgehen, wird hier argumentiert, dass die emotionale Bindung zur Bezugsperson Grundlage emotionaler Stabilisierung sei, gleichzeitig werden durch das Festhalten aber auch unerwünschte Verhaltensweisen verhindert. Die Haltetherapie zielt auf Normalisierung des autistischen Verhaltens und setzt wie beim »Structured Management« die Maßnahme am Körper des Kindes an. Die Festhaltetherapie war zu diesem Zeitpunkt bereits durch Beiträge von Feuser (1988) oder Kischkel & Störmer (1988) in die pädagogische Kritik geraten. Trotzdem wurde sie auch weiterhin für den Einsatz in sonderschulischen Einrichtungen diskutiert (Dalferth 1988).

Ein Beitrag, der erstmals neurologische Ursachen für autistisches Verhalten in den pädagogisch-methodischen Kontext bringt, wurde im Jahr 1996 in der Zeitschrift für Heilpädagogik mit Titel »Evolutionstraining« publiziert. Er geht auf neurologische Aspekte bei der Wahrnehmung ein und betrachtet diese als Hintergrund für auffälliges Verhalten. Darin wird gegen die Annahme, Autismus sei eine psychische Erkrankung, Stellung bezogen und stattdessen für ein Verständnis von Autismus als Hirnverletzung, die Wahrnehmungsstörungen zur Folge hat, argumentiert. Unter

I Sozial- und erziehungswissenschaftliche Perspektiven

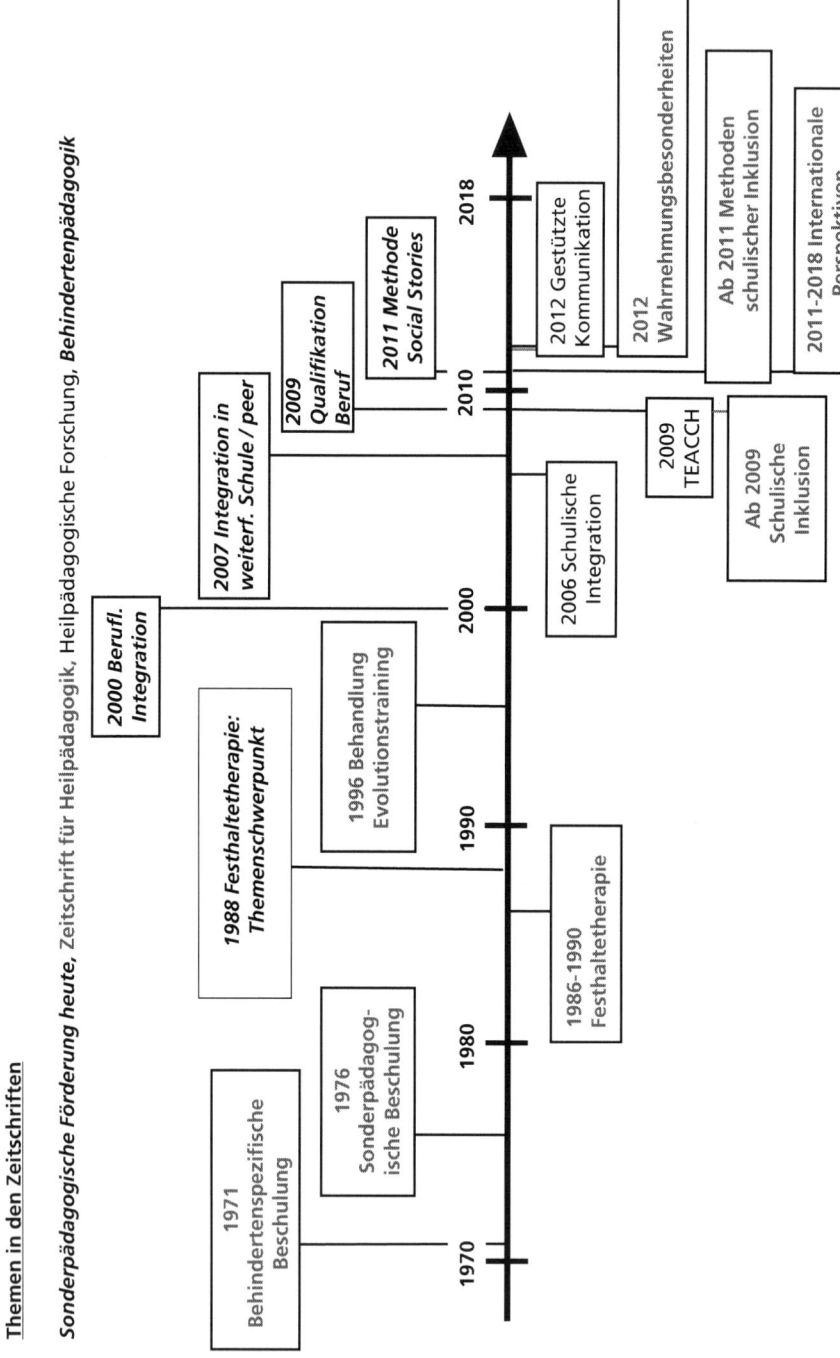

Abb. 5: Zeitstrahl deutschsprachige (sonderpädagogische) Fachzeitschriften

Referenz auf den US-amerikanische Psychologen Delacato wird für eine veränderte Sichtweise auf autismusspezifische Verhaltensauffälligkeiten plädiert: »Was immer an Verhaltensauffälligkeiten [...] sich zeigen mag, – wesentlich ist, sie frühzeitig wahrzunehmen und sie als eine Botschaft verstehen zu lernen, die Auskunft gibt über die spezifische Art der Störung bei der Aufnahme von Sinnesreizen [...] und über die Störung bei der Verarbeitung der Reize im Gehirn.« Evolutionstraining versucht nun, die gestörte Wahrnehmung durch langfristige Konfrontation mit stimulierenden Reizen nachhaltig zu verändern und so eine Veränderung kognitiver Strukturen zu bewirken (Schmitz 1996, 509). Das Prinzip sei hier die Gewöhnung. Während bei dem Verständnis von Autismus als psychogen verursachter Störung Maßnahmen wie bei ABA oder das Festhalten behavioristisch und psychoanalytisch angelegt sind und direkt auf Verhalten wirken, wird hier ein Verständnis nahegelegt, dass Verhaltensstörungen von Autist*innen ein Korrelat in Hirnfunktionen haben und darüber Verhalten modifiziert werden könne. Deshalb steht auch dieser Beitrag für solche Positionen im deutschsprachigen Diskurs, die dem therapeutischen Aufgabenverständnis im Rahmen sonder- und heilpädagogischer Förderung und der Behandlungsperspektive entsprechen.

b) Pädagogisches Handeln als Befähigung und Orientierung an Stärken vor dem Hintergrund neurowissenschaftlicher Bezugnahmen

Angloamerikanische Fachzeitschriften

Spätestens in den 1990er-Jahren kommt im angloamerikanischen pädagogischen Diskurs die Neurodiversitätsperspektive auf. Dies zeigt sich daran, dass viele Beiträge entstehen, die sich teilweise auf Ergebnisse neurowissenschaftlicher Forschung bei der Darstellung und Evaluation passender Unterrichtsmethoden beziehen. Bei zahlreichen Artikeln geht es um soziale Akzeptanz und den Aufbau guter Beziehungen zu den peers in inklusiven Klassenzimmern.[6] Es wird beispielsweise davon ausgegangen, dass Defizite in der Beziehungsfähigkeit biologisch bedingt sind: »personal relatedness with others is the central impairment and (that it) is biologically based (Hobson 1993)«. In der Folge werden die empfohlenen pädagogischen Maßnahmen auch auf das soziale Umfeld ausgeweitet. Das Umfeld soll (z. B. mittels peer-, mentoring- oder »circle of friends«-Methoden) methodisch so eingerichtet werden, dass es strukturierte Möglichkeiten des sozialen Kontaktes bietet. Daneben werden unterschiedliche Phasen der Schulzeit der autistischen Schüler*innen im Zusammenhang mit wahrgenommenem Stress, Angst und Depression in den Blick genommen (bspw. Browning et al 2008).

---

6 Whitaker et al. (1998): Children with autism and peer group support: using circles of friends; Clark & Smith (1999): Current Topics in Review: Facilitating Friendships: Including Students With Autism in the Early Elementary Classroom; Boutot (2004): Fitting In: Tips for Promoting Acceptance and Friendships for Students With Autism Spectrum Disorders in Inclusive Classrooms, Jones. V. (2007): ›I felt like I did something good‹ – the impact on mainstream pupils of a peer tutoring program? for children with autism.

Ein Beispiel für den Bezug auf neurowissenschaftliche Ergebnisse bei der Legitimation eines bestimmten pädagogischen Vorgehens stammt aus dem British Journal for Special Education von 2007: Es geht um das »Concept Mapping« für Schüler im Autismus-Spektrum im inklusiven Unterricht (Roberts & Joiner 2007, 127). Dabei wird verstärkt mit Visualisierungen und Imaging-Vorgängen gearbeitet. Diese Methode wurde ebenfalls in das nationale Curriculum des naturwissenschaftlichen Unterrichts für alle Schülerinnen und Schüler mitaufgenommen (ebd., 127). Folgender Auszug zeigt, wie der Anknüpfungspunkt der Methode sich im Vergleich zu vorausgehenden Beispielen verschob:

> »Pupils with autism [...] seem to have real strength in visual processing but a cognitive style that encourages them to focus on detail [...] Arguably concept mapping can work with the cognitive predispositions of individuals with ASD [...] brain-imaging research has also provided neurological evidence supporting the predisposition of individuals with ASD towards visual processing (Ring, Baron Cohen, Wheelwright et al. 1999). [...] Cognitive load theory suggests [...] concept mapping may reduce the cognitive load of a learning task for pupils with ASD. By reducing the working memory capacity required by the task's modality, more working memory resources can be applied to forming interconnections between concepts, thereby enabling the pupil to achieve more meaningful learning (Cooper 1998).«

In der Begründung, warum diese Methode für Autist*innen geeignet sei, wird nun auf neurowissenschaftliche Erkenntnisse rekurriert: Vor dem Hintergrund der Theorie kognitiver Beanspruchung reduziere Concept Mapping die kognitive Belastung für autistische Schüler*innen, weil die benötigte Arbeitsgedächtniskapazität durch die Methode verringert werde. So werden für das Arbeitsgedächtnis Kapazitäten frei, mehr konzeptuelle Verbindungen zu schaffen. Die Referenzen beziehen sich auf Forschungsergebnisse aus der kognitiv-neurowissenschaftlichen Autismus-Forschung. Argumentiert wurde, dass die vorgestellte Methode auf die durch den Autismus unveränderbar vorgegebenen neurologischen Prädispositionen der Schüler*innen abgestimmt wird. Dieses Beispiel für die pädagogische Aufgabe zeigt einen anderen Ansatzpunkt. Indem die Methode auf die ganze Klasse angewendet wird, wird die Umwelt der autistischen Schüler*innen verändert und auf autismusspezifische Besonderheiten im Lernen hin eingerichtet und nicht umgekehrt.

In Beiträgen, in denen in dieser Weise auf neurowissenschaftliches Wissen Bezug genommen wird, wird meistens von dem Erfordernis ausgegangen, pädagogisch-didaktische Strukturen an die Vorbedingungen anzupassen, die die Autist*innen mitbringen. Rita Jordan nennt dies gegenüber dem therapeutischen Modell »education as entitlement« – Erziehung als Befähigung (2008, 11).

Deutschsprachige Fachzeitschriften

Beiträge, die das Thema Autismus vor dem Hintergrund der Neurodiversität behandeln, sind in deutschsprachigen Fachzeitschriften erst in jüngster Zeit aufzufinden. Lange war im pädagogischen Autismus-Diskurs keinerlei Bezug auf neurowissenschaftliche Forschung vorhanden. Dies änderte sich erst, als im Zusammenhang mit Inklusion Erfordernisse der autismusspezifischen Beschulung offenbar wurden. Mit einem fest verankerten und stark ausdifferenzierten Sonderschulwesen (Ellger-Rüttgert 2008) war eine autismusspezifische schulische Pädagogik mit eigenen Methoden so lange kein vorrangiges Thema, bis die Fragen zu inklusiver Beschulung drängend wurden.

Biologische Forschungsergebnisse zu Autismus werden allerdings schon 1993 in einem Tagungsbericht in der Zeitschrift Heilpädagogik rezipiert, und sehr vorsichtig ist damals bereits über die Folgen spekuliert worden: »Ist Autismus eine genetische Krankheit, dann könne sie unheilbar sein«, wird in dem Bericht ein Vortrag von Michael Rutter zitiert (Kink 1993, 142). Mit ihren Implikationen für den pädagogischen Umgang mit Autist*innen wird neurowissenschaftliche Forschung erst ab 2010 – vor allem durch den Sonderpädagogen Theunissen – rezipiert. Diese – im Vergleich zu englischsprachigen Zeitschriften – späte Bezugnahme könnte auch erklären, warum die Begrifflichkeit ‚Neurodiversität' sich im englischsprachigen Raum bereits durchgesetzt hat, während sie hierzulande teilweise noch sehr unbekannt ist.

Die Betonung von Stärken der Autist*innen und daran anschließend von Fragen ihrer pädagogischen Förderung treten seit 2010 stärker in den Vordergrund. Verschiedene Wahrnehmungsstile (und nicht mehr -störungen) sowie Spezialinteressen im pädagogischen Umgang mit Autist*innen müssten stärker berücksichtigt werden, so das Plädoyer in Beiträgen (Theunissen 2010). Andere Beiträge entwickeln Unterrichtsstrategien, die auf Einstellungen der Peers autistischer Schüler wirken sollen und beziehen sich dabei auf sozialpsychologische Erkenntnisse aus der Einstellungsforschung (Moosecker 2009). So zeichnet sich auch im deutschsprachigen Diskurs eine Ergänzung der therapeutischen Perspektive durch eine Sichtweise ab, in der die pädagogische Aufgabe unter Berufung auf psychologisches und neurowissenschaftliches Wissen in der *Befähigung* autistischer Kinder gesehen wird.

3 Fazit

Abschließend möchte ich auf einige mögliche Erklärungen für die aufgezeigten Unterschiede in den deutschsprachigen und englischsprachigen Fachzeitschriften eingehen. Durch das Recht auf Regelbeschulung wurde inklusive Beschulung im angloamerikanischen Raum schon früh für viele autistische Schüler*innen zum Normalfall. Die Auseinandersetzungen pro oder contra Sonderschule wurden in den Fachzeitschriften dort bereits in den 1980er-Jahren diskutiert – danach nicht mehr. Stattdessen entstand ein Problembewusstsein und der Raum, die Herausforderungen gemeinsamer Beschulung von neurodivergenten mit neurotypischen Schüler*innen mit der Entwicklung entsprechender Methoden anzugehen. Diese Methoden wurden ebenfalls früher unter Bezug auf die damals junge neurowissenschaftliche Forschung entwickelt. Dabei gerieten Fragen der Art und Weise des Lernens anders in den Blick und der Ansatzpunkt pädagogischer Umgangsweisen verlagerte sich ein Stück weg von therapeutischem Arbeiten. Durch den Rekurs auf neurowissenschaftliche Erkenntnisse wurden Wahrnehmungsbesonderheiten und

Denkweisen als Ressourcen des neurodivergenten Gehirns zum Ausgangspunkt pädagogischer Überlegungen.

In den deutschsprachigen Zeitschriften bleibt dagegen ein therapeutischer Fokus länger bestehen. Die später einsetzende Diskussion über die Beschulung autistischer Kinder außerhalb des Sonderschulwesens, sowie die etwas stärker erfolgende Referenz auf Psychologie mit behavioristischen und verhaltenstherapeutischen Methoden und schließlich die vergleichsweise späte Bezugnahme auf das Konzept der Neurodiversität, hängen, wie bereits vermutet, mit der besonderen Situation des deutschen Sonderschulwesens zusammen. Es hatte mit seiner starken Ausdifferenzierung einen langen Fortbestand und bot zudem für Beschulungsprobleme jeglicher Art immer gewisse Lösungen an. Hinweise darauf finden sich beispielsweise 1979 in einem in der Zeitschrift für Heilpädagogik abgedruckten Briefwechsel zwischen Hermann Cordes, dem damaligen Leiter des Instituts für Autismus-Forschung in Bremen und Stellvertreter für den Bundesverband Hilfe für das autistische Kind e.V., und dem Verband deutscher Sonderschulen e.V.: Cordes hatte beantragt, spezielle Schulen oder wenigstens spezielle Klassen *nur* für autistische Kinder einzurichten. Dieser Antrag wurde mit folgender Begründung abgelehnt:

»Der Vorstand des Verbandes Deutscher Sonderschulen kommt nach gründlicher Analyse der vorliegenden Berichte nicht zuletzt nach Kenntnisnahme der Ergebnisse entsprechender Schulversuche zu dem Ergebnis, daß die Einrichtung spezieller Klassen oder Schulen für autistische Kinder und Jugendliche nicht empfohlen werden kann. Die schulische Förderung dieser schwer behinderten Kinder und Jugendlichen sollte in bereits bestehenden, hierfür geeigneten Schultypen nach Lern- und Therapieplänen erfolgen, die die Bedürfnisse des einzelnen Schülers entsprechend berücksichtigen« (Prändl 1978, 516).

Cordes wurde mit seinem Anliegen auf das bestehende Sonderschulwesen verwiesen. Sehr vorsichtig kann gefragt werden, ob sich unter Umständen eine explizit autismusspezifische Pädagogik im deutschsprachigen Raum früher hätte entwickeln können, wenn Cordes' Wunsch nach Einrichtung von Spezialbeschulung autistischer Kinder entsprochen worden wäre. Dann wäre das eingespielte, durch psychologisch-verhaltenstherapeutische Methoden abgesicherte Aufgabenverständnis der Pädagogik für ihren Umgang mit Autist*innen möglicherweise früher – wie im englischsprachigen Raum – um ein durch Neurodiversität geprägtes Verständnis ergänzt worden.

Die hier vorgebrachten Erklärungen müssten allerdings im Rahmen einer noch völlig ausstehenden Geschichte von Autismus in der Pädagogik in Deutschland überprüft werden. Auf der Basis der wenigen ausgewählten Quellen sollte der vorliegende Beitrag zunächst nur explorieren, wie sich ein Wissen über Autismus unter Rezeption bestimmter Wissensbestände herausbildete und zwar im Spannungsfeld von Therapie und Neurodiversität, von »Education as Therapy« oder »Education as Entitlement« im pädagogischen Fachdiskurs, wie er in den Zeitschriften geführt wurde.

Literatur

American Psychiatric Association (2013). *Diagnostic and Statistical Manual of Mental Disorders DSM V*.

Autismus Deutschland e.V. (2016). Ergebnis der Umfrage zur aktuellen schulischen Situation von Kindern und Jugendlichen mit Autismus. https://www.autismus.de/fileadmin/RECHT_UND_GESELLSCHAFT/AuswertungFragebogenSchulischeSituation17.01.2017.pdf [26.9.2020].

Baron-Cohen, S. (2017). Editorial Perspective: Neurodiversity – a revolutionary concept for autism and psychiatry. *The Journal of Child Psychology and Psychiatry, 58* (6), 744–747.

Bernard-Opitz, V. & Nikopoulos, C. (2016). *Lernen mit ABA und AVT*. Kohlhammer.

Bettelheim, B. (1967). *The Empty Fortress. Infantile Autism and the Birth of the Self*. Collier-Macmillan.

Bishop, D. (2008). Forty years on: Uta Frith's contribution to research on autism and dyslexia, 1966–2006. *Quarterly journal of experimental psychology* (2006), 61(1), 16–26. https://doi.org/10.1080/17470210701508665

Boutot, E. A. (2004). Fitting In: Tips for Promoting Acceptance and Friendships for Students With Autism Spectrum Disorders in Inclusive Classrooms. *Intervention in School and Clinic, 42*(3), 156–161.

Brooks, B. D., Morrow, J. E. & Gray, W. F. (1968). Reduction of Autistic Gaze Aversion by Reinforcement of Visual Attention Responses. *Journal of Special Education, 2* (3), 307–309.

Browning, J., Osborne, L. A. & Reed, P. (2008). A qualitative comparison of perceived stress and coping in adolescents with and without autistic spectrum disorders as they approach leaving school. *British Journal of Special Education, 36* (1), 36–43.

Clark, D. M. & Smith, S. W. (1999). Current Topics in Review: Facilitating Friendships: Including Students With Autism in the Early Elementary Classroom. *Intervention in School and Clinic, 34*(4), 248–250.

Cordes, H. (1979). Behinderungsspezifische schulische Förderung für autistische Kinder? *Zeitschrift für Heilpädagogik, 30*(8), 565–568.

Dalferth, M. (1988). Festhalten im Heim – Zur Legitimation und Effektivität eines umstrittenen Verfahrens. *Behindertenpädagogik, 27*(2), 206–217.

Ehrenberg, A. (2019). *Die Mechanik der Leidenschaften. Gehirn, Verhalten, Gesellschaft*. Suhrkamp.

Ellger-Rüttgardt, S. L. (2008). *Geschichte der Sonderpädagogik. Eine Einführung*. Ernst Reinhardt Verlag.

Evans, B. (2017). *The metamorphosis of autism. A history of child development in Britain*. Manchester University Press.

Feinstein, A. (2019). The History of Autism Education. In R. Jordan, J. Roberts & K. A. Hume (Eds.), *The SAGE handbook of autism and education* (pp. 24–42). SAGE Publications.

Feuser, G. (1976). Notwendigkeit und Möglichkeit einer pädagogischen Förderung von Kindern mit frühkindlichem Autismus in Sonderkindergärten und Sonderschulen. *Zeitschrift für Heilpädagogik*, 27. Jg., 643–657.

Feuser, G. (1988). Aspekte einer Kritik des Verfahrens des ‚erzwungenen Haltens' (Festhaltetherapie) bei autistischen und anders behinderten Kindern und Jugendlichen. *Behindertenpädagogik, 27*(2), 115–154.

Folstein, S. E. & Rutter, M. E. (1988). Autism: Familial Aggregation and Genetic Implications. *Journal of Autism and Developmental Disorders, 18*(1), 3–30.

Freitag, C. M. (2007). The Genetics of Autistic Disorders and its clinical relevance: A review of the Literature. *Molecular Psychiatry, 12*(1), 2–22.

Grandin, T. & Scariano, M. (1986). *Emergence, labeled autistic*. Novato, CA: Arena Press.

Happé, F. & Frith, U. (2020). Annual Research Review. Looking back to look forward – changes in the concept of autism and implications for future. *Journal of Child Psychology and Psychiatry, 61*(3), 218–232.

Hartley, S. T. & Salzwedel, K. D. (1980). Behavioral Writing for an Autistic-Like Child. *Intervention in School and Clinic, 16*(1), 101–110.

Hobson, R. P. (1993). *Autism and the Development of Mind.* Erlbaum.

Klein, F., Janzowski, F. & Schmäh, B. (1990). Grundlagen der Haltetherapie zur Behandlung des frühkindlichen Autismus. *Zeitschrift für Heilpädagogik, 41,* 859–868.

Jaarsma, P. & Welin, S. (2011). Autism as a natural human variation: reflections on the claims of the neurodiversity movement. *Health Care Analysis, 20*(1), 20–30.

Jones, V. (2007). ›I felt like I did something good‹ – the impact on mainstream pupils of a peer tutoring programme for children with autism. *British Journal of Special Education, 34*(1), 3–9.

Jordan, R. (2008). Autism Spectrum Disorders: a challenge and a model for inclusion in education. *British Journal of Special Education, 35*(1), 11–15.

Jordan, R. (2013). Educational Therapy. In F. R. Volmar (Ed.), *Ecyclopedia of Autism Spectrum Disorders* (pp. 1061–1064). Springer.

Jordan, R. (2019). Educational Structures. An International Perspective. In R. Jordan, J. Roberts & K. A. Hume (Eds.), *The SAGE handbook of autism and education* (pp. 43–54). SAGE Publications.

Kanner, L. (1948). Frosted Children, Time, 26 April.

Keenan, M., Dillenburger, K., Röttgers, H. R. & Dounavi, K. (2015). Autism and ABA: The gulf between North America and Europe. *Review Journal of Autism and Developmental Disorders, 2,* 167–183.

Kink, M. (1992). Zusammenfassender Bericht des europäischen Autistenkongresses in Den Haag. *Heilpädagogik, 35*(5), 142–143.

Kischkel, W. & Störmer, N. (1988). Kritische Überlegungen zur Festhaltetherapie. *Behindertenpädagogik, 27*(2), 185–196.

Lovaas, O. I. (1987). Behavioral treatment and normal education and intellectual functioning in young autistic children. *Journal of Consulting and Clinical Psychology, 55,* 3–9.

Milton, D. (2019). Difference Versus Disability: Implication of Characterisation of Autism for Education and Support. In R. Jordan, J. Roberts & K. Hume (Eds.), *The Sage Handbook of Autism and Education* (pp. 3–11). Sage.

Moosecker, J. (2009). Schüler mit Asperger Autismus – Pädagogisch-didaktische Strategien und das Sprechen über Autismus in der Klasse. *Zeitschrift für Heilpädagogik, 60*(11), 434–441.

Moosecker, J. & Fries, A. (2011). Schüler mit Autismus-Spektrum-Störung (ASS) an der Schule für Körperbehinderte – Ergebnisse einer Elternbefragung. *Heilpädagogik Online, 1,* 10–26.

Nind, M. (1999). Intensive Interaction and autism: a useful approach? *British Journal of Special Education, 26*(2), 96–102.

Posada, M., Garcia Primo, P., Ferrari, M. J. & Martín-Arribas, M. C. (2007). European Autism Information System (EAIS). Report on the ›Autism Spectrum Disorders Prevalence Data and Accessibility to Services‹ Questionnaire (Q-EAIS). Research Institute for Rare Diseases, Instituto de Salud Carlos III, Madrid. https://ec.europa.eu/health/archive/ph_information/dissemination/diseases/docs/autism1.pdf

Prändl, o. N. (1978). Schreiben an den Bundesverband: Hilfe für das autistische Kind. *Zeitschrift für Heilpädagogik,* 30. Jg., 516–517.

Randall, P. E., & Gibb, C. (1987). Structured Management and Autism. *British Journal of Special Education, 14*(2), 68–70.

Rimland, B. (1964). *Infantile Autism: The Syndrome and Its Implications for a Neural Theory of Behavior.* Appleton-Century-Crofts.

Ring, H. A., Baron-Cohen, S., Wheelwright, S., Williams, S. C. R., Brammer, M., Andrew, C. & Bullmore, E. T. (1999). Cerebral correlates of preserved cognitive skills in autism. A functional MRI study of Embedded Figures Task performance. *Brain: a journal of neurology, 122,* 1305–1315.

Roberts, V. & Joiner, R. (2007). Investigating the efficacy of concept mapping with pupils with autistic spectrum disorder. *British Journal of Special Education, 34*(3), 127–135.

Roleska, M., Roman-Urrestarazu, A., Griffiths, S., Ruigrok, A. N. V., Holt, R., van Kessel, R., McColl, K., Sherlaw, W., Brayne, C. & Czabanowska, K. (2018). Autism and the right to education in the EU: Policy mapping and scoping review of the United Kingdom, France,

Poland and Spain. *PLoS ONE, 13*(8), e0202336. https://doi.org/10.1371/journal.pone.0202336

Rotholz, D. A., Kamps, D. M. & Greenwood, C. R. (1989). Ecobehavioral Assessment And Analysis in Special Education Settings for Students with Autism. *Journal for Special Education, 23*(1), 59–81.

Schmitz, M. (1996). Evolutionstraining. Ein Vorschlag zur Behandlung autistischer Kinder und hirnverletzter Erwachsener. *Zeitschrift für Heilpädagogik, 12*, 508–514.

Schwarz, K. (2020). *Autismusbilder. Zur Geschichte der Autismusforschung*. Beltz Juventa.

Silberman, S. (2015). *Neurotribes: The legacy of autism and the future of neurodiversity*. Penguin.

Silberman, S. (2017). *Geniale Störung. Die geheime Geschichte des Autismus und warum wir Menschen brauchen, die anders denken* (2. Aufl.). DuMont.

Silverman, C. (2012). *Understanding autism. Parents, doctors, and the history of a disorder*. Princeton University Press.

Sinclair, J. (1993). Don't mourn for us. Our Voice 1(3). http://www.autreat.com/dont_mourn.html

Sinclair, J. (1999). Why I dislike person first language. http://www.larry-arnold.net/Autonomy/index.php/autonomy/article/view/OP1/html_1

Surgeon General (1999). *Mental Health: A report of the Surgeon General*. U.S. Public Health Service.

Theunissen, G. (2010). Fokus: Spezialinteressen – Autismus neu denken. *Zeitschrift für Heilpädagogik, 61*(7), 269–277.

Theunissen, G. (2016). Zum Umgang mit Autismus: Behandeln oder Unterstützen? *Sonderpädagogische Förderung heute, 3*, 304–315.

Theunissen, G. & Sagrauske, M. (2019). *Pädagogik bei Autismus. Eine Einführung*. Kohlhammer.

Tinbergen, N. & Tinbergen, E. A. (1983). *»Autistic« Children – new hope for a cure*. Allen & Unwin.

Whitaker, P., Barratt, P., Joy, H., Potter, M. & Thomas, G. (1998). Children with autism and peer group support: Using »circles of friends«. *British Journal of Special Education, 25* (2), 60–64.

Zaslow, R. & Menta, M. (1975). *The psychology of the Z-process: Attachment and activity*. San Jose State University Press.

Neurodiversität und Autismus aus Sicht der Pädagogik der Nicht_Behinderung

Christian Lindmeier & Marek Grummt

Einleitung

Die Frage nach den pädagogischen Implikationen des sog. ›Neurodiversitäts-Paradigmas‹ ist in jüngster Zeit auch im deutschsprachigen Raum zum Thema geworden (z. B. Theunissen & Sagrauske 2019; Platte 2019; Theunissen 2020; Melles 2021; Köpfer et al. 2021; Tierbach 2021).

Für Theunissen stellt Neurodiversität als Bezugsrahmen pädagogischer Prozesse eine »Verstehensperspektive« (2020, 21) für autistische Verhaltens- und Wahrnehmungsweisen dar. Die zentrale These der Neurodiversitätsbewegung von Menschen im Autismus-Spektrum laute, dass es sich um »›unterschiedliche‹ neuronale Prozesse, Aktivitäten und Verschaltungen« (a.a.O., 55) handele, »die Wahrnehmungs-, Denk-, Lern-, Handlungs-, Kommunikations- und Interaktionsprozesse betreffen und damit ein autistisches Sein mit spezifischen Ausdrucksformen, Besonderheiten und Fähigkeiten kennzeichnen« (ebd.). Die Wertschätzung einer »autistischen Intelligenz« (ebd.) im Zuge neurowissenschaftlicher Erkenntnisse, die von »einer von Natur aus anders ausgerichteten Wahrnehmung« (Theunissen & Sagrauske 2019, 122) ausgehe, führe – ausgehend von dieser Besonderheit – zur Akzeptanz des ›So-Seins‹ autistischer Kinder/Personen. Vor diesem Hintergrund gehe es um (pädagogische) Unterstützung, sodass autistische Kinder/Personen befähigt werden können, »sich mit ihrem autistischen Sein in der ›üblichen‹ Welt der nicht-autistischen Menschen zurechtzufinden und in ihrer Persönlichkeit positiv zu entwickeln« (a.a.O., 122f.).

Köpfer et al. (2021) zeigen sich bezüglich dieser Implikationen eher skeptisch. Zwar rückten mit der Abkehr von Subkategorisierungen (z. B. frühkindlicher Autismus, Asperger-Autismus) »bzw. der Entscheidung, Autismus auf einem Spektrum zu verorten, die neuen Diagnosekriterien einerseits näher an eine Perspektive heran, die Autismus – wie etwa im Konzept der *Neurodiversität* – als Teil des *Spektrums menschlicher Vielfalt* betrachtet (vgl. Lindmeier 2018, o. S.)«. Andererseits werde »durch die prozessierte Pathologisierung – als (Entwicklungs-)*Störung* – die Abgrenzung von als normal angenommenen Entwicklungsverläufen aufrechterhalten (vgl. ebd.; Theunissen 2016), die zur Vereindeutigung von Autismus als klar definiertem Störungsbild in alltagspraktischen Kontexten beiträgt« (ebd.). Aus (inklusions-)pädagogischer (z. B. Platte 2019; s. auch Melles 2021) und soziologischer Perspektive (z. B. Maynard & Turowetz 2019) werde in diesem Zusammenhang Kritik an der Herstellung und Bedeutung der Diagnose formuliert, »indem hervorgehoben wird, dass diese ein *interaktionales* Produkt darstellt, in dessen Entstehungsprozess sowohl die Normalitätserwartungen der diagnostizierenden Person als auch die soziale Dynamik zwischen diagnostizierender und diagnostizierter Person eine Rolle spielen. Trotz der für soziale Interaktionen üblichen Unsicherheiten schafft das Endprodukt der Diagnose dabei eine Eindeutigkeit und wird so zu einem zentralen Moment in der Herstellung von Behinderung« (Köpfer et al. 2021, o. S.). Dieser Autor:innengruppe geht es also in erster Linie um Dekonstruktion bzw. Dekategorisierung.

Platte führt aus, dass »als selbstverständliches ›Geschäft‹ inklusiver Pädagogik« (2019, o. S.) gelten könne, »dass Entwicklungsnormen und Normalitätserwartungen z. B. für die kindliche Entwicklung an Kinder infrage gestellt werden« (ebd.). Es gehe dann z. B. »um die Anerkennung von Individualität und Diversität, die nicht als Abweichung markiert wird, sondern innerhalb eines Spektrums von Normalität ihre Berechtigung hat« (ebd.). Mit Melles (2018) schlussfolgert sie, dass es inklusiv erst dann zuginge, wenn anstatt von einem autistischen Spektrum als Teil der menschlichen Vielfalt von einem ›Spektrum Mensch‹ gesprochen werde, was bedeute, dass das individuelle So-Sein eines:einer jeden vorbehaltlos akzeptiert werde. Platte zufolge gehe es hier um einen Vorschlag für die Erweiterung von Normalität, »die im Sinne des Menschenbildes einer inklusiven Pädagogik sein müsste – und die dennoch die Widersprüche, die mit Anerkennung verbunden sind, nicht aufzulösen vermag« (2019, o. S.). Platte und Melles plädieren somit aus normativ-inklusionspädagogischer Perspektive für einen akategorialen Ansatz (Quante & Wiedebusch 2018).

Tierbach zufolge stellt das Neurodiversitäts-Paradigma einen Bezugsrahmen für die (inklusive) pädagogische Begegnung mit Menschen im Autismus-Spektrum dar. Damit es im Kontext einer teilhabeorientierten Pädagogik genutzt werden könne, müssten aber die »(nicht) transportierten Verhältnisse hinter den Forderungen nach Vielfalt und (Neuro-)Diversität« (a.a.O.) problematisiert werden. Dies bleibe häufig aus, weil unkritisch und unreflektiert die affirmative Anerkennung von Vielfalt und (Neuro-)Diversität postuliert werde. Vor diesem Hintergrund beurteilt sie die oben dargestellte Auffassung von Theunissen (2020) bzw. Theunissen & Sagrauske (2019) skeptisch. Ein erstes Spannungsfeld, das sich aus dieser Perspektive ergebe, laute:

>»Wenn alle Menschen neurologisch unterschiedlich sind, wie können bestimmte neuronale Prozesse und neurokognitive Funktionen dann einer ganz spezifischen Differenz in Form des Autismus-Spektrums zugeschrieben werden? Wenn eine neurologische Norm abgelehnt wird, wird diese nicht gleichzeitig über die Gegenüberstellung von ›neurodivergent‹ und ›neurotypisch‹ reproduziert?« (2021, 52).

Dies führe zu einem zweiten Spannungsfeld: »Wenn die menschliche Gemeinschaft eine Interpretationsgemeinschaft ist (Rödler 2013, 144), müsste die Reflexion dessen, was als ›autistisch‹ bezeichnet wird, nicht hier ansetzen?« (ebd.). Im Sinne einer Teilhabeorientierung müsse reflektiert werden, inwiefern eine »gemeinsame Kulturentwicklung« (a.a.O., 52) ermöglicht werde, in welcher Stärken und Kompetenzen (Theunissen 2020, 55), die autistischen Personen zugeschrieben werden, für alle Beteiligten erfahrbar werden. Hierfür sei es wichtig, die Interpretation dieser Stärken und Kompetenzen »auf den je spezifischen Kontext zu beziehen und nicht zur Eigenschaft eines Individuums werden zu lassen, um einer Festschreibung zu entgehen und mögliche Unterstützungsbedarfe konkret benennen und realisieren zu können (Rödler 2013, 146–147)« (Tierbach 2021, 52). Als drittes Spannungsfeld bleibe die Frage nach der Veränderung gesellschaftlicher Normalitätskonstruktionen sowie institutionell diskriminierender und machtvoller Strukturen offen:

> »Soll Neurodiversität auf die Benachteiligung von Menschen aufmerksam machen, die der konstruierten Norm nicht entsprechen und auf einer Ebene mit anderen Diversitätskategorien gedacht werden, muss sie die Repräsentation und den Fokus ihrer eigens gesetzten Differenzen sowie deren Adressierung kritisch reflektieren« (a.a.O., 53).

Denn deren bloße Anerkennung sowie die Hervorhebung von ›Besonderheiten‹ oder von ›neurologischen Unterschieden‹, die alle Menschen betreffen, könne diese strukturellen Prozesse nicht von sich aus initiieren.

Tierbach kritisiert also, dass die Möglichkeiten und Herausforderungen der Umsetzung einer umfassenden Teilhabe von Menschen im Autismus-Spektrum unter der Perspektive der (Neuro-)Diversität oftmals eng an ihre nicht reflektierten (pädagogischen) Implikationen geknüpft sind. »Die Forderung nach Anerkennung von Vielfalt und (Neuro-)Diversität als wertvoller gesellschaftlicher Beitrag reicht nicht aus, um Teilhabe an allen Lebensbereichen umzusetzen« (a.a.O., 54).

In unserem Beitrag wird das Konzept der Neurodiversität aus der Perspektive der Pädagogik der Nicht_Behinderung (Lindmeier 2019) inspiziert. Die Pädagogik der Nicht_Behinderung impliziert eine Weiterentwicklung der erziehungswissenschaftlichen Teildisziplin der Sonderpädagogik hin zu einer differenztheoretisch reflektierten, diversitätsbewussten Pädagogik (Lindmeier 2019, 2021). Ferner geht sie davon aus, dass Sonderpädagogik nur durch eine solche Transformation in die Lage versetzt wird, die inklusive Wende in der Sozial- und Erziehungswissenschaft mitzuvollziehen. ›Differenztheoretisch reflektiert‹ bedeutet u. a., dass die Sonderpädagogik insbesondere ihre Verstrickungen in die Reproduktion sozialer Differenz(en) kritisch reflektieren muss. ›Diversitätsbewusstsein‹ ist gefordert, weil es neben der (analytischen) Dekonstruktion auch um einen konstruktiven Blick auf Verschiedenheit (Diversität) gehen muss, der die pädagogische Handlungsfähigkeit gewährleistet.

Der Begriff der ›Nicht_Behinderung‹ verweist auf die soziale Differenz bzw. das Differenzverhältnis ›Behinderung/Nicht-Behinderung‹ (Waldschmidt & Schneider 2012). Um die Relationalität von Behinderung und Nicht-Behinderung erfassen zu können, bedarf es – hier stimmen wir mit den kulturwissenschaftlich orientierten Dis_ability Studies überein – eines grundsätzlichen Fragens nach der historischen, sozialen und kulturellen Herstellung, Verobjektivierung und Institutionalisierung dieser Differenz (Waldschmidt & Schneider 2012, 129). Da die Perspektive der (Neuro-)Diversität untrennbar mit dem Diskurs über Differenz zusammenhängt (s. den Beitrag von Grummt in diesem Band), gehen wir zunächst auch auf diesen Diskurs näher ein.

Unsere Ausgangsthese lautet, dass der Begriff der Neurodiversität mit seiner Bedeutung der subjektiven Wahrnehmung von Unterschiedlichkeit die Debatte um Differenz bereichern und damit auch pädagogische Perspektiven initiieren kann, die sowohl zu einer Steigerung des Diversitätsbewusstseins als auch einer politischen Position führen können. Beides – Diversitätsbewusstsein und politische Konsequenzen – sind sowohl für die Pädagogik der Nicht_Behinderung als auch den Begriff der Neurodiversität prägend. Ziel dieses Beitrages ist damit eine gegenseitige Befruchtung theoretisch prägender Aspekte.[7]

Das Theorieprinzip Differenz und Neurodiversität

Die Perspektive der Diversität hängt untrennbar mit dem Diskurs über Differenz zusammen (Salzbrunn 2014). Während Differenz lange als untergeordnetes Theorem verhandelt wurde, kann man heute von einem »theoretischen Grundbegriff« (Ricken & Reh 2014, 26) ausgehen. Bedeutsam sind vor allem zwei Bedeutungshorizonte: (1) Differenz als Theoriearchitektur oder -prinzip, die sich vom Verhältnis des Speziellen und Allgemeinen ablöst, und eher auf das Problem der Repräsentation und die Schwierigkeit der endlosen Differenzierung des Wissens verweist, sowie (2) Differenz als Gesellschaftsdiagnose, was Diskurse um soziale Ungleichheit, soziale Gerechtigkeit und die Anerkennung von Vielfalt umfasst. Während für den ersten Bereich vor allem die Unterscheidung von radikaler und relativer Differenz von Bedeutung ist, ist dem zweiten eine politische Komponente inhärent, die problematische soziale Differenzierungen hinterfragt und kritisiert.

Auch die historische Entwicklung des Neurodiversitätsbegriffs ist von Diskursbewegungen im Sinne einer Gesellschaftsdiagnose und einer kritischen politischen Perspektive geprägt (u. a. Singer 2017, 2020; Kapp 2020; Nelson 2021). Doch gerade die Perspektive der Neurodiversität könnte in der Lage sein, die Theoriearchitektur der Differenz näher zu beleuchten, aber auch weiterzuentwickeln. Neurodiversität baut auf eine Historie unterschiedlicher Differenzordnungen auf (u. a. Schwarz 2020; Happé & Frith 2020). Während sich die Sonderpädagogik aus binären Differenzordnungen entwickelte, die sie durch bildungspolitische Vorgaben nie wirklich überwinden konnte, erlebte die inklusive Pädagogik ihren Aufstieg durch die Setzung der Normalisierung menschlicher Verschiedenheit. Beiden Pädagogiken lässt sich damit eine differenztheoretische Unterbestimmung attestieren (Lindmeier 2019). Für die *Sonderpädagogik* zeigt sich die Unterbestimmung in der unzureichenden Reflexion der hegemonialen binären Differenzordnung, die zwar durch die Bildungspolitik aufoktroyiert, aber auch nie ernsthaft hinterfragt wurde. Hinsichtlich der *inklusiven Pädagogik* besteht das Reflexionsdefizit in einer Normalisierung menschlicher Verschiedenheit, die soziale Differenz auf eine ›quasi-biologische Di-

---

7 »Als diversitätsbewusst kann aus bildungstheoretischer Perspektive letztlich nur ein Ansatz gelten, der aus diesem Wissen und den damit einhergehenden Einsichten in die subjektivierenden, privilegierenden und binarisierenden Effekte von Differenzordnungen theoretisch-reflexive und normativ-handlungspraktische Konsequenzen zieht, die den subjektiven Möglichkeitsraum der betroffenen Personen in seinen Begrenzungen, aber auch in seinen Artikulations- und Veränderungspotenzialen zu berücksichtigen sucht« (Lindmeier 2019, 90).

versität‹ verkürzt und die Ambivalenz pädagogischer Anerkennungsverhältnisse (Balzer 2007, 2012; Balzer & Ricken 2010; Fritzsche 2018) verkennt.

Für die Perspektive der Neurodiversität bleibt es zu klären, wie hier die differenztheoretische Bestimmung zu verstehen ist. In jedem Fall sollen sowohl die binäre Ordnung als auch eine Normalisierung der Verschiedenheit überwunden werden. Forderungen wie diejenige nach einer Identity-First-Language lassen Zweifel aufkommen, ob die Perspektive ›Wir sind alle gleich und doch verschieden‹ einem neurodivergenten Weltbild gerecht werden kann, denn vor allem die individuell wahrgenommene *Differenz* ist prägend für das Gefühl, ›anders zu denken und zu sein‹, während die Egalität nicht gleichrangig wirksam erscheint. So bietet sich Neurodiversität unabhängig davon an, Differenz als Theorieprinzip zu vertiefen, denn hier scheinen nicht nur radikale und relative Differenz wirkmächtig zu sein, sondern auch ein Element, das sich mit Dynamik, Flexibilität oder Bewegung umschreiben ließe.

Die grundlegende theoretische Unterscheidung von relativer und radikaler Differenz bzw. der Hinweis auf die ›doppelte Konstruiertheit der Differenz‹ ist aus zwei Gründen sinnvoll: (1) die relative Differenz als eine Unterscheidung, die sich auf etwas Gemeinsames, das Tertium comparationis, bezieht, rückt nicht nur die Produktion von Differenz, sondern auch die (hinterfragbare) Konstruktion des Allgemeinen in den Mittelpunkt; (2) die radikale Differenz, als Einsicht in die Singularität (Einzigartigkeit) und Inkommensurabilität (Unverwechselbarkeit) von Differenzkonstruktionen, verweist auf die unumgängliche Unzulänglichkeit eines Allgemeinen, das Spezielle einzufangen.

> »Relative Differenz ist untrennbar mit radikaler Differenz verknüpft, mit anderen Worten: Der affirmative Umgang mit der Erkenntnis, dass Differenz nur im Plural zu denken ist und Menschen unterschiedlich verschieden sind, ist stets durch die macht-, ungleichheits- oder normierungskritische Erkenntnis zu relativieren, dass es Unterschiede gibt, die einen Unterschied machen« (Lindmeier 2019, 30)

Das in medizinischen, aber auch pädagogischen Kontexten vorrangige Pathologie-Paradigma – also eine bipolare Trennung von normal und pathologisch (z. B. autistisch) – entspricht an sich weder einem relativen noch radikalen Differenzverständnis, noch wird in ihm eine Form der Gesellschaftskritik transportiert. Zwar bewegen sich jene binären Differenzziehungen auf der Ebene der relativen Differenz, doch im konkreten Fall bleibt vor allem das Tertium comparationis, das ›Normalsein‹, zumindest auf objektiver Ebene unbestimmt. Auf subjektiver Ebene erscheint eine Bestimmung von Normalität dagegen durchaus möglich – eine Person wäre normal, wenn sie sich eben normal fühlt. Doch auch diese subjektive Normalität erweist sich als fragil, denn der Mensch bleibt anfällig für zahlreiche Einflüsse, seien es soziale Kontakte, soziale Medien oder die innere Stimme, die alle das Gefühl, ›normal zu sein‹, in kurzer Zeit aufheben können. Doch gerade aus der Unbestimmtheit entsteht ein hegemonial definierter Bezugspunkt.

Mit der Idee der Neurodiversität wird eine subjektive Ebene in diese binäre Differenz eingeführt – man muss sich vor allem selbst neurodivergent fühlen –, was ein Element der radikalen und auch der relativen Differenz impliziert (s. Abb. 1).

Abb. 6: Tweet von @NeuroRebel auf Twitter am 16.08.2021

Um diesen Punkt mit anderen Worten auszudrücken: Eine Pathologie impliziert Einschränkungen der individuellen Entwicklung und persönlichen Entfaltung, Neurodivergenz dagegen das Nicht-Entsprechen der gesellschaftlich als typisch gerahmten Wahrnehmungs-, Denk- und Handlungsschemata, was allerdings nicht bedeuten muss, dass die individuellen Entwicklungs- und Entfaltungsmöglichkeiten eingeschränkt sind. Neurodivergent bedeutet also nicht krank oder gestört. Es ist ein Teil der Identität, sich anders zu fühlen – das Gefühl zu haben, man sehe die Welt anders als alle anderen. Das entspricht und widerspricht zugleich sowohl radikaler als auch relativer Differenz. Möglicherweise braucht es eine weitere Figur in der Theoriearchitektur der Differenz, die man als relationale Differenz bezeichnen könnte. Diese lässt sich auf mehreren Ebenen bearbeiten.

Es wird hier vorgeschlagen, dass im Zusammenhang von diversitätsbewusster Pädagogik und Neurodiversität die zeitliche, räumliche und kontextsensible *Flexibilität, Dynamik bzw. Bewegung von Differenz* genauer zu bestimmen sind. Denn im Verständnis der Neurodiversität steckt einerseits eine Zwei-Gruppen-Theorie, andererseits ein Kontinuum der Differenz, das je nach Kontext die Subjektivität der Diversität in Relation zur Neurotypik anders bestimmt.

Wenn erziehungswissenschaftliche Auseinandersetzung mit Differenz im Spannungsfeld von »Universalismus (als allgemeingültiger Geltungsanspruch von Bildung für alle unabhängig vom Einzelfall oder sozialen Differenzen), Individualität (als Betonung der einzelnen Person) und Differenz (als soziales Zugehörigkeits- und Ordnungsschema)« (Budde 2018, 45) erfolgt, dann ist zu klären, wie sich die Bewegung dieser Pole zueinander verhält. Es ließe sich diskutieren, ob sich die Bewegung der Pole mit Relationierung, Vermittlung oder auch Zirkularität umschreiben ließe. Doch unabhängig davon, wird am Beispiel Neurodiversität deutlich, was auch für andere Diversitätsdimensionen (Klasse, Gender, Ability, Ethnie, Alter usw.) rekonstruierbar wird: eine relationale Differenzierung von relativ stabilen Differenzordnungen und eher unregelmäßig auftauchenden Differenzphänomenen.

Die Differenzbestimmung im Fall der Neurodiversität ist noch von weiteren Elementen geprägt, die unter anderem klären könnten, wie es sich mit der Dominanz über diese Relationierungen verhält. Für die Pädagogik der Nicht_Behinderung sind auf theoretisch-reflexiver Ebene vor allem drei Theorieperspektiven besonders relevant: die des Ableismus, die des Otherings und die der Intersektionalität; letztere wird hier nur am Rande diskutiert, aber Neurodivergenz tritt häufig intersektional zu anderen Diversitätsdimensionen oder -kategorien auf (vgl. auch Heuer sowie Grummt im vorliegenden Band).

Ableismus und Neurodiversität

Neurodivergente Menschen sind alltäglich mit Ableismus, der – oft in Alltagspraktiken enthaltenen – Abwertung ihr Fähigkeiten aufgrund einer verkörperten Abwertung einer relativen Differenz, konfrontiert:

> »Even in strictly autistic spaces, the ever present (albeit physically non-present) cognitive normate other and cognitive ableism casts a normative shadow over autistic ways of being in the world« (Rosqvist et al. 2020, 170).

Um eine kritische Perspektive auf die Problematik des Ableismus einzunehmen, wird auch in der Pädagogik der Nicht_Behinderung, ähnlich wie in den Disability Studies, eine praxeologische Perspektive eingenommen und betont, dass die Ableism-produzierende Differenz – die Neurotypik – immer wieder performativ hervorgebracht wird. Ableismus lässt sich damit in den Inszenierungs- und Aufführungspraktiken des sozialen bzw. pädagogischen Handelns rekonstruieren, deren wirklichkeitskonstitutive Prozesse durch den Zusammenhang von körperlichem und sprachlichem Handeln, Macht und Kreativität dann Erfahrungen des fähigkeitsbezogenen Ungenügens oder eben der Behinderung hervorbringen (Campbell 2009; Goodley 2014; Buchner et al. 2015; Weisser 2018).

Doch gleichzeitig steckt im Begriff der Neurodiversität nicht nur die Ebene der Konstruktion von Divergenz, sondern begriffsprägend ist auch ein essentialistisches Element: Neurodivergenz hat in der Regel nicht nur performativ hervorgebrachte Gründe, sondern meist auch neurophysiologische, also bestimmte neuronale Besonderheiten, die beispielsweise in MRT-Untersuchungen verlässlich erkannt werden können. Neurodiversität wird damit durch beides bedingt: die performative Validierung der Neurotypik und die faktisch medizinisch bestimmbare Besonderheit neuronaler Strukturen.

Damit ist es die Neurotypik, die die Diskriminierungen, Benachteiligungen und Behinderungserfahrungen von Einzelnen bedingt. Aber diese werden nicht nur durch die Neurotypik hervorgebracht, sondern auch durch konkrete Divergenzen der Wahrnehmung, der Aufmerksamkeit und kognitiven Verarbeitung. Und hier kommt die Perspektive des Ableismus ins Spiel. Genau wie im Fall von Rassismus, Sexismus oder Homophobie finden hier Differenzziehungen statt, die zu sozial bedingten Abwertungen einzelner kategorisierter Personen führen. Die Idee der Anerkennung von Neurodiversität geht damit immer – so wie in die Diskurse um Geschlecht, Klasse usw. – mit einer Kritik an hegemonialen Strukturen und Deutungen einher. Durch eine ableismus-sensible Betrachtung von Neurodiversität gewinnt man also vor allem ein Bewusstsein über die *neurotypischen Strukturen, Praktiken und Interpretationen der Gesellschaft.*

Othering und Neurodiversität

Während der Begriff des Ableismus vor allem in den politisch motivierten bzw. aktivistischen Publikationen von Relevanz ist, ist Othering insbesondere im Alltag neurodivergenter Menschen von hoher Relevanz. So verweist Nicola Martin auf Untersuchungen zu autistischen Wissenschaftler:innen:

> »Autistic people trying to manage the alienating environment of their university or workplace frequently describe the feeling of ›othering‹« (Martin 2020, 145).

Othering bezeichnet die Konstruktion der bzw. des Anderen in einem Prozess machtvollen ›Different-Machens‹, der »sowohl Elemente der Festschreibung, der Ausgrenzung als auch der Unterwerfung enthält« (Riegel 2016, 52). Machtvolles Differentmachen sorgt dabei einerseits für Ausgrenzungserfahrung, gleichzeitig auch für eine Erfahrung einer neuen kollektiven Identität, nämlich indem unter einer Identitätsannahme zwar eine Abgrenzung von einer Typik angenommen, gleichzeitig aber eine andere Gruppenzugehörigkeit erworben wird – man ist eben nicht wie alle anderen, sondern autistisch.

Im Rahmen der Neurodiversitätsbewegung lässt sich ein interessantes Phänomen beobachten (s. Abb. 2 und 3).

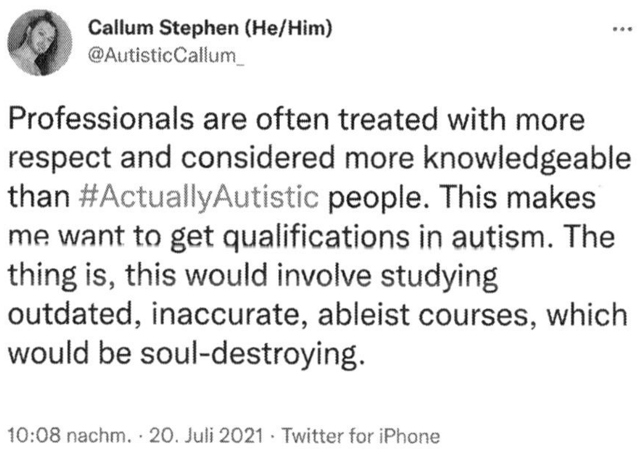

Callum Stephen (He/Him)
@AutisticCallum_

Professionals are often treated with more respect and considered more knowledgeable than #ActuallyAutistic people. This makes me want to get qualifications in autism. The thing is, this would involve studying outdated, inaccurate, ableist courses, which would be soul-destroying.

10:08 nachm. · 20. Juli 2021 · Twitter for iPhone

Abb. 7: Tweet von @AutisticCallum_ auf Twitter am 20.07.2021

Die Äußerungen der neurodivergenten Aktivist:innen verdeutlichen, dass den Erfahrungen der Alterisierung als neurologisch (norm-)abweichend etwas entgegengesetzt wird.

Die Abwertung als neurologisch abweichend findet nicht einmalig, sondern wiederholt statt. Um eine solche Abwertung als Konvention gesellschaftlich zu etablieren, bedarf es der Reproduktion und der Wiederholung der entsprechenden Sprechakte und Praktiken. Doch diese Wiederholung bietet wiederum die Möglichkeit der Anpassung des Wiederholten, die Iterabilität (Butler 1998). Damit wird die Möglichkeit einer Fehlaneignung, einer Resignifizierung, eröffnet, »d. h. eine Wiederholung, die das Wiederholte in einen anderen Kontext rückt und so in seiner

I Sozial- und erziehungswissenschaftliche Perspektiven

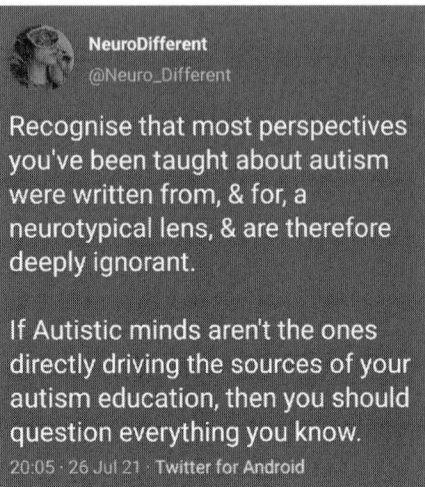

Abb. 8: Tweet von @Neuro_Different auf Twitter am 26.07.2021

Bedeutung verändert« (Koller 2014, 31). Dies wird in den Zitaten deutlich: es findet eine Aneignung der Begriffe, die den herrschenden Diskurs bestimmen (»neurotypical lens«, »autistic minds«), statt, um wiederum den Diskurs über diese zu ›enteignen‹.

Allerdings scheinen einzelne Aktivist:innen zu versuchen, über diese Resignifizierung hinauszugehen, beispielsweise indem neurotypischen Menschen die Qualifikation oder Möglichkeit abgesprochen wird, kompetent über neurodivergente und insbesondere autistische Personen reden zu können. Es wird diskursiv versucht, die herrschenden professionellen Perspektiven zu alterisieren bzw. zu ›verandern‹ und die eigenen zu ›nostrifizieren‹.

> »Recognise that most perspectives you've been taught about autism were written from, & for, a neurotypical lens, & are therefore deeply ignorant« (@neurodifferent auf Twitter und Instagram am 26.07.2021).

In diesem Zitat sind Elemente der Festschreibung und der Ausgrenzung zu finden, Elemente der Unterwerfung finden sich nicht. Ob sich dies als ein Versuch des ›Gegen-Othering‹ und somit als ein doppeltes Othering-Problem[8] interpretieren lässt, muss offen bleiben – denn eine solche Begrifflichkeit würde implizieren, dass neurodivergenten Menschen die gleiche Diskursmacht zugesprochen werden könnte wie dem herrschenden Diskurs der Neurotypik, was allerdings bezweifelt werden kann.

Die Diskursfigur der Nostrifizierung wird zumindest durch eine Implikation des besonderen symbolischen Raums erweitert, den die Autorin für autistische Menschen beansprucht, der sich möglicherweise durch ein spezifisches Wissen oder Ähnliches auszeichnet (s. hierzu auch den Beitrag von Seng in diesem Band). Ein

---

8 Die Begrifflichkeit des doppelten Othering-Problems würde damit in direkter Relation zum Double-Empathy-Problem, dem doppelten Empathie-Problem, nach Milton (2012) stehen.

Raum, den neurotypische Menschen offenbar nicht betreten können, denn neurotypisches Neurodivergenz-Wissen wird als »deeply ignorant« und im Folgenden als »you should question everything you know« gerahmt.

> »If Autistic minds aren't the ones directly driving the sources of your autism education, then you should question everything you know« (@neurodifferent auf Twitter und Instagram am 26.07.2021)

Diese Diskursfigur steht repräsentativ für das Element der kollektiven Identität, das sozialen Bewegungen innewohnt (Melucci 1996). Diese Nostrifizierung, das Element des Wir vs. die Anderen, ist Kern von Botschaften sozialer Bewegungen. Diese Nostrifizierung wird im Fall der Neurodiversitätsbewegung zu großen Teilen durch medizinische Diagnosen begründet – aber eben nicht nur. Das Element der kollektiven Identität wird dabei primär durch Abgrenzung hergestellt (Melucci 1996; Porta & Diani 2015). Diese Abgrenzung wird einerseits durch Othering erfahren (die Veranderung durch Pathologisierung), andererseits finden sich eben Versuche, diese Diskursfiguren auf neurotypische Menschen zu projizieren. Dass diese Differenzziehungen auch innerhalb der Autismus-Community bearbeitet werden, zeigt ein weiteres Zitat, das auf eine radikalere Form der Alterisierung von Neurotypischen verweist (s. Abb. 4).

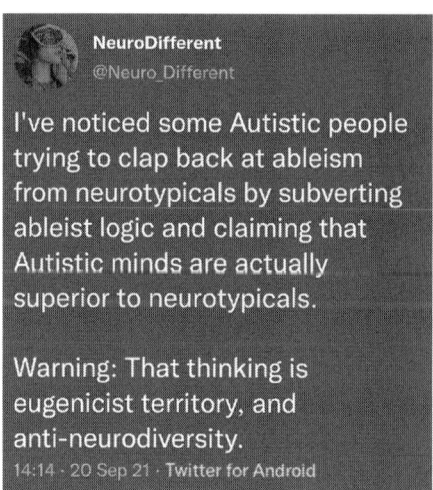

Abb. 9: Tweet von @Neuro_Different auf Twitter am 20.09.2021

Wenn statuiert wird, »Autistic minds are actually superior to neurotypicals«, also von einer autistischen, geistigen Überlegenheit ausgegangen wird, lässt sich möglicherweise von einem Versuch der Unterwerfung auf grundlegendem sozialstrukturellem Niveau sprechen. Damit wird das Neurotypische mit Hilfe einer essentialisierenden Strategie als minderwertig gegenüber dem Autistischen klassifiziert – es wird Feuer mit Feuer bekämpft.

Gleichzeitig findet eine Hegemoniekritik statt, indem einer Gesellschaft der Spiegel vorgehalten wird – was bedeutet es, wenn gesellschaftlicher Konsens herrschen würde, dass Neurodivergenz automatisch überlegen oder unterlegen wäre? Fragen und theoretische Perspektiven wie diese gilt es im Auge zu behalten, denn eine klare Beantwortung, wie die Versuche des ›Gegen-Otherings‹ – wenn man es überhaupt so benennen kann – und andere empirisch zu beobachtende Diskursverschiebungen zu verstehen sind, sind an dieser Stelle noch nicht möglich.

Pädagogik der Nicht_Behinderung und Neurodiversität als Gesellschaftskritik

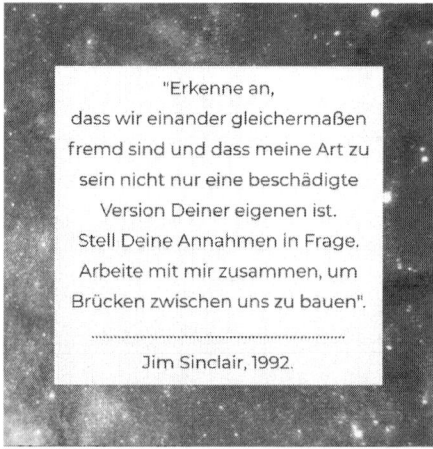

Abb. 10: Post von neurodivers_ auf Instagram am 15.06.2020

Bereits Singer verweist darauf, dass sich die Debatte um Neurodiversität an die Diskurse um weitere Diversitätsdimensionen – die sie alle als politisch markiert – anschließt.

> »For me, the key significance of the ›Autistic Spectrum‹ lies in its call for an anticipation of a politics of Neurological Diversity, or ›Neurodiversity‹. The ›Neurological Different‹ represent a new addition to the familiar political categories of class/gender/race and will augment the insights of the social model of disability« (Singer 1998, 64).

Dieser Anschluss an Diversitätsdimensionen – wie auch deren *Intersektionalität* (Riegel 2016) – sowie die politische Dimension eines Diversitätsverständnisses ist auch für die Pädagogik der Nicht_Behinderung von Relevanz.

> »Deshalb ist politisch und pädagogisch zu fordern, »Diversity an macht- und ungleichheitssensible Ansätze der Differenzforschung, die sich gerechtigkeitstheoretischen Verständnissen verpflichtet fühlen, rückzubinden«« (Plößer 2013, 61).

Die Aufgabe einer neurodiversitätsbewussten Pädagogik (im Autismus-Spektrum) kann damit sein, die Kritik an Neurotypik und anderen hegemonialen Strukturen, Diskursen und Praktiken weiter zu verbreiten. Und damit wird sie auch zur Querschnittsaufgabe, denn Neurotypik betrifft – so wie alle gesellschaftlichen hegemonial beeinflussten Differenzziehungen – alle Menschen (s. Abb. 5 und 6).

Abb. 11: Post von autismuskultur auf Instagram am 14.08.2020

Fazit: Neurodiversitätsbewusste Pädagogik der Nicht_Behinderung

Die pädagogischen Implikationen des Neurodiversitäts-Paradigmas werden im deutschsprachigen Raum immer stärker zum Thema und die meisten der Ansätze fokussieren auf Elemente des Spektrums und der Vielfalt, aber auch auf Dekonstruktion der zugehörigen Kategorisierungen. Es werden einerseits die Anerkennung des ›So-Seins‹ unterstützt und andererseits neurologische Normen hinterfragt, die das Konzept eines neurologischen Spektrums wiederum in Frage stellen. Aus Sicht der Pädagogik der Nicht_Behinderung (Lindmeier 2019) gilt es hier das Element der Differenz genauer in den Blick zu nehmen – anderes ausgedrückt: es gilt anzuerkennen, dass es Unterschiede gibt, die einen Unterschied machen.

Neurodiversität lässt sich nicht als ein Konzept verstehen, das sich ausschließlich auf relative Differenz (das wäre u. a. die Perspektive des binären Verständnisses von neurodivergent und neurotypisch ohne Grauzone) oder radikale Differenz (u. a. als Perspektive der Anerkennung des So-Seins eines:einer Jeden) stützt. Beide Differenzen hängen zusammen, da Differenz nicht mit Blick auf eine:n Einzelne:n zu denken ist, sondern erst im Plural schlüssig wird – auch wenn jede:r einzigartig und unverwechselbar ist, so sind doch die Menschen unterschiedlich verschieden. Hinzu kommt ein Element der Dynamik und Flexibilität, das hier relationale Differenz genannt werden soll und vom Kontext abhängig ist – Differenz wird in verschiedenen Kontexten verschieden spürbar, was hier in den Diskursen um Ableismus und Othering verdeutlicht wurde.

Während im Fall der Neurodiversität durchaus auf naturalistische Differenzen verwiesen werden kann, die beispielsweise durch neurologische Untersuchungen nachgewiesen werden könnten, so sind Differenzen in den neurologischen Strukturen auch ableistischer Diskursmacht und damit kulturellen Differenzierungen unterworfen (Nelson 2021). Die Objektivierung als ›anders‹ lässt sich durch eine naturalisierte Differenzmarkierung begründen, wird aber sozial und kulturell prozessiert (Othering), gleichzeitig lässt sie sich auch nur schwer verleugnen. Dies führt für viele neurodivergente Menschen dazu, diese kulturellen Zuschreibungen naturalisierend anzunehmen (›Aspie‹, ›Nerd‹, ›ich bin depressiv‹ usw.) und nostrifizierend als Abgrenzungsordnungen zu nutzen. Dies kann so weit gehen, Menschen, die sich als neurotypisch verstehen, die Deutungs- und Interpretationshoheit über Neurodivergenz abzusprechen.

Eine Pädagogik der Nicht_Behinderung fragt in diesem Zusammenhang (Lindmeier 2019, 29):

1. Welches sind die relevanten Differenz- und Dominanzverhältnisse?
2. Wie müssen pädagogische Angebote gestaltet werden, damit sich Subjekte entfalten und Anerkennung erfahren können?

Als Ausblick lässt sich hier noch anmerken, dass für zukünftige Forschungen – neben Aspekten der relationalen Differenz – die Perspektive des Embodiment noch relevanter werden wird, da neurowissenschaftliche Untersuchungen diese Perspektive auch empirisch immer mehr bestätigen. Der Ansatz des Embodiment nimmt sich des Leib-Seele-Problems (u. a. Platon, Descartes) an und arbeitet eine zirkuläre Kausalität zwischen Geist und Körper heraus (Tschacher & Storch, 2017), was einerseits die Geist-als-Computer-Metapher in neurokognitiven Modellen sowie die Sender-Empfänger-Metapher in Kommukationsmodellen dekonstruiert und andererseits an Debatten u. a. in der Leibphänomenologie zum Begriffspaar Leib und Körper anschließt. Übertragen auf Neurodiversität lässt sich mit diesem Verständnis davon ausgehen, dass Neurodivergenz weder eine reine Konstruktion noch eine rein physische Schädigung darstellt, sondern durch die Relationalität von Körper und Geist vor allem als »embodied phenomenon« (Walker 2021, 49) betrachtet werden müsste.

Eine neurodiversitätsbewusste Pädagogik der Nicht_Behinderung müsste also diesen Spagat in sich vereinen: einerseits die Anerkennung der identitätspolitisch genutzten und nostrifizierend wirkenden Differenzen, was sich pädagogisch beispielsweise in konkreten Programmen und Ansätzen für neurodivergente Menschen ausdrücken kann; andererseits die Kritik an normalisierenden und hegemonialen Strukturen, Diskursen und Praktiken, die für Behinderungserfahrungen, Diskriminierung und Ableismus sorgen, was pädagogisch durch Kritik an Institutionen, didaktischen Ansätzen oder konkreten Differenzierungsmechanismen erfolgen kann.

Literatur

Balzer, N. (2007). Die doppelte Bedeutung der Anerkennung – Anmerkungen zum Zusammenhang von Anerkennung, Macht und Gerechtigkeit. In L. Pongratz, R. Reichenbach & M. Wimmer (Hrsg.), *Bildung und Gerechtigkeit* (S. 49–75). Schöningh.
Balzer, N. (2012). Die Vielfalt der Heterogenität. (Um-)Wege und Kritiken der Anerkennung von Differenz. In J. Kosinár, S. Leineweber, H. Hegemann-Fonger & U. Carle (Hrsg.), *Vielfalt und Anerkennung. Internationale Perspektiven auf die Entwicklung von Grundschule und Kindern* (S. 12–25). Hohengehren.
Balzer, N. & Ricken, N. (2010). Anerkennung als pädagogisches Problem – Markierungen im erziehungswissenschaftlichen Diskurs. In A. Schäfer & C. Thompson (Hrsg.), *Anerkennung* (S. 35–87). Schöningh.
Buchner, T., Pfahl, L. & Traue, B. (2015). Zur Kritik der Fähigkeiten: Ableism als neue Forschungsperspektive der Disability Studies und ihrer Partnerinnen. http://www.inklusion-online.net/index.php/inklusion-online/article/view/273/256 [16.02.2022].
Budde, J. (2018). Erziehungswissenschaftliche Perspektiven auf Inklusion und Intersektionalität. In. T. Sturm & M. Wagner-Willi (Hrsg.), *Handbuch schulische Inklusion* (S. 45–59). utb.
Butler, J. (1998). *Hass spricht. Zur Politik des Performativen.* Berlin Verlag.
Campbell, F. K. (2009). *Contours of Ableism: The Production of Disability and Abledness.* Palgrave Macmillan.
Goodley, D. (2014). *Dis/Ability Studies. Theorising disableism and ableism.* Routledge.
Fritzsche, B. (2018). Inklusion als Anerkennung einer primären Verletzbarkeit. Zum Ertrag von Judith Butlers Anerkennungskonzept für die Analysen von inkludierenden und exkludierenden Effekten pädagogischer Praxis. In T. Sturm & M. Wagner-Willi (Hrsg.), *Handbuch schulische Inklusion* (S. 61–75). Barbara Budrich.
Happé, F. & Frith, U. (2020). Annual Research Review: Looking back to look forward – changes in the concept of autism and implications for future research. *Journal of Child Psychology and Psychiatry and Allied Disciplines, 61*, 218–232.
Koller, C. (2014). Zur Bedeutung von Butlers Subjekttheorie für die Erforschung biographischer Bildungsprozesse. In B. Kleiner & N. Rose (Hrsg.), *(Re-)Produktion von Ungleichheiten im Schulalltag. Judith Butlers Konzept der Subjektivierung in der erziehungswissenschaftlichen Forschung* (S. 21–33). Barbara Budrich.
Köpfer, A., Papke, K. & Zobel, Y. (2021). Situationsanalyse Autismus – empirische Perspektivierungen zwischen Ratgeberliteratur und pädagogischem Handeln. *Zeitschrift für Inklusion, 1.* https://www.inklusion-online.net/index.php/inklusion-online/article/view/592
Lindmeier, C. (2018). Kinder und Jugendliche aus dem Autismus-Spektrum in der Schule. *Zeitschrift für Heilpädagogik, 69*, 396–410.
Lindmeier, C. (2019). *Differenz, Inklusion, Nicht/Behinderung. Grundlinien einer diversitätsbewussten Pädagogik.* Kohlhammer.
Lindmeier, C. (2021). Disziplin und Profession in Entwicklung – von der Sonder- oder Rehabilitationspädagogik zur differenztheoretisch reflektierten, diversitätsbewussten Pädagogik der Nicht/Behinderung. In I. Budnik, M. Grummt & S. Sallat (Hrsg.), *Sonderpädagogik – Rehabilitationspädagogik – Inklusionspädagogik* (S. 20–39). Beltz Juventa.
Martin, N. (2020). Practical scholarship Optimising beneficial research collaborations between autistic scholars, professional services staff, and ›typical academics‹ in UK universities. In H. B. Rosqvist, N. Chown & A. Stenning (Eds.), *Neurodiversity Studies: A New Critical Paradigm* (pp. 143–155). Routledge.

Maynard, D. W. & Turowetz, J. (2019). Doing Abstraction: Autism, Diagnosis, and Social Theory. *Sociological theory, 37*(1), 89–116.

Melles, M. (2018). *Diagnose »Autismus« – Plädoyer für eine ›Aufgabe‹*. TH Köln: Unveröffentlichte BA-Thesis.

Melles, M. (2021). Diagnose »Autismus« – Plädoyer für eine ›Aufgabe‹. In A. Platte (Hrsg.), *Die Diagnose Autismus im Spiegel inklusiver Widersprüche* (S. 11–39). Beltz Juventa.

Melucci, A. (1996). *Challenging Codes*. Cambridge University Press.

Milton, D. (2012). On the Ontological Status of Autism: the ›Double Empathy Problem‹. *Disability and Society, 27*(6), 883–887.

Quante, M., & Wiedebusch, S. (2018). Die Dekategorisierungsdebatte im Kontext Inklusiver Bildung. In H. Wulfekühler, M. Quante & S. Wiedebusch (Hrsg.), *Ethische Dimensionen Inklusiver Bildung* (S. 117–141). Beltz Juventa.

Platte, A. (2019). Beobachtungen zu Norm-VerWendungen in inklusiver Pädagogik und deren (Er- bzw. Be-)Forschung. *Zeitschrift für Inklusion, 13*(2). https://www.inklusion-online.net/index.php/inklusion-online/article/view/533

Plößer, M. (2013). Diversity. *Vierteljahresschrift für Heilpädagogik und ihre Nachbargebiete, 82*(1), 60–64.

Porta, D. D. & Diani, M. (2015). Introduction: The Field of Social Movement Studies. In D. D. Porta & M. Diani (Eds.), *The Oxford Handbook of Social Movements*. Oxford University Press.

Nelson, R. H. (2021). A Critique of the Neurodiversity View. *Journal of Applied Philosophy, 38*(2). https://doi.org/10.1111/japp.12470

Prengel, A. (1993). *Pädagogik der Vielfalt. Verschiedenheit und Gleichberechtigung in Interkultureller, Feministischer und Integrativer Pädagogik*. Leske & Budrich.

Prengel, A. (2001). Egalitäre Differenz in der Bildung. In H. Lutz & N. Wenning, N. (Hrsg.), *Unterschiedlich verschieden. Differenz in der Erziehungswissenschaft* (S. 93–107). Leske & Budrich.

Ricken, N. & Reh, S. (2014). Relative und radikale Differenz – Herausforderung für die ethnographische Forschung in pädagogischen Feldern. In A. Tervooren, N. Engel, M. Göhlich, I. Miethe & S. Reh (Hrsg.), *Ethnographie und Differenz in pädagogischen Feldern* (S. 25–45). transcript.

Riegel, C. (2016). *Bildung – Intersektionalität – Othering. Pädagogisches Handeln in Widersprüchlichen Verhältnissen*. transcript.

Rosqvist, H. B., Örulv, L., Hasselblad, S., Hansson, D., Nilsson, K. & Seng, H. (2020). Designing an autistic space for research Exploring the impact of context, space, and sociality in autistic writing processes. In H. B. Rosqvist, N. Chown & A. Stenning (Eds.), *Neurodiversity Studies: A New Critical Paradigm* (pp. 156–171). Routledge.

Salzbrunn, M. (2014). *Vielfalt/Diversität*. transcript.

Schwarz, K. (2020). *Autismusbilder. Zur Geschichte der Autismusforschung*. Beltz Juventa.

Singer, J. (1998). »Why can't you be normal for once in your life?« From a »problem with no name« to the emergence of a new category of difference. In M. Corker & S. French (Eds.), *Disability discourse* (pp. 59–67). UK Open University Press.

Theunissen, G. (Hrsg.) (2020). *Autismus verstehen. Außen- und Innensichten* (2., aktualisierte Aufl.). Kohlhammer.

Theunissen, G. & Sagrauske, M. (2019). *Pädagogik bei Autismus. Eine Einführung*. Kohlhammer.

Tierbach, J. (2021). Der Umgang mit (Neuro-)Diversität im Kontext einer teilhabeorientierten Pädagogik. *Menschen. Zeitschrift für gemeinsames Leben, Lernen und Arbeiten, 44*(6), 49–55.

Tschacher, W. & Storch, M. (2017). Grundlagen des Embodiment-Ansatzes in den Humanwissenschaften. *motorik.* 40 [3]. 118–126.

Walgenbach, K. (2017). *Heterogenität – Intersektionalität – Diversity in der Erziehungswissenschaft* (2., durchg. Aufl.). Barbara Budrich.

Weisser, J. (2018). Inklusion, Fähigkeiten und Disability Studies. In T. Sturm & M. Wagner-Willi (Hrsg.), *Handbuch schulische Inklusion* (S. 31–44). Barbara Budrich.

Walker, N. (2021). *Neuroqueer Heresies: Notes on the Neurodiversity Paradigm, Autistic Empowerment, and Postnormal Possibilities*. Autonomous Press.

Neurodiversität – Ein inklusiveres, gendergerechtes Konzept?

Imke Heuer

1

»Protest alleine bringt keine Hilfe« – so lautet der Titel eines Kommentars des Journalisten Christian Weber, der am 8. Oktober 2021 in der Süddeutschen Zeitung erschien (Weber 2021). Bereits im ersten Satz spricht Weber einen Aspekt an, der dem Neurodiversitäts-Ansatz gerne vorgeworfen wird:

> »Wenn es um den Umgang mit Krankheiten geht, gibt es mittlerweile zwei Ansätze. Entweder man versucht der körperlichen oder psychischen Störung vorzubeugen oder sie zu heilen. Im Aufstieg ist hingegen eine andere Herangehensweise: Man definiert die Krankheit als schützenswerten Teil menschlicher Identität, von der die Ärzte, bitte sehr, die Finger lassen sollen, wie aktuell ein Beispiel aus Großbritannien zeigt« (Weber 2021, o.S.).

Der Artikel diskutiert die sogenannte Spectrum 10K-Studie, eine große Autismus-Studie der Universität Cambridge um den bekannten Autismusforscher Simon Baron-Cohen (https://spectrum10k.org/). Das Projekt sollte in einem Zeitraum von 10 Jahren untersuchen, weshalb viele autistische Menschen mit weiteren ganz unterschiedlichen Einschränkungen wie Depressionen oder Epilepsie leben, während andere derartige Probleme nicht bekommen. Dazu sollten unter anderem Fragebögen und digitale Gesundheitsdaten ausgewertet werden. Es waren aber auch Gentests geplant. Gegen das Forschungsprojekt gab es jedoch einen breiten Protest von Aktivistinnen und Aktivisten, die sich laut Weber der Neurodiversitätsbewegung zurechnen. Etwa 5000 Menschen unterschrieben eine Petition gegen die Studie (https://www.change.org/p/university-of-cambridge-stop-spectrum-10k). Unter dem Druck der Öffentlichkeit entschied das Forschungsteam schließlich, Spectrum 10K pausieren zu lassen (Sanderson 2021). Wie es mit der Studie weitergehen wird, ist aktuell noch ungewiss.

Wie bereits erwähnt, rechnen die Aktivist:innen gegen Spectrum 10K sich der Neurodiversitätsbewegung zu. Leicht polemisch erklärt Weber: »Neurodiversität heißt der neue Begriff, nach dem Autismus, ADHS, Dyskalkulie, Legasthenie oder Dyspraxie als Variationen der Normalität gelten sollen« (Weber 2021, o.S.). Er stellt den Verfechter:innen dieses Konzepts, die mit ihrer »Andersartigkeit« zufrieden leben, etwa 700.000 autistische Menschen in Großbritannien gegenüber, die dringend Hilfe brauchen, sie durch das Pausieren der Studie aber weiterhin nur schwer bekommen würden.

Damit macht er einen Gegensatz auf zwischen Wissenschaft und Neurodiversitätsbewegung. Er unterstellt den Aktivist:innen eine Identitätspolitik, die sich für die Mehrheit der Betroffenen nicht interessiert. Aber ist das berechtigt?

In den sozialen Medien auch in Deutschland wurde der Artikel unter autistischen Menschen intensiv diskutiert (z. B. Aspies e. V. Selbsthilfeforum 2021). Es bildeten sich zwei Lager. Die einen stimmten Weber zu, die anderen betonten die Gefahr des Missbrauchs genetischer Daten und die Notwendigkeit des Protests gegen einen Ansatz, der Autismus per se mit Krankheit und Leid in Verbindung bringt.

Aber gibt es diesen Gegensatz tatsächlich? Oder könnte beides auch vereinbar sein?

2

Tatsächlich hat der Begriff seine Ursprünge im Aktivismus. »Neurodiversität« ist eine deutsche Übersetzung, der englische Originalausdruck lautet »Neurodiversity«. Das gesamte Konzept hat sich im englischen Sprachraum entwickelt und wurde erst später in Deutschland übernommen. Wie beispielsweise auch die Eigenbezeichnung »Aspie« für Asperger-Autist:innen stammt er aus der frühen Zeit des *Autism Rights Movement*, der Selbstvertretungsbewegung autistischer Menschen. Er entstand bereits in den 1990 Jahren, einer Zeit, in der das Thema zumindest im Bereich Erwachsene in Deutschland noch so gut wie überhaupt nicht bekannt war.

Ganz genau sind die Umstände der Entstehung nicht geklärt. Zuweilen wird das Konzept dem Autismus-Aktivisten Jim Sinclair zugeschrieben, obwohl der Begriff »Neurodiversität« selbst in seinen Texten nicht belegt ist. Im Newsletter des *Autism Network International* veröffentlichte er bereits 1993 einen offenen Brief an die Eltern autistischer Kinder, mit dem Titel, »Don't Mourn for Us« (Sinclair 1993). Zu dieser Zeit wurde es in den Medien zumeist als schreckliches Schicksal dargestellt, ein autistisches Kind zu haben. Teilweise wurde das sogar so beschrieben, als ob der Autismus den Eltern ihr Kind »gestohlen« hätte, ein nichtautistisches Kind durch ein autistisches ausgetauscht worden wäre. Sinclair fordert die Eltern auf, nicht um ihre Kinder zu trauern. Er erläutert, dass autistische Menschen keine fehlerhaften Versionen nichtautistischer Menschen sind. Sie sind nicht falsch, »krank« oder defizitär, sondern eine gleichwertige Minderheit. Ihre Wahrnehmung und ihre Emotionen unterscheiden sich von denen der Mehrheit der Menschen, sind aber genauso berechtigt und wertvoll:

> »Autismus ist nicht etwas, das eine Person *hat*, oder eine Glaskugel, in der eine Person gefangen ist. Es gibt kein normales Kind hinter dem Autismus. Autismus ist eine Art zu Sein. Er ist *tiefgreifend*; er färbt jede Erfahrung, jede Empfindung, jede Wahrnehmung, jeden Gedanken, jedes Gefühl und jede Begegnung, jeden Aspekt des Daseins« (Sinclair 1993).

Sinclairs Brief war in der Community ausgesprochen populär und erfolgreich und er gab der Selbstvertretung einen großen Auftrieb. Einen weiteren Grundtext der Bewegung verfasste der Journalist Harvey Blume (Blume 1997). In einem Artikel in der *New York Times* nahm er 1997 Sinclairs Gedanken der Vielfalt der angeborenen besonderen Wahrnehmung auf und schrieb von einem »neurological pluralism«, einem neurologischen Pluralismus:

> »Yet in trying to come to terms with an NT-dominated world, autistics are neither willing nor able to give up their own customs. Instead, they are proposing a new social compact, one emphasizing neurological pluralism.
> The consensus emerging from the Internet forums and Web sites where autistics congregate [...] is that NT is only one of many neurological configurations – the dominant one certainly, but not necessarily the best« (Blume 1997, o.S.).

In diesem Zusammenhang ist auch vermutlich zum ersten Mal in einem veröffentlichten Text von »NTs«, von »neurotypischen« Menschen oder »neurotypicals« die Rede. Das neurotypische Nervensystem ist laut Blume zwar gesellschaftlich dominant, aber nur eine von mehreren neurologischen Möglichkeiten. Unterschiedliche Arten der Wahrnehmung ergänzen sich und sind für die menschliche Gesellschaft gleichermaßen wichtig. Insgesamt ist das der Grundgedanke des ursprünglichen Neurodiversitätskonzepts. Grundsätzlich ist es weder mit einer Abwertung von Wissenschaft noch von anderen Wahrnehmungsweisen verbunden.

Auch wenn Mädchen und Frauen zu dieser Zeit noch vergleichsweise selten eine Autismusdiagnose erhielten, wurde die autistische Selbstvertretungsbewegung von Anfang an stark von Frauen getragen, die sich als autistisch identifizierten. Der Begriff Neurodiversity selbst schließlich stammt wahrscheinlich von der australischen Soziologin Judy Singer. Sie verwendete ihn 1998 in ihrer Bachelor-Arbeit, die sie *Odd People In* nannte und in der sie die Entstehung der autistischen Community beschreibt (Singer 1998). Ihre Arbeit ist bereits im Kontext der Selbstvertretungsbewegung geschrieben und analysiert sie – zu einer Zeit, als im deutschen Sprachraum eine solche Bewegung noch gar nicht existierte. Singer positioniert das Konzept innerhalb des sozialen Modells von Behinderung, das Behinderung nicht in der Person, sondern in den Wechselwirkungen zwischen Person und Umwelt verortet. Sie sieht Neurodiversität als weitere identitätspolitische Kategorie:

> »For me, the significance of the »Autistic Spectrum« lies in its call for and anticipation of a »Politics of Neurodiversity«. The »Neurologically Different« represent a new addition to the familiar political categories of class / gender / race and will augment the insights of the Social Model of Disability« (Singer 1998, 13).

Judy Singer stand mit Harvey Blume in Kontakt, und er war es wohl auch, der den von ihr geprägten Begriff noch im gleichen Jahr einer breiteren Öffentlichkeit im englischsprachigen Raum bekannt machte (Blume 1998). In einem Artikel in *The Atlantic* bezeichnet er Neurodiversität explizit als einen Teil der Biodiversität, der biologischen Vielfalt. Blume überlegt hier auch, dass eine autistische Neurologie besonders gut an das Computerzeitalter angepasst sein könnte, und spricht von einer »Geek Force«:

> »Neurodiversity may be every bit as crucial for the human race as biodiversity is for life in general. Who can say what form of wiring will prove best at any given moment? Cybernetics and computer culture, for example, may favor a somewhat autistic cast of mind. That would lend neurological significance to Jon Katz's foregrounding of Geek Force« (Blume 1998, o.S.).

Der Begriff »neurodivergent«[9] setzt sich als Selbstbezeichnung hier vom Ausdruck »Autismus« ab. Bei letzterem handelt es sich um eine Fremdbezeichnung mit medizinischem Hintergrund, die als pathologisierend empfunden wurde und teilweise auch heute noch wird. In eine ähnliche Richtung weist die Eigenbezeichnung »Aspie« für einen Menschen mit Asperger-Syndrom. Sie stammt von der amerikanischen Autorin Liane Holliday Willey, die sich selbst und andere Menschen wie sie zum ersten Mal in einem Artikel im Boston Globe im Jahr 1998 als »Aspies« bezeichnete. Mit ihrer Autobiografie *Pretending to be Normal* (Willey 1999) und der Fortsetzung *Asperger Syndrome in the Family* (Willey 2001) machte sie den Ausdruck bekannt. In der folgenden Passage beschreibt sie die Diversität der von ihr beschriebenen Gruppe:

> »Who are we, these aspies, as I call us? We are a mixed group of men and women; boys and girls; tall and short; dark and light; average, smart and super smart people who experience the world in ways just beyond the regular.« (Willey 2001, 17).

Noch im Jahr 1999 griffen Carol Gray und Tony Attwood den Begriff auf und veröffentlichten den Text »Die Entdeckung von Aspie« (»The Discovery of ›Aspie‹ Criteria«, Attwood & Gray 1999). Das Dokument ist eine Art Manifest, das typische Eigenschaften autistischer Menschen als positive Eigenschaften beschreibt. Statt von Schwierigkeiten mit Smalltalk und Kommunikation wird beispielsweise von einer Vorliebe für tiefgehende, inhaltliche und ehrliche Konversation gesprochen.

Beide Begriffe, »Aspie« und »Neurodiversität«, implizieren eine empowernde, selbstbewusste Distanzierung von pathologisierenden Fremdzuschreibungen, aber keine Distanzierung von Wissenschaft. »Neurodiversität« bezieht sich sogar explizit auf die Forschung vor allem der 1980er und frühen 1990er Jahre. Zu diesem Zeitpunkt wurde die neurowissenschaftliche Forschung wesentlich ausgebaut, bildgebende Verfahren wurden entwickelt oder verfeinert. Die wissenschaftliche Psychologie suchte zunehmend nach neurologischen Ursachen für menschliches Verhalten (Böke 2008).

Für die Diagnostik und den Umgang mit Autismus hatte dies zunächst einen positiven Effekt. Autismus wurde nun wie ursprünglich schon 1944 bei Hans Asperger als angeborene Andersartigkeit gesehen (Asperger 1944). In den 1960er und vielfach auch noch den 1970er Jahren hatten dagegen psychodynamische und psychoanalytische Erklärungen dominiert. Vor allem eine fehlende emotionale Bindung, die seelische Vernachlässigung durch »Kühlschrankmütter«, wurde oft als Ursache vermutet (Böke 2008). Dieser ältere Erklärungsansatz war sehr entwertend für autistische Menschen, aber auch für ihre Eltern und Familien. Stattdessen auf die Neurologie als Ursache zu verweisen, wirkte dagegen für autistische Menschen aus der damaligen Sicht zunächst zukunftsweisend. Sie wurden nicht mehr als defizitär, als Menschen ohne wirkliche Persönlichkeit gesehen, ihre besondere Entwicklung

---

9 In den frühen Publikationen zu Neurodiversität wurden Individuen, die nicht der Wahrnehmung eines typischen Geistes entsprachen, als »neurodivers« bezeichnet (Singer, 1998), seit den 2010ern (Walker, 2021b) wird der Begriff »neurodivers« in der Regel für Gruppen und der Begriff »neurodivergent« für Individuen genutzt (vgl. auch hierzu Grummt in diesem Band).

nicht mehr als fehlgeschlagen interpretiert und ihren Familien keine Schuld mehr daran zugewiesen.

Das Konzept der Neurodiversität baut diesen Ansatz weiter aus. Die andersartige Entwicklung wird hier nicht als »falsch« oder »krank« gesehen, sondern als gleichwertige Variation. Dabei kann sie sich abhängig von Kontext und Rahmenbedingungen durchaus als behindernd auswirken. Die Neurodiversitätsbewegung vertritt größtenteils ein soziales Modell von Behinderung, nachdem die Behinderung nicht in der betreffenden Person selbst, sondern in den Wechselwirkungen zwischen Person und Umwelt liegt.

Ein weiterer inklusiver Aspekt des Konzepts liegt darin, dass es von vornherein das Konzept des Spektrums aufnimmt und erweitert. Autismus wird hier nicht nur als ein Spektrum innerhalb von sich selbst gesehen, innerhalb dessen keine klare Grenze zwischen Asperger-Autismus und Kanner-Autismus existieren. Auch Begriffe wie »hochfunktional« und »niedrigfunktional« werden von vielen Aktiven der Neurodiversitätsbewegung abgelehnt. Zum einen wegen der impliziten Wertung, die gegenüber Menschen, die tiefer im Spektrum sind, als diskriminierend gesehen werden kann (z. B. ASAN 2021). Zugleich zählt sich die Neurodiversitätsbewegung in der großen Mehrheit explizit der Behindertenrechtsbewegung (*Disability Rights Movement*) zu, die das soziale Modell von Behinderung vertritt. Sie verortet die Behinderung nicht im Individuum selbst, sondern in den Wechselwirkungen zwischen individuellen Einschränkungen und Umwelt verortet (z. B. Hermes & Rohrmann 2006). Dieser Ansatz impliziert das Bewusstsein, dass es vom konkreten Kontext und der aktuellen Lebenssituation abhängt, ob ein autistischer Mensch nach außen »hochfunktional« oder »niedrigfunktional« wirkt.

Auch der Übergang zwischen Autismus und Nichtautismus wird nach dem Konzept der Neurodiversität als graduell oder »fließend« definiert (z. B. Davidson & Orsini 2013). Dieser Ansatz ermöglicht die Wertschätzung auch von »Grauzonen« und Bereichen, die keine psychiatrischen Diagnosen darstellen, etwa von Phänomenen wie dem Broader Autism Phenotype (BAP) oder von Hochsensibilität. Schon Hans Asperger beobachtete, dass sich in den Familien autistischer Menschen oft Verwandte mit ähnlichen Zügen fanden, wenn auch häufig in schwächerer Ausprägung (Asperger 1944).

Ein ebenso wichtiger Aspekt des Neurodiversitätskonzepts ist die Anerkennung der Verwandtschaft mit anderen »Andersartigkeiten«, wie beispielsweise ADHS, Legasthenie, Dyskalkulie oder Dyspraxie. In der konventionellen Diagnostik und Unterstützung bleiben sie häufig noch vernachlässigt, obwohl die gerade in Kombination mit autismustypischen Schwierigkeiten zu erheblichen Einschränkungen führen können.

Auch einige somatische Besonderheiten, wie Epilepsie oder Migräne, haben eine neurologische Komponente und könnten unter dem Begriff »Neurodiversität« gefasst werden. An diesem Punkt waren die Selbsthilfe und Selbstvertretungsbewegung der wissenschaftlichen Forschung schon voraus. Schon seit den 1990er Jahren hatten Engagierte aus der Selbstvertretung beispielsweise die Affinität von Autismus und ADHS gesehen. Dennoch durfte beides lange nicht gemeinsam diagnostiziert werden, sondern galt jeweils als gegenseitiges Ausschlusskriterium. Erst die fünfte Auflage des *DSM* (*Diagnostic and Statistical Manual of Mental Disorders*), des großen internationalen Klassifikationssystems für psychiatrische Diagnosen, erschienen 2013, erlaubt offiziell, beide Diagnosen gemeinsam zu stellen.

Obwohl die Neurodiversitätsbewegung aus dem *Autism Rights Movement* hervorgegangen ist, definieren sich daher inzwischen auch Menschen mit anderen Diagnosen, die sich nicht als autistisch sehen, dennoch als neurodivergent. Innerhalb der Bewegung werden sie manchmal als »autistic cousins« bezeichnet (z. B. Shore & Rastelli 2011). Diese Offenheit und Betonung der Vielfalt ist sicher eine der großen Stärken des Ansatzes. Dennoch ist das Konzept in seiner Entwicklung im englischen Sprachraum und ganz besonders in den USA nicht von der Entwicklung der Autismusrechtsbewegung zu trennen. Der Begriff »neurodiversity« ist dort inzwischen fest etabliert und auch in der Wissenschaft gebräuchlich. Der Autor John Elder Robison etwa, dessen Autobiographie *Schau mich an!* auch in Deutschland bekannt ist (Robison 2008), leitet inzwischen eine Neurodiversity Working Group am College of William and Mary, einer Universität im Staat Virginia (https://www.wm.edu/sites/neurodiversity/johnelderrobison/index.php). An mehreren amerikanischen Universitäten gibt es Neurodiversity Initiativen und Arbeitsgruppen, am Landmark College in Vermont sogar ein eigenes Center for Neurodiversity (https://www.landmark.edu/center-for-neurodiversity).

3

In vieler Hinsicht kann Neurodiversität als innovatives, inklusives Konzept gesehen werden. Das betrifft nicht nur die Offenheit für unterschiedliche Behinderungen und »Andersartigkeiten«. Der Ansatz ist gerade für Menschen interessant, die sich in der Beschreibung von Autismus wiedererkennen, aber nicht dem stereotypen Bild des weißen, ansonsten nichtbehinderten cis-Mannes aus der Mittelschicht entsprechen. Er ist von vornherein intersektional angelegt, berücksichtigt das Zusammenwirken verschiedener Merkmale und hinterfragt Geschlechterstereotypen.

Zu dem Zeitpunkt, als die autistische Selbstvertretung im englischen Sprachraum entstand, ging die Forschung noch davon aus, dass gerade äußerlich unauffälligerer Autismus bei Mädchen und Frauen sehr selten sei. Für das Asperger-Syndrom, wie es damals noch hieß, wurde in den 1990er Jahren davon ausgegangen, dass auf acht autistische Jungen nur ein Mädchen käme (z. B. Attwood 2006a). In der Selbstvertretung waren dagegen von Anfang an Frauen sehr stark vertreten und haben diese Darstellung auch deutlich kritisiert.

Schon bei Hans Asperger war das Bild, das er von Autismus zeichnete, sehr männlich geprägt. In seiner 1944 erschienenen Habilitation Die Autistischen Psychopathen im Kindesalter handelte es sich bei den von ihm beschriebenen autistischen Kindern ausschließlich um Jungen. Explizit bezeichnet er Autismus als eine »Extremvariante der männlichen Intelligenz, des männlichen Charakters«, den er als eher sachbezogen und intellektuell orientiert beschreibt. Im Gegensatz dazu sieht er den weiblichen Charakter als stärker gefühlsbetont und alltagspraktisch. Obwohl er bis zu seinem Tod 1980 mehrere kleinere Artikel zu Autismus veröffentlicht, hat er diese Sichtweise nie korrigiert. Interessanterweise beschreibt er dennoch in seiner Habilitation auch eine erwachsene autistische Frau, nämlich die Mutter seines ersten Fallbeispiels (Asperger 1944):

> »Auch die Mutter selbst ist dem Knaben sehr ähnlich (was bei einer Frau besonders auffällt, denn gerade von ihrem Geschlecht verlangt man die größere Instinktsicherheit, die bessere Situationsanpassung, mehr Gefühl als Intellekt). Schon in ihrer ganzen Motorik, noch mehr in ihrer Redeweise und in ihrem gesamten Verhalten wirkt sie sonderbar, unangepaßt, einzelgängerisch« (Asperger 1944, 86 f.).

Schon an dieser Stelle wird deutlich, dass es Asperger hier um normative Rollenvorstellungen geht. Er beschreibt weniger das naturgegebene Sein von Frauen als die gesellschaftlichen Erwartungen, denen sie ausgesetzt sind. Da ihm auch die Mütter weiterer Patienten als autistisch (?) auffielen, fragte er sich, ob Autismus bei Frauen erst nach der Pubertät zum Tragen käme:

> »Während wir, wie schon gesagt, kein Mädchen kennengelernt haben bei dem das Bild des Autistischen Psychopathen voll ausgeprägt zu finden gewesen wäre, sind uns mehrere Mütter autistischer Kinder begegnet, die selber in ihrem Verhalten ausgesprochen autistisch waren. Diese Tatsache können wir nicht erklären. Ob es ein Zufall ist, daß gerade unter unseren Fällen keine autistischen Mädchen zu finden sind – sie mögen ja gewiß seltener sein als die Knaben –, oder ob es so ist, daß die autistischen Wesenszüge beim weiblichen Geschlecht erst nach der Pubertät auftreten, das wissen wir nicht« (Asperger 1944, 130).

Henning Böke hat in einem lesenswerten Artikel Aspergers Irrtum an dieser Stelle sehr treffend erklärt (Böke 2008):

> »Dass Asperger natürlich an einen durch Zeitumstände gesetzten Erkenntnisrahmen gebunden war, wird schließlich deutlich an seinen Überlegungen zu Autismus und Geschlecht. Die rund 200 Kinder mit voll ausgeprägter autistischer Symptomatik, die er klinisch beobachtete, waren alle männlichen Geschlechts. [...] Asperger behalf sich zur Erklärung dieses Befunds mit der Hypothese, dass bei Mädchen die autistischen Merkmale erst später zum Tragen kämen. Das ist allerdings falsch. Dass in der Klinik nur Jungen mit autistischen Verhaltensauffälligkeiten anzutreffen waren, dürfte schlicht daran liegen, dass Mädchen damals noch viel stärker als heute in andere soziale Anpassungsprozesse involviert waren, wodurch autistische Züge weniger deutlich in Erscheinung treten, weil sie stärker durchs Umfeld abgefedert werden« (Böke 2008, 267).

Aus heutiger Sicht erscheint Bökes Erklärung einleuchtend. Stärker als Jungen wurden Mädchen auf soziale Anpassung hin sozialisiert und wirkten dadurch unauffälliger. Noch heute werden Mädchen mehr als Jungen in sozialer Hinsicht gefördert. Auch die Sozialisation in weiblichen Peer Groups trägt dazu bei, dass Mädchen stärker als Jungen durch Gleichaltrige sozial trainiert und seltener fremdaggressiv werden (z. B. Kohl 2017). Mädchen sind im Vergleich seltener hyperaktiv, stören seltener den Unterricht. Mobbing und Ausgrenzung in Mädchengruppen sind oft subtil und für Außenstehende schwer erkennbar (z. B. Attwood 2006b; Preißmann 2013). Vermutlich werden soziale Schwierigkeiten in der Kindheit daher im Vergleich zu Jungen häufiger übersehen und seltener pädagogisch, therapeutisch oder diagnostisch interveniert.

Aspergers Konstruktion der »autistischen Psychopathie« als Ausdruck eines männlichen Persönlichkeitstypus hat jedoch offenbar noch weitere, ideologische Wurzeln. Die Historikerin Edith Sheffer hat ausführlich Patienten- und Patientinnenakten aus Aspergers Klinik in Wien analysiert. Dabei stellte sie fest, dass er Phänomene, die er bei Jungen als autismustypisch interpretierte, wie etwa Wortneuschöpfungen, originelles Denken oder die Weigerung, regulär am Unterricht teilzunehmen, bei Mädchen anders und deutlich negativer beschrieb. Anders als bei Jungen sah er sie nicht als Ausdruck einer angeborenen »Andersartigkeit«, die auch Stärken beinhaltet, sondern beschrieb die betreffenden Mädchen als aufsässig und schwer erziehbar (Sheffer 2018).

Mit hoher Wahrscheinlichkeit machte Asperger diesen Unterschied nicht absichtlich. Sie spiegelt klare präskriptive Vorstellungen von Geschlechterrollen wider, die Mitte des 20. Jahrhunderts deutlich stärker als heute gesellschaftlich dominierten. Doch diese Sicht prägt das in Wissenschaft und Medizin vorherrschende Autismusbild nachhaltig und ist noch heute präsent.

Der vielleicht bekannteste Vertreter dieser Tradition ist der oben erwähnte britische Forscher Simon Baron-Cohen, der seine aktuelle Studie wegen der Petition der Neurodiversitätsaktivist:innen unterbrechen musste. Baron-Cohen formulierte eine sogenannte »Extreme Male Brain«-Theorie, die Aspergers These der »Extremvariante des männlichen Charakters« weiterentwickelt. Sie vertritt die Ansicht, bei Autist:innen wäre das männliche Geschlechtshormon Testosteron besonders dominant. Ihr Gehirn sei daher besonders auf Systematisierung und die Verarbeitung von Sachinformationen geprägt, während die typisch weibliche Qualität der Empathie nur schwach ausgeprägt sei oder sogar fehlen würde (Baron-Cohen et al. 2005). Anders als Aspergers Beschreibung stützt sich Baron-Cohens neurowissenschaftliche Forschung auf naturwissenschaftliche Untersuchungen. Doch auch hier liegen traditionelle Vorstellungen von männlichen und weiblichen Verhaltensmustern zugrunde, die der Forschung einen starken Bias einschreiben. Hier wird besonders deutlich, dass Wissenschaft nicht getrennt vom gesellschaftlichen Kontext arbeiten kann.

Zudem hat das Thema Computer- und IT-Affinität, das schon Harvey Blume in seinem oben zitierten Artikel zu Neurodiversität erwähnte, die Dominanz des männlich geprägten Autismusbildes noch verstärkt und dabei ein neues Klischee geschaffen. Dennoch sind auch unter autistischen Männern diejenigen mit ausgeprägtem Interesse an IT in der Minderheit (Rath 2017). Dass gerade dieser Bereich gesellschaftlich stark präsent ist und es dort vergleichsweise viele Projekte und Fördermöglichkeiten gibt, liegt vermutlich schlicht an dem guten Marktwert dieser Kompetenzen (Böke 2008).

4

Vor diesem Hintergrund überrascht nicht, dass Mädchen und Frauen im Vergleich zu Jungen und Männern noch heute deutlich seltener eine Autismusdiagnose erhalten. Dennoch ist die lange dominierende Ansicht, Autismus beträfe fast ausschließlich Männer, inzwischen weitgehend revidiert. Vielfach wird mittlerweile ein

Verhältnis von 1 : 2 vermutet (z. B. Rutherford et al. 2016), und auch das wird sich wahrscheinlich noch weiter angleichen. Zu dieser Entwicklung haben Vertreterinnen der Neurodiversitätsbewegung einen wesentlichen Beitrag geleistet.

Bereits die autobiographischen Veröffentlichungen autistischer Autorinnen seit den 1990er Jahren zeichneten ein völlig anderes Bild als wissenschaftliche Publikationen dieser Zeit, und gaben so auch der Forschung neue Impulse. Mehrere Aktivist:innen, insbesondere autistische Frauen, gingen selbst in die Wissenschaft (z. B. Michelle Dawson, Judy Singer, Karen Leneh Buckle). Nicht zuletzt dadurch gibt es heute mehr Forschung zu den Erfahrungen autistischer Frauen, Autismus und Gender, und dadurch ein differenzierteres Bild. Beispielsweise ist inzwischen bekannt, dass weiblich sozialisierte autistische Menschen vielfach zwar unauffälliger wirken, weil sie schon seit ihrer Kindheit stärker gelernt haben, sich äußerlich anzupassen. Aufgrund von Ausweichen bei sozialen Konflikten werden sie vielleicht sogar sozial für überdurchschnittlich reif gehalten. So bleiben sie häufig unter dem diagnostischen Radar und werden im Durchschnitt mehrere Jahre später diagnostiziert als männliche Autisten. Dennoch haben autistische Frauen im Erwachsenenalter tendenziell stärkere soziale Schwierigkeiten.

Viele erwachsene Autistinnen mussten erfahren, dass die oberflächliche bessere soziale Anpassung bei Frauen keineswegs zu mehr gesellschaftlicher Teilhabe führt. Noch immer werden von Frauen unausgesprochen mehr soziale Anpassung als von Männern und bessere Kommunikationsfähigkeiten erwartet. Selbst, wenn es gelingt, nach außen ein gesellschaftlich akzeptiertes Bild darzustellen, ist das oft nicht mehr als eine Maske. Ein großer Teil der eigenen Energie muss darauf verwendet werden, diese Maske aufrecht zu erhalten. Gelingt dies nicht mehr, etwa bei Stress oder Erschöpfung, erhalten Autistinnen durch das zuvor »unauffällige« Verhalten oft wenig Verständnis. So verlieren sie laut einer Studie häufiger als Männer ihren Arbeitsplatz (Taylor et al. 2015). Bei nicht wenigen Frauen folgen daraus Burnout und Depression, zuweilen auch ein totaler Zusammenbruch im mittleren Lebensalter.

Eine offene, ergebnisoffene Diagnostik kann schon durch häufige Komorbiditäten wie Depressionen, soziale Phobien, Angststörungen, Essstörungen oder andere Themen erschwert sein. Oft sind sie Folgen autismusbedingter negativer Erfahrungen, aber sie entsprechen gleichzeitig einem traditionellen weiblichen Rollenbild. Etliche Autistinnen wirken zudem sehr feminin, auch wenn das häufig eine mühsam erarbeitete Persona ist. So ergibt sich ein Eindruck, der auf den ersten Blick von gängigen Vorstellungen über Autismus weit entfernt ist (z. B. Kohl 2017; Preißmann 2013; Simone 2010, deutsch 2012). Nur bei genauem Hinschauen wird dann die autistische Grundpersönlichkeit erkennbar. Oft reicht schon die Zeit dafür nicht, schon wegen der strukturellen Unterversorgung mit kompetenten Diagnosestellen. Auch zu viel (autismustypische) Ehrlichkeit, etwa, wenn nach vorherigen Diagnosen gefragt wird, kann manchmal den Weg zu einer unvoreingenommenen Diagnostik versperren.

Da kann ein offeneres Konzept wie Neurodiversität gerade für äußerlich angepasste, vergleichsweise unauffällige Frauen zunächst sehr attraktiv sein. Es ist weder männlich konnotiert, noch verlangt die Identifikation damit eine offizielle Diagnose. Zugleich ist es auch potenziell interessant und hilfreich für Menschen, die dem dominanten Autismusbild nicht entsprechen. Das trifft aus unterschiedlichen Gründen auf viele Menschen zu, etwa, wenn sie nicht weiß sind und keinen Mittelschichtshintergrund haben (z. B. Garcha 2021). Es betrifft Menschen mit geschlechtsuntypischer Außenwirkung, aber auch auf Transpersonen und Menschen, die sich gar keinem binären Geschlecht zuordnen. Mehrere Untersuchungen deuten darauf hin, dass autistische beziehungsweise neurodivergente Menschen deutlich häufiger als der Bevölkerungsdurchschnitt queer, trans oder nichtbinär sind (z. B. Strang et al. 2021). Auch diese Gruppe wird bei der Thematik oft nicht mitgedacht, schon, weil es scheinbar andere naheliegende Erklärungen für die »Andersartigkeit« und die sozialen Probleme der Patientinnen und Patienten gibt.

Der Neurodiversitätsansatz dagegen beinhaltet von vornherein eine intersektionale Perspektive. Das betrifft nicht nur häufige Komorbiditäten wie ADHS oder Dyspraxie. Auch Kategorien wie Geschlecht, ethnische, Herkunft, Geschlechtsidentität, Religion oder sexuelle Orientierung werden berücksichtigt. Wie die Behindertenrechtsbewegung insgesamt ist die Neurodiversitätsbewegung explizit politisch und parteilich auf der Seite von marginalisierten Menschen und tritt für Emanzipation, Empowerment und Vielfalt ein.

Auch der Begriff Neurodiversity ist im englischen Sprachraum weitergedacht und auf weitere Aspekte angewandt worden. Der Autor Steve Silberman hat seine sehr lesenswerte Geschichte des Autismus *Neurotribes* genannt (Silberman 2015, deutsch 2016). Der nicht wirklich ins Deutsche übersetzbare Begriff bezeichnet Communities im neurodiversen Spektrum, ohne sie auf formelle Diagnosen festzulegen. Aktuelle Konzepte in dieser Tradition sind beispielsweise Neuroqueerness oder Neurodivergenz. Der Begriff Neuroqueerness stammt von Athena Lynn Michaels-Dillon, Remi Yergeau und Nick Walker und denkt Queerness, also LGBTIQ+, Behinderung und Neurodiversität zusammen (Walker 2021a). Walker spricht außerdem von einem Neurocosmopolitanism, einem Neurokosmopolitanismus. Damit beschreibt er eine kosmopolitische Ausrichtung neurodivergenter Menschen, für die beispielsweise Greta Thunberg stehen würde.

5

Diese Beschreibung klingt zunächst sehr offen und innovativ. Dennoch hat das Konzept auch schwierige Seiten. Dass Neurodiversität eben keine medizinische Diagnose ist, bringt potenziell Nachteile mit sich. Ob eine Selbstdefinition als neurodivergent zwingend in Zusammenhang mit einer Diagnose wie Autismus oder ADHS gesehen wird, ist innerhalb der Bewegung nicht eindeutig geklärt. Nicht jede Community akzeptiert eine »Selbstdiagnose«, trotz der Hürden, die den Zugang zu einer kompetenten Diagnostik oft erschweren können. Zudem ermöglicht eine Selbstidentifikation keinerlei formale Unterstützung. Insofern wäre es problematisch, Menschen, die aus welchem Grund trotz Eigenverdacht keine Autismusdiagnose bekommen können, auf das Konzept der Neurodiversität und verwandte Begriffe zu verweisen.

Der Begriff »Neurodiversität« selbst kann ebenfalls kritisiert werden. Er unterstellt neurologische Ursachen, obwohl die Diagnostik bei Autismus nach wie vor klassisch psychiatrisch ist – im Zentrum steht dabei das Diagnosegespräch. Inwieweit sich autistische Menschen tatsächlich prinzipiell von sogenannten neurotypischen Menschen unterscheiden, ist nicht abschließend erforscht und wird es vielleicht nie sein. Zudem stehen manche Aktivist:innen neurologischer Forschung in diesem Bereich kritisch gegenüber. Auch der Ausdruck »neurotypisch« wird inzwischen kritisiert, da niemand der darin implizierten Norm entspräche und alle Menschen in unterschiedlicher Form neurodivergent wären (z. B. Russell 2020). Zudem ist innerhalb der Neurodiversitätsbewegung der Ausdruck *neurominorities*, »Neurominderheiten«, populär geworden, um beispielsweise autistische Menschen zu erfassen (z. B. Walker 2021b).

Nicht von der Hand zu weisen ist hier die Gefahr der Beliebigkeit. Die immer differenzierteren Abspaltungen und neuen Begrifflichkeiten sind für manche wohl nur schwer verständlich. Wie bei anderen identitätspolitischen Konzepten auch gibt es hier die potenzielle Gefahr einer elitären Bewegung mit eigenen Exklusionsmechanismen. Akzeptanz in derartigen Communities kann davon abhängen, den richtigen Code zu verwenden, die richtigen Begriffe, die sich zudem häufig ändern und von »Moden« abhängig sind. Auch ein Talent zur Selbstinszenierung, etwa in den sozialen Medien, kann hilfreich sein, um sich in identitätspolitischen Kreisen zu positionieren. Gerade für manche autistischen Menschen, ältere Menschen und für Menschen mit Behinderungen kann das potentiell ausschließend wirken. Auf der anderen Seite wiederum ist es wichtig, das Verletzungspotenzial unabsichtlich diskriminierender Sprache und von Fremdzuschreibungen zu erkennen. Zudem haben Selbstbezeichnungen eine große Kraft für Emanzipation und Empowerment. Hier bleibt die richtige Balance wohl gerade beim Aktivismus von Behindertenrechtsbewegungen eine große Herausforderung.

Die Betonung identitätspolitischer Aspekte zur Verbesserung der Situation marginalisierter Gruppen hat auch schwierige Seiten, die vielleicht gerade für autistische Menschen ungünstig sind. Der Blick auf unterschiedliche Gruppen mit jeweils spezifischen Diskriminierungsmerkmalen sensibilisiert zwar für die Komplexität und Multidimensionalität von Machtverhältnissen und Diskriminierungsstrukturen. Gleichzeitig geraten dadurch gesamtgesellschaftliche Aspekte wie vor allem ökonomische Ungleichheiten aus dem Blick oder zumindest in den Hintergrund (z. B. Böke 2008). Gruppen, die von ihrem Selbstverständnis her in immer kleinere Segmente unterteilt sind, lassen sich leicht gegeneinander ausspielen. Mit der weitgehenden Ausblendung sozialer Kontexte und der Betonung der »Andersartigkeit« einzelner Gruppen passen identitätspolitische Konzepte sich potentiell gut in eine neoliberale Entwicklung ein. Hier ist es wichtig, gegenzusteuern, größere soziale Fragen nicht aus dem Blick zu verlieren. Und sich mit anderen Gruppen, die ihre »Andersartigkeit« nicht neurologisch definieren und psychiatrische Diagnosen vielleicht sogar grundsätzlich ablehnen, zu vernetzen. Zum Glück gibt es in letzter Zeit auch in Deutschland gute und ermutigende Beispiele, wie etwa den Landschaftstrialog, bei dem Menschen aus der Autismus-Selbstvertretung mit Initiativen

Krisen- und Psychiatrieerfahrener Menschen kooperieren (http://www.landschafts trialog.de).

Weitere Herausforderungen klingen in dem oben zitierten Artikel von Christian Weber an. Ein wissenschaftsskeptischer Blick auf die Autismusforschung ist nur allzu berechtigt. In vieler Hinsicht hat diese kritische Sicht vor allem von Aktivist: innen die Forschung vorangebracht und zu neuen Zugängen und Fragestellungen geführt. Gleichzeitig besteht die Gefahr, dass diejenigen, die sehr gut für sich sprechen können, die Debatte dominieren. Die Situation und die zum Teil sehr grundsätzlichen Schwierigkeiten von Menschen, die tiefer im Spektrum sind, könnten leicht ausgeblendet bleiben. Dies wird dem Aktivismus manchmal vorgeworfen und von konservativen Fachleuten teilweise als Argument gegen sie missbraucht.

Insgesamt ist es wichtig, dass die Neurodiversitätsbewegung sich diesen schwierigen Punkten stellt. Es ist ihre Aufgabe, diese Aspekte zu diskutieren und das Thema nicht elitär und exkludierend zu behandeln. Zugleich hat sie jedoch auch ein wertvolles kritisches und emanzipatorisches Potenzial – auch und gerade für Frauen und Menschen, die nicht in die typischen Geschlechterrollen und Zuschreibungen passen.

Zukunftsweisend wäre eine verstärkte Kooperation mit Forschenden und anderen Fachleuten sowie Angehörigenorganisationen. Ein gleichberechtigter trialogischer Austausch, bei dem unterschiedliche Expertisen gegenseitig anerkannt werden, könnte zu einer größeren gesellschaftlichen Wertschätzung der Vielfalt menschlicher Wahrnehmung beitragen, ohne die Barrieren, auf die Autist:innen stoßen, zu verharmlosen. Ein derartiger Austausch könnte Brücken schlagen zwischen dem medizinischen Autismusbild und den Erkenntnissen aus Selbsthilfe und Selbstvertretung. Insbesondere für Menschen, die dem gängigen männlich dominierten Stereotyp nicht entsprechen oder bei denen Komorbiditäten wie ADHS oder Dyspraxie im Vordergrund stehen, würde ein solch vielfältigeres Bild potenziell den Zugang zu einer geeigneten Diagnostik erleichtern. Ein Austausch auf Augenhöhe könnte einen Raum öffnen für partizipative Projekte, in der Wissenschaft ebenso wie der Unterstützung/Förderung neurodivergenter Menschen. So könnten innovative, pragmatische Konzepte entstehen, die ihre Stärken, Bedürfnisse und ihre Lebensqualität jenseits von Klischees in den Fokus nehmen.

Bisher ist die Offenheit der unterschiedlichen Gruppen für einen derartigen gleichberechtigen Austausch noch alles andere als selbstverständlich. Dennoch gibt es ermutigende Entwicklungen. Ursprünglich als Elternverbände gegründete Organisationen wie Autismus Deutschland e. V. kooperieren heute mit erwachsenen autistischen Menschen. Auch die Wissenschaft öffnet sich allmählich der Neurodiversitätsbewegung. Simon Baron-Cohen bezeichnet Neurodiversität inzwischen als ein revolutionäres Konzept und hält den Begriff »Störung« für diskriminierend und überholt (Baron-Cohen 2017):

> »A final objection to the notion of neurodiversity and a defence of the term ›disorder‹ is that the latter signals the severity of a person's condition. To counter this objection, the term ›disability‹ can also signal severity, but without the stigma of the term ›disorder‹. Many feel that the term ›disability‹ is softer, and that the term ›disorder‹ is quite hardhitting. Moreover,

while the concepts of disability and neurodiversity are not incompatible, the concepts of disorder and neurodiversity are incompatible.« (Baron-Cohen 2017, 746).

Stattdessen schlägt er vor, nicht länger den defizitorientierten medizinischen Blick, sondern das soziale Modell von Behinderung anzulegen, das die Behinderung in den Wechselwirkungen zwischen Einschränkungen und Umwelt verortet. Insofern gibt es vielleicht doch Hoffnung auf eine fruchtbare Kooperation zwischen Neurodiversitätsbewegung und Forschung für eine Gesellschaft, in der, in Anlehnung an Theodor W. Adorno (zitiert nach Böke 2008), Menschen aller neurologischen Konstitutionen und Geschlechter ohne Angst verschieden sein können.

Literatur

Asperger, H. (1944). Die Autistischen Psychopathen im Kindesalter. Habilitation, Medizinische Fakultät, Universität Wien. *Archiv für Psychiatrie und Nervenkrankheiten* 117, 76–136.
Aspies e. V. Selbsthilfeforum (2021). https://aspies.de/selbsthilfeforum/index.php?thread/13256-protest-alleine-bringt-keine-hilfe-diskussion/&pageNo=1 [19.04.2022].
Attwood, T. (Ed.) (2006a). *Asperger's & Girls*. Future Horizons.
Attwood, T. (2006b). *The Complete Guide to Asperger's Syndrome*. Jessica Kingsley Publishers.
Autistic Self-Advocacy Network (ASAN) (1921). »The Autistic Community«, Position Statement. https://autisticadvocacy.org/about-asan/position-statements/ [14.12.2021].
Baron-Cohen, S., Knickmeyer, R. C. & Belmonte, M. K. (2005). »Sex differences in the brain: implications for explaining autism«. *Science*, 310(5749), 819–823.
Baron-Cohen, S. (2017). »Editorial Perspective: Neurodiversity – a revolutionary concept for autism and psychiatry«. *The Journal of Child Psychology and Psychiatry*, 58(6), 744–747.
Blume, H. (1997). »Autistics are Communicating in Cyperspace«. *The New York Times*, 30.06.1997. https://archive.nytimes.com/www.nytimes.com/library/cyber/techcol/063097techcol.html [12.12.2021].
Blume, H. (1998). »Neurodiversity. On the neurological underpinnings of geekdom«. *The Atlantic*, September 1998. https://www.theatlantic.com/magazine/archive/1998/09/neurodiversity/305909/ [12.12.2021].
Böke, H. (2008). »Asperger: Die Geburt eines Syndroms – Prolegomenon zur Enthinderung autistischer Intelligenz«. *Behindertenpädagogik*, 47(3), 260–282.
Davidson, J., & Orsini, M. (Eds.) (2013). *Worlds of Autism*. University of Minnesota Press.
Garcha, C. (2021). »Beyond the White Male Pale: Why our conversations around Autism and disability need to be intersectional«. *Cherwell*, 30.04.2021. https://cherwell.org/2021/04/30/beyond-the-white-male-pale-why-our-conversations-around-autism-and-disability-need-to-be-intersectional/ [12.12.2021].
Gray, C. & Attwood, T. (1999). »The Discovery of ›Aspie‹ Criteria«. https://autismawarenesscentre.com/discovery-aspie-criteria/ [12.12.2021].
Hermes, G. & Rohrmann, E. (Hrsg.) (2006). *Nichts über uns – ohne uns!* AG SPAK Bücher.
Kohl, E. (2017). »Zum Buchgeläut«. In E. Kohl, H. Seng & T. Gatti (Hrsg.), *Typisch untypisch. Berufsbiografien von Asperger-Autisten* (S. 15–54). Kohlhammer.
Preißmann, C. (2013). *Überraschend anders. Mädchen und Frauen mit Asperger*. Trias.
Rath, G. (2017). »Er brachte Autisten erfolgreich in IT-Jobs – das ist sein zweites Projekt«. *Gründerszene*, 05.04.2017. https://www.businessinsider.de/gruenderszene/allgemein/diversicon-auticon-autisten-jobs [14.12.2021].
Robison, J. E. (2008). *Schau mich an!* Verlag Rad und Soziales.

Russell, G. *(2020)*. »Critiques of the Neurodiversity Movement«. In S. Kapp (Ed.), *Autistic community and the neurodiversity movement: stories from the frontline (pp. 287–303). Palgrave Macmillan.*

Rutherford, M., McKenzie, K. & Johnston, T. (2016). »Gender ratio in a clinical population sample, age of diagnosis and duration of assessment in children and adults with autism spectrum disorder«. *Autism, 20*(5), 628–634.

Sanderson, K. (2021). »High-profile autism genetics project paused amid backlash«. *Nature,* 27.09.2021. https://www.nature.com/articles/d41586-021-02602-7 [13.12.2021].

Sheffer, E. (2018). *Aspergers Kinder.* Campus.

Shore, S. M. & Rastelli, L. G. (2011). *Understanding Autism for Dummies.* Wiley Publishing.

Silberman, S. (2015). *Neurotribes.* Avery Publishing.

Silberman, S. (2016). *Geniale Störung.* DuMont.

Simone, R. (2010). *Aspergirls. Empowering Females With Asperger Syndrome.* Jessica Kingsley Publishers.

Simone, R. (2012). *Aspergirls. Die Welt der Frauen und Mädchen mit Asperger.* Beltz.

Sinclair, J. (1993). »Don't Mourn for Us«. *Our Voice. Autism Network International Newsletter, 1*(3). https://philosophy.ucsc.edu/SinclairDontMournForUs.pdf [05.05.2022].

Singer, J. (1998). *Odd People In. The Birth of Community Amongst People on the »Autistic Spectrum«.* Bachelor Thesis, Faculty of Humanities and Social Science, University of Technology, Sydney.

Strang, J. F., Knauss, M., van der Miesen, A., McGuire, J. K., Kenworthy, L., Caplan, R., Freeman, A., Sadikova, E., Zaks, Z., Pervez, N., Balleur, A., Rowlands, D. W., Sibarium, E., Willing, L., McCool, M. A., Ehrbar, R. D., Whyss, S. E., Wimms, H., Tobing, J., … , Anthony, L. G. (2021). »A Clinical Program for Transgender and Gender-Diverse Neurodiverse/Autistic Adolescents Developed through Community-Based Participatory Design«, *Journal of Clinical Child and Adolescent Psychology, 50*(6), 730–745.

Taylor, J. L., Henninger, N. A. & Mailick, M. R. (2015). »Longitudinal patterns of employment and postsecondary education for adults with autism and average-range IQ«. *Autism, 19*(7), 785–793.

Walker, N. (2021a). *Neuroqueer: An Introduction,* online: https://neuroqueer.com/neuroqueer-an-introduction/ [14.12.2021].

Walker, N. (2021b). *Neuroqueer Heresies.* Autonomous Press.

Weber, C. (2021). »Protest alleine bringt keine Hilfe«, *Süddeutsche Zeitung,* 8.10.2021. https://www.sueddeutsche.de/wissen/neurodiversitaet-autismus-forschung-1.5434242 [13.12.2021].

Willey, L. H. (1999). *Pretending to be Normal.* Jessica Kingsley Publishers.

Willey, L. H. (2001). *Asperger Syndrome in the Family: Redefining normal.* Jessica Kingsley Publishers.

Neurodiverses In-der-Welt-Sein

Hajo Seng

»Language is a virus from outer space – that's why I'd rather hear your name than see your face« (Laurie Anderson).

Im Zuge der Globalisierung setzt sich immer mehr die Idee durch, dass »wir alle«, gemeint sind alle Menschen, in *einer* Welt leben. In der Tat, wenn ich mich an die Reisen ins europäische Ausland erinnere, als Jugendlicher Ende der 1970er und Anfang der 1980er Jahre, da war eine Reise etwa nach Ungarn, Portugal oder Griechenland eine Reise in eine wirklich andere Welt. Die Lebensverhältnisse haben sich seither deutlich angeglichen, zumindest in Europa. Ich bin aufgewachsen mit dem Anspruch, dass alle Menschen gleich sein sollten, im Sinne von gleich viel wert. Ich bin aber auch aufgewachsen mit der deutlichen Erfahrung, anders als alle anderen Menschen zu sein. Richtig anders, so sehr, dass ich bereits als Jugendlicher zur Überzeugung gelangte, kein Mensch zu sein. Erst viel später hat dieses Anderssein mit der Erkenntnis, autistisch zu sein, eine Erklärung gefunden. Auch wenn wir allem Anschein nach in *einer* Welt leben, nehmen sie Menschen sehr unterschiedlich wahr. Mir kommt es zumindest merkwürdig vor, überhaupt von einem »wir« zu sprechen, ist doch die Welt, die »wir« wahrnehmen, auch die, in der »wir« leben. Seit meiner frühen Jugend beschäftigt mich die Frage, was diese Welt eigentlich ist und wie denn Welt wahrgenommen wird. So wie mir »mein Autismus« die Frage nach den Welten, in denen Menschen leben, als Lebensaufgabe stellt, so sind meine Erfahrungen mit meinem Autismus und insbesondere auch mit anderen autistischen Menschen ein Schlüssel für eine Annäherung an mögliche Antworten.

Autismus hat sehr viel mit Perspektiven zu tun. Das drückt sich etwa darin aus, dass es in den gängigen Diagnosen ausschließlich um das Verhalten geht, obwohl Autismus nach weitgehend allen wissenschaftlichen Modellen auf Wahrnehmen und Denken zurückzuführen ist. Temple Grandin beschreibt die Diskrepanz zwischen einem Verhaltens-Selbst und einem reflektierenden Selbst sehr anschaulich anlässlich einer Begegnung mit dem nicht sprechenden Autisten Tito Mukhopadhyay: Sein Verhaltens-Selbst beschreibt sie in seinen Worten »*als ›verrückt und voller Aktionen‹*«, während sein reflektierendes Selbst »*angefüllt mit Bildung und Gefühlen*« ist (Grandin 2014, 79; bei ihr heißt es acting-self und thinking-self). Da Tito Mukhopadhyay immer nur als Verhaltens-Selbst wahrgenommen wird, fühlt er sich in einer grundsätzlichen Weise von anderen verkannt. Bereits 2001 beschreibt Georg Feuser, wie der Blick aus einer Verhaltensperspektive verabsolutiert wird:

»In der Folge resultiert eine Wahrnehmung des autistischen Menschen, die sich nicht darauf beschränkt, die an ihm beobacht- und beschreibbare ›Merkmale‹ festzustellen, was legitim wäre, sondern diese als ›Eigenschaften‹ des betroffenen Menschen bewertet, als sein innerstes psychisches Wesen, d. h. als die ihm eigene ›Natur‹. In der Folge wird diese Bewertung in den gesellschaftlichen Normen unserer Erwartungen darüber gespiegelt, was ein Mensch eines bestimmten Alters zu leisten hätte und wie er sich in einer bestimmten Situation zu verhalten habe. So erscheint uns dieser Mensch schließlich als ›pathologisch‹. Er ist für uns dann so, wie wir meinen, daß er sei« (Feuser 2001).

Ein solcher normativer Blick ist nicht selten auch in der Autismusforschung erkennbar, etwa wenn die bekannten neuropsychologischen Erklärungsansätze, Theory of Mind, Zentrale Kohärenz, Exekutive Funktionen, normativ gedeutet und verstanden werden. Die durchaus hinterfragbare These, bezüglich dieser drei psychischen Funktionskomplexe gäbe es eine Norm, wird dabei oft still vorausgesetzt – versteckt in einem methodischen Instrumentarium. Dieser Blick vollzieht dann auch den Perspektivwechsel: weg von psychischen Funktionen, Wahrnehmen, Verstehen hin zu einem beobachtbaren Verhalten und messbaren Abweichungen von einer angenommenen Norm. Eine solche normative Wissenschaftsperspektive verträgt sich kaum mit einem neurodiversen Verständnis menschlichen Seins.

Meine Begegnungen insbesondere mit autistischen Jugendlichen und jungen Erwachsenen zeigen deutlich, dass diese grundsätzliche Verkennung fast allen autistischen Menschen bekannt sein muss, wenn auch auf sehr unterschiedliche Weise. Bemerkenswert ist dabei, dass autistische Menschen, wenn sie unter sich sind, in dieser Hinsicht etwas ganz anderes erleben. Begegnungen mit anderen autistischen Menschen werden häufig als frei von so einer Verständniskluft empfunden, die die sozialen Beziehungen autistischer Menschen ansonsten prägen. Diese Erfahrung steht auch im Zentrum des Berichts über eine Begegnung autistischer Erwachsener im Jahr 1992, die als eine der Keimzellen autistischer Communities gilt (Sinclair 1992).

Aber es gibt auch Autismusforschung, die versucht, normative Perspektivwechsel zu vermeiden. In erster Linie sind hier pädagogisch geprägte Forschungen zu nennen, wofür ich exemplarisch auf Theunissen (Theunissen 2014; 2016) verweise. Aber ich nenne auch gerne Laurent Mottron und seine Forschungsgruppe in Montreal, da hier konsequenter Weise auch autistische Menschen als Expertinnen und Experten in eigener Sache dazu gehören (McIlroy 2011). Anhand ihrer Veröffentlichungen wird deutlich, wie sehr so ein Perspektivwechsel die Deutung der Forschungsergebnisse beeinflussen kann. So erkennt diese Forschungsgruppe, dass autistische Menschen einen durch bildgebende Verfahren erkennbaren spezifischen Denkstil haben, der durch eine Präferenz der visuellen Wahrnehmungsverarbeitung gegenüber der Sprachverarbeitung charakterisiert ist (Simard et al. 2015). Unter dieser Perspektive geben neurobiologische Befunde einen Sinn, der verborgen bleibt, wenn sie lediglich als Normabweichungen verstanden werden. Insbesondere der Befund, dass bestimmte funktionelle Gehirnareale bei autistischen Menschen weniger stark miteinander vernetzt sind, aber dafür stärker in sich als im Durchschnitt, scheint sich in den letzten Jahren immer mehr zu bestätigen (Holiga 2018). Genauso der Befund, dass sich autistische und nicht-autistische Menschen in der Entwicklung dieser Vernetzung bis zum Erwachsenenalter unterscheiden. Ein solcher Befund zeigt nämlich, dass es unterschiedliche Weisen gibt, wie Wahrnehmungsverarbeitung und Sprache untereinander im Gehirn organisiert sein können. Er legt nahe, dass es ein Spektrum unterschiedlicher Vernetzungsmuster gibt, das sich wiederum in einem Spektrum von Denkweisen oder Denkstilen und nicht zuletzt im Erleben von Menschen widerspiegelt. Autismus scheint mit einem Teil eines solchen Spektrums verbunden zu sein.

Dass Autismus mit einem anderen Denken, oft auch ungewöhnlichen geistigen Fähigkeiten einhergeht, fand schon früh Eingang in die wissenschaftliche Literatur (Kanner 1943; Asperger 1944). Temple Grandin formulierte bereits in den 1990er Jahren die These, dass alle autistischen Menschen »Bilderdenker« seien und umgekehrt (Grandin 1995). Ich erinnere mich gut an die Diskussionen, die ich Anfang der 2000er Jahre in autistischen Communities mitbekommen habe, wo Temple Grandin eine ziemliche Autorität genoss; war sie doch eine von ganz wenigen autistischen Menschen, die sich fundiert zum Thema Autismus äußerten. Offensichtlich gab es nicht wenige autistische Menschen, die wie ich eher nicht den Eindruck hatten, in Bildern zu denken, und von Grandins These irritiert waren. Mein Denken unterscheidet sich sicher von dem der meisten Menschen und hat auch etwas mit Bildern zu tun, aber nicht in dem Sinne, wie es Temple Grandin verstand. Später erweiterte sie ihre Theorie dahingehend, dass es unterschiedliche Weisen gibt, wie autistische Menschen denken; neben Bilderdenken identifiziert sie auch Muster- und Wörterdenken (Grandin 2014). Für diesen Befund verwendet sie den Begriff »thinking style«, den ich als »Denkstil« für meine Überlegungen aufgreife. Dass ich einen »anderen« Denkstil habe, stand in den 1990er Jahren im Zentrum meiner ersten Auseinandersetzungen mit meinem Autistisch-Sein. 1995 schrieb ich etwa:

> »Diese Suche [nach dem, was sich wie ein Schatten über [m]ein Leben deckt], hängt natürlich eng zusammen mit der Frage nach der Verbindung zwischen den beiden Wirklichkeiten in mir, der autistischen und der nichtautistischen. Die Antwort ist zunächst sehr einfach: es gibt keine erfahrbare Verbindung. Wie es auch keine erfahrbare Verbindung gibt zwischen Leben und Tod. [...] Dieser autistischen Dualität entspricht eine grundsätzliche Dualität dieser Gesellschaft: der von – wie es in chinesischen Philosophien heißt – Zeichen und Bild. Eine einsame, nicht aus sich heraustretende Welt von Bildern und die Sprache: Zeichen, durch die sich eine (mit-)teilbare Welt erst herstellt. Die Möglichkeiten eines Umgangs in einer solchen Dualität reichen offensichtlich von einem fast vollständigen Verdrängen des Bild-ich aus dem Bewusstsein bis zu einem völlig von der Bilderwelt eingenommenen ich, das keine äußeren Verbindungen mehr kennt« (Seng 1999, 419).

Mit »Bildern« meine ich dabei so etwas wie diese Bilder der chinesischen Philosophie, die Zusammenhänge aufzeigen, wie beispielsweise der I-Ging Text: »Wessen Freunde wenig sind, der ist der Wanderer.« Seit ich Anfang der 2000er Jahre Kontakt mit autistischen Communities aufgenommen habe, hatte ich zahlreiche Gespräche über die Frage, was denn am autistischen Denken spezifisch ist. Eine weitgehende Einigung kann darüber erzielt werden, dass es deutlicher wahrnehmungsbezogen ist als das nicht-autistischer Menschen. Viele autistische Menschen, die ihr Denken reflektieren, nehmen ihr wahrnehmungsnahes Denken neben dem sprachnahen als Teil ihres Bewusstseins wahr; wie zwei Zustände des Denkens, von denen mal der eine, mal der andere dominant ist. Geradezu beispielhaft treten diese Zustände in Temple Grandins Beschreibung eines Beinaheunfalls mit einem Wapiti zutage: als Bilderdenken einerseits und als Reflexion des Bilderdenkens anderseits (Grandin 2000). Die Folgen eines solchen Denkens für die Organisation von Bewusstsein und Un- oder Unterbewusstem beschreibt Temple Grandin in einem anderen Text auf eine Weise, die viele autistische Menschen vergleichbar erleben. Vieles von dem, was bei den meisten Menschen das Un- oder Unterbewusste bildet, erleben sie sehr bewusst (Grandin 2002).

Autistische Denkstile

Ich habe Anfang der 2000er Jahre Kontakt zu autistischen Communities aufgenommen und seit 2009 weit über 100 Workshops für autistische Menschen gegeben, meistens die Workshops »Autistische Fähigkeiten«. Dabei bin ich mit hunderten, ich denke mehreren tausend autistischen Menschen in Kontakt gekommen. Neben meinen eigenen Erfahrungen zu Autismus kenne ich auch die von vielen anderen autistischen Menschen quer durch das gesamte Spektrum. Eine zentrale Erfahrung ist dabei die große Variation innerhalb des Autismus-Spektrums einerseits; andererseits aber auch das gegenseitige Verständnis, von dem Begegnungen zwischen autistischen Menschen geradezu geprägt sind. In Seng (2021) konnte ich diese beiden grundlegenden Erfahrungen auch bei jüngeren autistischen Menschen mühelos herausarbeiten. Beeindruckend ist hier die Tatsache, dass selbst Jugendliche, die zum ersten Mal mit anderen autistischen Gleichaltrigen in einem explizit autistischen Rahmen zusammentreffen, eine Gemeinsamkeit verspüren, die sie ansonsten eher selten erfahren. Dieses Grundgefühl schildert exemplarisch einer der Jugendlichen: »*Und auf einmal wurd' ich sowas von verstanden, es war nix unklar. Also im Autismus, alle Autisten untereinander können sich verstehen, obwohl sie anders formulieren.*« Besonders deutlich wird das in dem Beitrag eines Jugendlichen in einem Workshop »Autistische Fähigkeiten«: »*Ich würde sagen, die Denkweise von uns ist anders als die von anderen. Ich denk viel komplizierter als die, zum Beispiel mein Bruder oder Mutter.*« Mit »wir« sind hier die autistischen Anwesenden gemeint, die der Jugendliche an dem Tag das erste Mal getroffen hatte, mit »die« offensichtlich sein näheres soziales Umfeld.

Auch wenn dieses Gefühl des gegenseitigen Verständnisses die Grundlage der Workshops »Autistische Fähigkeiten« bildet, geht es dort um die Unterschiede zwischen den autistischen Teilnehmenden; genauer darum, das jeweils Spezifische ihres »autistischen Denkens« herauszuarbeiten. Dabei hat sich gezeigt, dass es weniger um Kategorien geht, denen sie zugeteilt werden, als mehr um einen Ort in einem Spektrum autistischen Denkens, das durch eine Reihe von Koordinaten aufgespannt wird. Ich konnte dabei vier solcher Koordinaten herausarbeiten, vier Koordinaten, die sich zuverlässig immer wieder zeigen, die aber nicht die einzigen sind, die in den Workshops gefunden werden können. Diese Koordinaten sind:

a) Sprachnähe bzw. Sprachferne

Dass es im Autismus-Spektrum große Unterschiede in Hinblick auf Sprache gibt, kann ohne weiteres als eine allgemeine Erfahrung bezeichnet werden. Auch wenn

Sprache und Kommunikation zu den Kernbereichen der Autismus-Diagnostik gehören, gibt es autistische Menschen, die ausgesprochen versiert mit ihr umgehen können, während andere nur sehr mühsam einen Zugang zu ihr finden. Das kann sich sowohl auf gesprochene als auch auf geschriebene Sprache beziehen. So spricht etwa Tito Mukhopadhyay nicht, kann aber sein Erleben schriftlich sehr treffend ausdrücken. Sprachnähe und -ferne lassen sich exemplarisch an folgendem Beispiel zweier junger autistischer Erwachsener aufzeigen (Die Beispiele sind in Seng 2021 beschrieben; die Namen sind Pseudonyme):

> »[…] ich les sehr gerne, zumindest Wissenschaft, das sind meine Stärken – und ich les ›Welt der Wunder‹, da drinne steht zum Beispiel mit der Mobbing-Geschichte, diejenigen, die andere ärgern und mobben, das ist von denen eigentlich gar keine Stärke, man fühlt ja immer, oh, die sind stärker, man selbst ist schwächer. Aber es ist genau andersrum: Die ärgern nur, weil sie nichts anderes wissen und damit sie selbst Aufmerksamkeit bekommen.«

Der junge Mann, Timo, benutzt eine ausgefeilte Sprache, um seine Erfahrungen zu analysieren, im Unterschied zu der jungen Frau im Workshop, die spürbare Mühe beim Sprechen hat und ihre Antworten auf das Notwendigste reduziert, wie hier im Gespräch um ein Berufspraktikum:

> Moderator: Aber in dem Bereich, den du auch gelernt hast.
> Hanna: Ja.
> Moderator: Als Bürokraft dann halt eben, ja. Mhm. Da hast du auch Lust zu arbeiten?
> Hanna: Ja.
> Moderator: Und, ähm, ich mein, Bürokraft ist ja auch irgendwie, das ist ja auch ein relativ weites Feld, ne irgendwie –
> Hanna: Ja.
> Moderator: das geht da irgendwie von Leuten, die dann da irgendwo im Vorzimmer sitzen und die ganzen Telefonate annehmen und –
> Hanna: Mhm.
> Moderator: und bis hin zu Leuten, die da dann eben dann auch, was weiß ich, Sachen vorstrukturieren, vorordnen, dies und das machen, irgendwie, ähm. Was würdest du denn da am liebsten machen?
> Hanna: Buchhaltung.
> Moderator: Buchhaltung? Mhm.
> Hanna: Einkauf, Verkauf.

b) Nachvollziehbarkeit einer Erzählendenperspektive

Auch das hat etwas mit Sprache zu tun, nämlich mit indirekten Verweisen, die neben der Perspektive des Geschehenen auch eine oder mehrere Perspektiven eröffnen, aus der das Geschehen dargestellt wird. Deutlich wird diese Schwierigkeit etwa in folgendem Dialog um ein YouTube-Video:

> Pascal: Ich hab übrigens auch mal ein Video gesehen, da waren zwei Autos, die haben sich um eine Autospur gestritten, also eine Spur da auf der Straße, obwohl dahinter eigentlich noch Platz war und die anderen immer so tuff, tuff gegeneinander gestoßen und so. Es war voll komisch. Ich frag mich, was es nützt. Da sollte der eine den andern da vorlassen. Das ist sinnlos.
> Josefine: War wahrscheinlich auch witzig gemeint von dem, der das Video gemacht hat.
> Pascal: Wie jetzt?

Josefine: Ja, also halt so als Witz, als Witz über diese Autofahrer, die meinen, »Oh mein Gott, Ampel wird grün, ich muss jetzt unbedingt losfahren«. Also diese Autofahrer, die halt immer versuchen, anderen die Vorfahrt zu nehmen oder so.
Pascal: Also so war's nicht so ganz, die warn auf ner Straße, so ner ganz langen Straße eben, Autobahn. Und die haben sich einfach um die Spur gestritten, wer da fahren soll, nicht um ne Ampel oder so. Und, naja, also ich glaub nicht, dass es auf jeden Fall den Leuten, die sich gestritten haben, Spaß gemeint war, weil sie sich ja rammen, dann geht das Auto ja auch ein bisschen kaputt.

Interessant ist dabei, dass Pascal selbst Videofilme anfertigt, aber dennoch die Perspektive des Videoerstellers für unplausibel hält, wenn sie sich zu sehr vom Dargestellten entfernt. In diesem Beispiel ist auch gut zu erkennen, wie diese Perspektivverschiebung mit einer metaphorischen Verschiebung (Autobahn zu Ampel) einhergeht, die Pascal ebenso wenig nachvollziehen kann.

c)   Objekt und Struktur

Eine interessante Beobachtung zum autistischen Denken ist, dass recht früh, etwa bei Leo Kanner (1943) oder Uta Frith (1968), autistisches Denken mit einer besonderen Affinität für Muster in Verbindung gebracht wurde, während Temple Grandin autistisches Denken zunächst als Bilderdenken charakterisiert. In den Workshops »Autistische Fähigkeiten« mache ich immer wieder die Feststellung, dass ein Teil der Teilnehmenden über ein auffallendes Auffassungsvermögen oder Gedächtnis für Bilder oder bildhafte Inhalte verfügt, ein anderer eine nicht minder auffallende Fähigkeit zur Erkennung und Verarbeitung von Mustern zeigt. Darüber hinaus gibt es aber auch immer wieder Teilnehmende, die in dieser Beziehung nicht klar zuordenbar sind; nicht selten sind es Teilnehmende mit einer spürbaren Tendenz zu synästhetischer Wahrnehmung. Eine Affinität zu Bildern lässt sich etwa in Hannas Beschreibung ihres Orientierungssinns ablesen: »Ich kann mir Wege merken im Kopf; ich brauch kein Navi, ich find den Weg überall hin. Also ich brauch so keine Karte, wenn ich wo irgendwo hin will. Kenn den, fahr den Weg einmal nach, brauch dann kein Navi mehr.« Aber auch die Beschreibung eines jugendlichen Camp-Teilnehmenden zeigt so eine Affinität: »Wenn man halt Autist ist, dann hat man quasi seine eigene Gedankenwelt und macht sich sein eigenes Gedankenbild.« Dieses Denken in Bildern hat den Fokus auf einzelne Objekte, die die betreffenden Menschen in Gedanken »sehen«. Es ist häufig mit einem guten Gedächtnis für Objekte und ihre Lage im Raum verbunden. Dagegen steckt hinter Timos analytischer Sprache ein Denken, das weniger auf einzelne Objekte, sondern eher auf Zusammenhänge fokussiert ist. Auch ein weiterer Teilnehmer des Camps, Jonas, hat einen deutlichen Fokus auf Zusammenhänge und Muster: »Schlussendlich sich so in jeder Schicht [...] viele verschiedene Grüppchen bilden und es bei mir immer darauf geachtet wird, [...] dass es eine isolierte Zone gibt, also dass es, dass ich nicht als normal angesehen werde.« Ein Denken, das sich eher an Mustern als an Bildern orientiert, hat häufig auch einen intuitiven Zugang zu funktionalen Zusammenhängen, die hier ein Jugendlicher seinen Zugang zu Serverproblemen beschreibt: »Ich sag mal eigentlich eher intuitiv, also es ist eher so [...] eher individuell, was dann halt einfach passiert und dann guck ich halt, was könnten die Ursachen sein?«

Generell liegen die Stärken eines solchen Denkens eher in der Analyse von Sachverhalten als in einem guten Gedächtnis.

d) Hören und Sehen

Nicht selten wird das wahrnehmungsbezogene Denken vorrangig einer bestimmten Wahrnehmung zugeordnet, meistens dem Sehen oder dem Hören, aber immer wieder auch körperbezogenen Wahrnehmungen; eher selten dem Riechen. Aber ich habe immer wieder auch Teilnehmende an den Workshops »Autistische Fähigkeiten«, denen eine klare Zuordnung schwerfällt; nicht selten haben sie dann auch ein synästhetisches Wahrnehmungserleben. Josefine fällt in einem Workshop mit einer ausgesprochen bildreichen Sprache mit viel wörtlicher Rede auf; interessant ist, dass ihr das Reden, insgesamt die mündliche Kommunikation deutlich leichter fällt als die schriftliche: »[I]ch wollte nen Text schreiben, son Satz wie ›Die Katze jagt den Hasen‹ und dann stand da am Ende ›D K ja d H‹ und weil ich halt so in Gedanken war, dass ich die Wörter nie ausgeschrieben hab, sondern in einer Weise Anfänge Ende von den Sätzen zusammengemischt hab, weil ich war eigentlich noch mit der Hand beim Schreiben von ›Die Katze‹ war, aber in Gedanken schon längst, ›Was passiert dann mit dem Hasen?‹« In dieser Schilderung ist der Konflikt erkennbar zwischen dem linearen Text, wie ihn Josefine hört, und den Bildern, die der Text bei ihr hervorruft. Am Ende steht eine schriftliche Darstellung, die wie ein Bild alle Bestandteile (praktisch) gleichzeitig beinhaltet. Das erinnert mich an einen jungen Mann, der mir gesagt hat, dass er deswegen nicht schreiben konnte, weil seine Hand jedes Mal, wenn sie sich mit einem Stift dem Papier nähert, instinktiv zu zeichnen beginnt. Doch bei Josefine geht es nicht um Bilder in diesem Sinne, es geht um das Hören. Das wird deutlich im Unterschied zu Henning, der ebenfalls eine deutliche Affinität zu konkreten Bildern zeigt: »[...] wo man quasi reinkommt ist ein Flur, da geht es links die Treppe hoch und rechts ist dann nochmal ne Zwischentür, wo es dann zur Küche und zum Wohnzimmer und so geht. Und in der Küche war auch noch ne Tür.«

Diese Koordinaten sind allerdings nur als ein vermutlich vorläufiges Modell zu verstehen, mit dem ich versuche, in den Erfahrungen, die ich in solchen Workshops und in Gesprächen in autistischen Selbsthilfezusammenhängen mache, Muster zu finden. Insbesondere sind diese Koordinaten nicht unabängig voneinander. So sind ein Denken in Bildern und eine Dominanz der visuellen Wahrnehmung oft miteinander verbunden ebenso wie ein spürbarer Aufwand oder eine Anstrengung bei der Übersetzung der Gedanken in Sprache. Insgesamt denke ich, dass ich hier lediglich an der Oberfläche kratze von etwas, was das Potenzial zu einem interessanten Forschungsfeld hat mit einem guten Anteil Grundlagenforschung.

Eine schematische Darstellung der Koordinaten. Sie sind nicht als unabhängige Koordinaten zu verstehen. So geht ein Bilderdenken oft mit einer visuellen Präferenz einher, kann aber auch mit einer Präferenz für das Hören einhergehen.

I Sozial- und erziehungswissenschaftliche Perspektiven

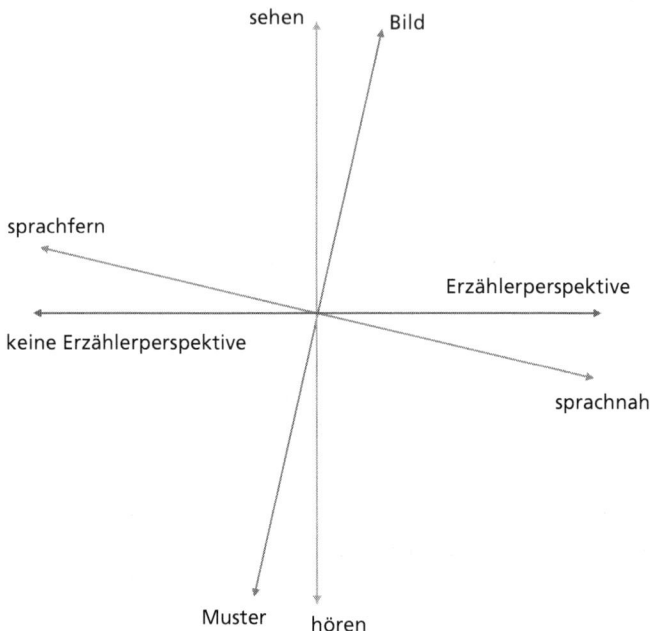

Abb. 12: Schematische Koordinatendarstellung autistischer Denkstile

Was ist Denken, was ist Wirklichkeit?

Die hier beschriebenen Beispiele zeigen auch, dass von der eigenen Wahrnehmung und dem eigenen Denken abhängt, was Menschen als ihre Wirklichkeit erleben. Dass autistische Menschen ihre spezifischen Erfahrungen als ein Leben in unterschiedlichen Welten wahrnehmen (Preißmann 2018), wird in zahllosen biographischen Darstellungen beschrieben. Autistischen Menschen scheint dieser Umstand bewusst zu sein und dieses Bewusstsein alleine bildet eine Grundlage für ein umfassendes gegenseitiges Verständnis trotz unterschiedlich erlebter Wirklichkeiten. Das Erleben dieser getrennten Wirklichkeiten geht einher mit dem Erleben zweier Selbstwahrnehmungen, die nur schwer zur Deckung gebracht werden können, und einem getrennten Denken, als ein sprachliches und eines, das den Wahrnehmungen und ihrer Verarbeitung nahe ist. Sprachliches Denken ist eines, das davon geradezu getrieben ist, Gesamtzusammenhänge zu bilden, in die wahrgenommenen Details eingebettet werden. Es gibt dabei nichts, was sich diesem sinnstiftenden Kontext entziehen könnte. Das geht so weit, dass auf dem Höhepunkt westlicher Philosophien die These steht, außerhalb der Sprache gäbe es keine Wirklichkeit, oder, wie Ludwig Wittgenstein es formuliert, »Die Grenzen meiner Sprache bedeuten die Grenzen meiner Welt« (Wittgenstein 1922, Satz 5.6). Dabei kann die Welt auch jenseits der Sprache erlebt und erfahren werden; dann allerdings eher fragmentiert und nicht mehr als etwas Ganzes.

Autistische Menschen erleben in aller Regel keine solche – fast schon absolute – Dominanz der Sprache. Ihr Denken schließt vielmehr wahrnehmungsbezogene Aspekte ein, wobei es sich nicht nur um visuelle Wahrnehmungsaspekte handelt. Das von Temple Grandin vorgeschlagene Modell von Denken in Bildern oder Mustern scheint zu einfach zu sein, um die tatsächlich vorhandene Vielfalt autistischen Denkens beschreiben zu können. Ein Weg, um hier weiterzukommen, ist, Wahrnehmungsverarbeitungen als Zeichensysteme zu verstehen. Wahrnehmungsverarbeitung bedeutet ja nichts weiter als aus einer Abfolge von Reizen einen – zumindest partiellen – Gesamtzusammenhang zu erschließen, in dem sie als etwas gedeutet werden können, das beispielsweise bestimmte Handlungen veranlasst. So ein Zusammenhang lässt sich als ein System von Bezügen verstehen, als eine Welt aus Symbolen. Interessanterweise ist ein solches Verständnis nicht weit von aktuellen neurobiologischen Modellen über die Funktionsweise des Gehirns entfernt, insbesondere von denen als neuronale Netzwerke.

Der Zusammenhang der visuellen Wahrnehmung ist zweifellos der Raum: Eine Struktur der Wirklichkeit, in der Objekte erscheinen, die sich durch Ränder und Oberflächen von ihrer Umwelt abgrenzen und damit eine klare Unterscheidung zwischen innen und außen nahelegen. Obwohl Mathematik und Physik deutlich zeigen, dass Wirklichkeit ganz anders strukturiert ist, nämlich fraktal, ohne Rand und ohne klare Unterscheidung von innen und außen, hat diese Struktur der Wirklichkeit eine hohe Überzeugungskraft. Die grundlegende Struktur der auditiven Wahrnehmung ist dagegen die Zeit. Ihre Wirklichkeit ist von Wiederholungen geprägt, in der Regel nicht des Gleichen, aber des Ähnlichen. Es ist eine Wirklichkeit, die deutlich mehr als die visuellen Erinnerungen und Emotionen anspricht, da die visuelle Wahrnehmung immer eine Wahrnehmung aus einer Distanz ist. In diesen beiden Wirklichkeitsstrukturen sind die Dualitäten erkennbar, die die modernen Naturwissenschaften und auch die Philosophie durchziehen, die von Objekt, Materie oder Raum einerseits und Struktur, Energie oder Zeit andererseits. Dass sich diese Dualitäten nicht zu einem konsistenten Ganzen zusammenfügen lassen, ist eine der wohl prägnantesten philosophischen Konsequenzen der Erkenntnisse der modernen Mathematik und Physik.

So bilden sich in den oben genannten Kategorien Objekt/Struktur und Hören/Sehen die grundlegenden Dualitäten der Physik (Raum/Zeit, Energie/Materie) und der Mathematik (Menge/Relation, konstruktiv/formalistisch) ab. Dieser Befund verweist also auf eine grundlegende Organisation der Wahrnehmung und damit der Welt, wie sie autistische und nicht-autistische Menschen erleben. Die Unterschiede betreffen weniger die erlebte Welt selbst als vielmehr die eigene Stellung und die eigene Perspektive darin. Aus der Perspektive eines wahrnehmungsbezogenen, insbesondere visuellen, Denkens erscheint Sprache als etwas Befremdliches und Sperriges. Sie vermag es dann nicht, die inkonsistenten Aspekte der verarbeiteten Wahrnehmungen als etwas Ganzes erscheinen zu lassen. Gemäß der Analysen Jacques Lacans setzt eine solche Konsistenz voraus, das eigene Spiegelbild mit einem Symbol zu verknüpfen, das exemplarisch für diese Ganzheit und Abgeschlossenheit steht (Lacan 1964, »Vom Blick als Objekt klein a«, 71 ff.); eine Verknüpfung, die über die grundlegende Inkonsistenz der verarbeiteten Wahrnehmung hinwegtäuscht und daher der Bestätigung durch das eigene soziale Umfeld bedarf (Lacan 1945; Seng 2013, 55 ff.). Claude Lévi-Strauss schreibt: »Wie die Sprache ist das Soziale eine (und zwar dieselbe) autonome Realität; die Symbole sind realer als das, was sie symbolisieren, der Signifikant geht dem Signifikat voraus und bestimmt es« (Lévi-Strauss 1950, 26). Das funktioniert nur zum Teil und oft auf eine andere Weise, wenn das sprachliche Denken seine Dominanz nicht behaupten kann und eher wahrnehmungsbasierte Aspekte des Denkens die Inkonsistenz der Wirklichkeit immer wieder ins Bewusstsein rufen. So schreibt Temple Grandin über Tito Mukhopadhyay: »Er erinnerte sich, wie er sich in einem Spiegel anstarrte und versuchte, seinen Mund zu Bewegungen zu zwingen. ›Alles was das Bild tat, war zurück zu starren‹, schrieb Tito. Er nahm eine Dritte-Person-Perspektive ein, was die nicht bestehende Verbindung zwischen seinem Verhaltens-Selbst und seinem reflektierenden Selbst unterstrich« (Grandin 2014, 79). Auch ich kann mich an eine ähnliche Szene aus meiner Jugendzeit erinnern, als ich im Spiegel ein fremdes Gesicht sah und den Gedanken hatte, dass das nicht stimmen konnte – da war ich dreizehn oder vierzehn Jahre alt. Tito kennt aber andere Strategien, eine Ganzheit herzustellen: »Er sah sich selbst in Stücken, ›wie eine Hand oder ein Bein‹ und er sagte, der Grund, warum er sich in Kreisen drehte war, dass er so »seine Teile zu einem Ganzen zusammenfügen« konnte« (ebd.). Auch mir als hochfunktionalen und sprachgewandten Autisten ist die Erfahrung nicht unbekannt, durch rhythmische Bewegungen die eigene Ganzheit erleben zu können. Ein Streben zur Ganzheit und damit auch zur Sprache scheint weitgehend allen Menschen gemeinsam zu sein, auch autistischen. Christel Manske beschreibt es in dem Satz: »Der Entwicklungsverlauf eines Kindes vom Empfinden zum Wahrnehmen, vom Wahrnehmen zum Erinnern, vom Erinnern zum Denken gilt für jeden Menschen ohne Ausnahme« (Manske 2020, 186). Unterschiede bestehen in der Art und Weise, wie sich dieses Streben in einem Leben, einer konkreten Biographie, umsetzt.

Ein sprachdominiertes Denken lässt nur ein Bewusstsein zu, das sich ganz in diesem sprachlichen Zusammenhang befindet; das restliche Denken ist Angelegenheit des Un- und Unterbewussten, das sich in Träumen oder ungewollten – irrtümlichen – Äußerungen versucht, in die Wirklichkeit zu holen. Dass autistischen Menschen vieles bewusst ist, was bei anderen Menschen eher unterbewusst stattfindet, ist eine Hypothese, die häufig geäußert wird, etwa zum Erlernen der »Theory of Mind« (Frith 2019). Sie passt durchaus zu dem, wie viele autistische Menschen sich selbst erleben, und hat ein hohes Erklärungspotenzial, vor allen Dingen, wenn sie so verstanden wird wie Temple Grandin das Bewusstsein von Säugetieren (und autistischen Menschen) analysiert (Grandin 2002). Tatsächlich ist die Ansicht, abstrahierendes oder analytisches Denken sei zwangsläufig ein sprachliches Denken, weit verbreitet. Gerade nicht-sprechende autistische Menschen zeigen aber, dass auch nicht-sprachliche Formen des Denkens zu solchen Leistungen fähig sind. Diese Formen sind bei den meisten Menschen im Unter- und Unbewussten verborgen und werden daher als Gegensatz des Bewusstseins wahrgenommen. Die der griechischen Antike nachfolgenden Kulturen haben sich ganz dem Bewusstsein verschrieben und damit das Un- und Unterbewusste zu einem Gegensatz von Kultur und Zivilisation gemacht. Georg Picht schreibt über diese Überhöhung des Subjekts: »Stellen wir aber diese Identität [des Subjekts mit sich selbst] in Frage, so verliert der Begriff des Subjektes überhaupt seinen Sinn. Wir verwandeln uns dann von Subjekten wieder in Menschen und befinden uns so mit einem Schlage wieder in der wirklichen Geschichte« (Picht 1993). Autistische Menschen, denen vieles bewusst ist, was bei den meisten Menschen das Unterbewusste bildet, werden daher leicht mit entsprechenden Vorurteilen belegt. Während üblicherweise das Verhaltens-Selbst das Bewusstsein (inklusive der Emotionen) repräsentiert und das reflektierende Selbst im Un(ter)bewussten verborgen bleibt, ist letzteres für autistische Menschen das eigentliche Selbst, während sie sich durch die Beurteilung ihres Verhaltens verkannt fühlen.

Eine normative Sicht auf das Spektrum unterschiedlicher Denkstile ist nach wie vor verbreitet. In Hinblick auf das In-der-Welt-Sein von Menschen wird dabei eine Norm postuliert, die sich kulturell entwickelt hat und in dieser Entwicklung neben ihren Stärken auch schwerwiegende Schwächen zeigt. So ist die zunehmende Entfremdung von anderen Menschen, Kulturen und auch der Natur eine Entwicklung, die durchaus auf eine Entfremdung von der eigenen Wahrnehmung zurückgeführt werden kann. In weiten Bereichen der traditionellen Autismusforschung ist diese normative Perspektive durch eine Methodik verankert, die Abweichungen von Kontroll- oder Vergleichswerten im Visier hat. In einer neurodiversen Perspektive, die die offensichtliche Erfahrung einer Vielfalt im Denken und Erleben zu ihrer Grundlage erhebt, wird nicht nur diese Vielfalt erkenn- und verstehbar. Hier wird überhaupt erst der Rahmen geschaffen, in dem sie sich entwickeln kann, in jeder einzelnen Biographie, oder in den Worten von Christel Manske: »Herrschaft und Unterdrückung lösen sich im klaren tiefen Wasser des gemeinsam geteilten Sinns zwischen Lehrerin und Schülerin auf wie Salz und Zucker. So mit wechselseitiger Anerkennung aufgeladen, prallen Lehrerin und Schülerin gegen das herrschende System. Dieser Zusammenprall setzt die Ereignisenergie frei, die eben noch in einem Zustand der versteinerten Selbstverständlichkeiten eingeschlossen war« (Manske 2020, 15 f.).

Literatur

Asperger, H. (1944). Die ›Autistischen Psychopathen‹ im Kindesalter. *Archiv für Psychiatrie und Nervenkrankheiten 117*, 76–136.
Feuser, G. (2001). Autismus – Eine Herausforderung des Mitmensch-Seins. Vortrag anläßlich der Jubiläumsveranstaltung 25 Jahre ›Hilfe für das autistische Kind‹ am 03.03.2001. https://userpages.unikoblenz.de/~proedler/gf-aut-mitmensch.htm. Frankfurt/Main.
Frith, U. (1968). *Pattern detection in normal and autistic children* (PhD thesis). Institute of Psychiatry.
Frith, U. (2019). Die Welt mit anderen Augen sehen (Abstract zu einem Vortrag). In Wissenschaftliche Gesellschaft Autismus-Spektrum e.V. (Hrsg.), *Tagungsband der 12. Wissenschaftlichen Tagung Autismus-Spektrum* (21). Berlin.
Grandin, T. (1995). *Thinking in Pictures: My Life with Autism*. Doubleday.

Grandin, T. (2000). *My Mind is a Web Browser: How People with Autism Think.* Cerebrum, 2000, Winter Vol. 2, Number 1, 14–22.

Grandin, T. (2002). Do Animals and People with Autism Have True Consciousness? *Evolution and Cognition*, 2002, Vol. 8, 241–248.

Grandin, T. & Panek, R. (2014). *The Autistic Brain – (Helping Different Kinds of Minds Succeed).* Mariner books.

Holiga, Š., Hipp, J. F., Chatham, C. H., Garces, P., Spooren, W., D'Ardhuy, X. L., Bertolino, A., Bouquet, C., Buitelaar, J. K., Bours, C., Rausch, A., Oldehinkel, M., Bouvard, M., Amestoy, A., Caralp, M., Gueguen, S., Ly-Le Moal, M., Houenou, J., Beckmann, C. F., … Dukart, J. (2018). *Reproducible functional connectivity alterations are associated with autism spectrum disorder.* Preprint: http://dx.doi.org/10.1101/303115

Kanner, L. (1968). Autistic disturbances of affective contact. *Nerv Child*, 2, 217–250, 1943. Hier: Reprint, *Acta Paedopsychiatrica*, 35(4), 100–136.

Lacan, J. (1945). *Die logische Zeit und die Assertion der antizipierten Gewißheit. Ein neues Sophisma.* In Schriften III, Walter-Verlag (1980), S. 101–122.

Lacan, J. (1964). *Das Seminar Buch XI: Die vier Grundbegriffe der Psychoanalyse.* Walter-Verlag (1978).

Lévi-Strauss, C. (1950). Einleitung in das Werk von Marcel Mauss. In M. Mauss (1978), *Soziologie und Anthropologie Band I* (S. 7–42) übersetzt von Henning Ritter. Ullstein.

Manske, C. (2020). *Inklusion: Das Ende vom Anfang?* Lehmanns media

McIlroy, A. (2011). *The autistic advantage: Montreal team taps researchers' potential.* In »The Globe and Mail, 2.11.2011. https://www.theglobeandmail.com/life/health-and-fitness/the-autistic-advantage-montreal-team-taps-researchers-potential/article4182520/

Simard, I., Luck, D., Mottron, L., Zeffiro, T. A. & Soulières, I. (2015). Autistic fluid intelligence: Increased reliance on visual functional connectivity with diminished modulation of coupling by task difficulty. *NeuroImage: Clinical.* Vol. 9, 467–478.

Picht, G. (1993). *Gegenwart und Geschichte.* Klett-Cotta.

Preißmann, C. (2018). *Asperger – Leben in zwei Welten.* Trias.

Seng, H. (2021). *er/es* (5. Aufl.). autSocial e.V.

Seng, H. (2013). *Wundersame Fähigkeiten* (2. Aufl.). autSocial e.V.

Seng, H. (2021). *Autistisches Erleben. Eine Annäherung aus lebensweltlicher Perspektive.* Psychosozial-Verlag.

Sinclair, J. (1992). *Being autistic together.* https://dsq-sds.org/article/view/1075/1248

Theunissen, G. (2014). *Menschen im Autismus-Spektrum.* Kohlhammer.

Theunissen, G. (Hrsg.) (2016). *Autismus verstehen. Außen- und Innensichten.* Kohlhammer.

Wittgenstein, L. (1922). *Tractatus logico-philosophicus.* Kegan.

II (Schul-)Pädagogik und Neurodiversität

Gelingensbedingungen für eine neurodiversitätssensible Schule – Eckpunkte für pädagogisches Handeln

Lukas Gerhards

Einleitung

Neurodiversität beschreibt die biologische Tatsache, dass individuelle neuronale Eigenschaften eines jeden Menschen Teil einer natürlichen Variation sind (Walker 2014). Diese Tatsache anzuerkennen und darauf aufbauend Gesellschaften und Institutionen zu gestalten, muss essenzieller Teil von Inklusionsbestrebungen sein. Schulen stehen bei diesen Bestrebungen als öffentliche Institutionen und zentrale Instanzen des gesellschaftlichen Zusammenlebens in besonderem Blickpunkt. In diesem Beitrag soll anhand einiger exemplarischer Betrachtungen ergründet werden, was Neurodiversitätssensibilität im Kontext Schule bedeutet. Die Einstellungen und Handlungen des pädagogischen Personals bilden dabei die entscheidende Grundlage für den Erfolg neurodiversitätssensibler Bestrebungen. Um Kernaspekte für die Gestaltung einer neurodiversitätssensiblen Schule ableiten zu können, fokussiert dieser Beitrag auf folgende drei Kerndimensionen: (1) Schule als Ort sozialer Begegnung, (2) Schule als Ort professionellen Handelns und (3) Schule als Ort des Lernens.

In Anbetracht der Marginalisierung und Diskriminierung, die neurodivergente Personen in der Gesellschaft erfahren, ist die Perspektive neurodivergenter Forscher*innen und Autor*innen von besonderer Bedeutung. Dieser Text versucht, dem Rechnung zu tragen, indem Grundbegriffe und Konzepte soweit möglich in Bezug auf die Arbeit von neurodivergenten Autor*innen verwendet werden. Die Kernbegriffe Neurodiversität – als die biologische Tatsache einer menschlichen Variation –, Neurodiversitäts-Paradigma – als Perspektive, nach der neurodivergente Menschen einer vulnerablen Gruppe angehören, welche oftmals marginalisiert wird –, neurodivergente Person – als eine Person, deren neuronale Funktion signifikant von der der neurotypischen Mehrheitsgesellschaft abweicht – und Neurominderheit – als Gruppe von neurodivergenten Menschen, deren neuronale Funktion in untereinander ähnlicher Weise von der der neurotypischen Mehrheitsgesellschaft abweicht, beispielsweise Autist*innen –, werden im Bezug zu Nick Walker (2014) verwendet. Es sei an dieser Stelle auch darauf verwiesen, dass diese Definitionen temporär angelegt sind, da – wie Chapman (2020a) feststellt – Neurodiversität ein Begriff im stetigen Wandel ist und derzeit vornehmlich als epistemisches Konzept zu verstehen ist.

Ferner ist Neurodiversität als weitere Dimension in der Diskussion um Inklusion und Teilhabe zu verstehen. Sie kann in einer Linie mit den Differenzkonstruktionen von Race, Class & Gender als soziale Kategorie gesehen werden (Hujig 2020; Graby

2015; Singer 1999). Dabei ist zu beachten, dass es – wie bei den zuvor genannten anderen sozialen Kategorien auch – keine homogene Gruppe von neurodivergenten Personen gibt. Auch Neurominderheiten zeichnen sich durch große interne Heterogenität aus (Hipólito et al. 2020). Ebenso sind intersektionale Prozesse zu beachten (bspw. Yergeau 2018). Die Verwirklichung der Absicht neurotypischer Personen und Institutionen, neurodiversitätssensibel zu handeln, setzt daher zwingend die Anerkennung der individuellen Gegebenheiten voraus. Im Sinne der in der UN-BRK formulierten Ansätze zur Entwicklung einer inklusiven Gesellschaft müssen dementsprechend Teilhabemöglichkeiten und Barriereabbau individualisiert erkundet werden. Konkrete Maßnahmen hierzu sollten vorzugsweise in community based participatory research-Ansätzen (AASPIRE 2020; Lindmeier & Richter 2020) weiterentwickelt werden, bei denen neurodivergente Personen direkt am Forschungsprozess beteiligt sind. Im Kontext Schule muss das übergreifende Ziel immer sein, die Neurodiversität der Schüler*innen anzunehmen, um den einzelnen neurodivergenten Individuen ein möglichst barrierearmes Umfeld zu ermöglichen und Teilhabe und letztendlich Inklusion zu verwirklichen. Dieser Beitrag bezieht sich dabei vornehmlich auf die Bedürfnisse von neurodivergenten Schüler*innen.

Grundlegende Modellverständnisse und Neurodiversität

»Die Klassifikation von Autismus als Normabweichung legt einen Fokus auf die behinderten Aspekte, während die Aspekte der Fähigkeiten und Potentiale in einem autistischen Leben nicht zum Tragen kommen. Hier kommt nicht selten eine sich selbst erfüllende Prophezeiung zum Vorschein, dass nämlich Menschen, die als behindert klassifiziert werden, auch behindert erscheinen« (Seng 2015).

Als Ausgangspunkt der Betrachtungen zu Umsetzungsmöglichkeiten einer neurodiversitätssensiblen Schule müssen Modellverständnisse von Behinderung auf ihre Vereinbarkeit mit dem Neurodiversitäts-Paradigma überprüft werden. Dabei sind die Begriffe Behinderung und Neurodiversität keinesfalls gleichzusetzen. Im gesellschaftlichen Erleben von behinderten Menschen und neurodivergenten Personen zeigen sich jedoch viele Parallelen, so dass die Modellvorstellungen in diesem Kontext eher als Außenperspektiven auf Personen, die von der normativen Mehrheitsgesellschaft abweichen, zu verstehen sind.

Das bei den handelnden Personen vorherrschende Modellverständnis von Behinderung bildet die Grundlage schulischer Inklusionsbestrebungen im Sinne von Artikel 24 der UN-BRK (United Nations 2006). Selbst wenn eine grundsätzlich positive Einstellung gegenüber der Inklusion von neurodivergenten Personen vorausgesetzt wird, zeigen sich praktische Unterschiede in den Denk- und daraus folgend den Handlungsweisen, je nachdem welches Modellverständnis den Bestrebungen zugrunde liegt. Entsprechend sollten im Kontext einer neurodiversitätssensiblen Schule die zugrundeliegenden Modellvorstellungen kritisch reflektiert und die damit verbundenen Implikationen bewusst gemacht werden.

An dieser Stelle sollen das medizinische und das soziale Modell aus der Perspektive des Neurodiversitäts-Paradigmas betrachtet werden, da sie über viele Jahrzehnte die Sicht auf Abweichung und Behinderung geprägt haben. Anschließend wird mit dem Value-Neutral-Model (Barnes 2016) eine mögliche Alternative vorgeschlagen.

Das medizinische Modell spiegelt sich in Veröffentlichungen wie der ICD oder dem DSM wider. Dabei wird Behinderung im Allgemeinen als negative Abweichung von der menschlichen Spezies betrachtet (Savulescu & Kahane 2011). Sie wird somit als persönliche Tragödie charakterisiert, wodurch Unterstützungsmaßnahmen zu einem Akt des Mitleids werden, welche eine eindeutige Hierarchie und eine implizite Wertigkeit ausdrücken. Diese Sichtweisen können im Kontext von Krankheit und Therapien eine wichtige Perspektive darstellen. Da es sich bei Neurodiversität jedoch nicht um Erkrankungen handelt, sind diese Perspektiven an dieser Stelle für die Betroffenen schädlich. Medizinische Betrachtungsweisen teilen binär in Norm und Abweichung, Funktion und Dysfunktion, anders gesagt: gut und schlecht ein. Neurodiversität wird daher nicht als menschliche Variation, sondern als negative Abweichung gesehen, welche nach Möglichkeit geheilt oder verhindert werden soll.

Eine Möglichkeit, dieser diskriminierenden Perspektive zu begegnen, bietet das soziale Modell. Dabei wird der Fokus weg von den individuellen Voraussetzungen, hin zu einer Betrachtung von Behinderung als Resultat von äußeren Umständen gelegt (Goodley 2016). Konkreter ist Behinderung das Resultat des Lebens in einer ableistischen Gesellschaft (Chapman 2020b). Im Kontext von Neurodiversität rückt somit der Abbau von Barrieren in den Vordergrund, welche das Leben in der Gesellschaft erschweren. Allerdings erschließt sich Behinderung weiterhin in einem binären Sinne als Normabweichung, was zu einem Rückfall in eine Betrachtung von Funktion und Dysfunktion führen kann (Barnes 2016). Dies steht im klaren Konflikt mit den Zielen und Denkweisen des Neurodiversitäts-Paradigmas. Aus dem sozialen Modell heraus motivierte Handlungen zum Barriereabbau bilden also eine Annäherung, betreiben jedoch weiterhin Othering[10], was neurodivergente Personen wiederum in eine vulnerable Position, quasi als »Opfer der Umstände« bringt. Das Individuum wird somit weiterhin problematisiert, anstatt Handlungen im Sinne eines globalen Inklusionsverständnisses anzustreben.

Ein Verständnis von Diversität als Normalität wird im Allgemeinen zusätzlich dadurch erschwert, dass mit Neurodivergenz durch die Verwendung als politischer Begriff seitens neurodivergenter Autor*innen Abgrenzung betrieben wird. Im Kontext der Autor*innenschaft und der angestrebten Ziele der Vertreter neurodivergenter Gruppen ist diese Verwendung an sich legitim, da damit Empowerment einhergeht. Zur weiteren Vertiefung dieser Perspektive sei auf Mai-Anh Bogers Arbeit zum Trilemma der Inklusion verwiesen (Boger 2019a, 2019b, 2019c). Im

---

10 Othering meint die Verbesonderung von Personen durch eine konstruierte Norm. Es wird zwischen »Normal« und »Unnormal« unterschieden. So werden Unterschiede betont und schließlich reproduziert.

praktischen Kontext neurotypisch-normativer Institutionen wie Schulen ist eine solche Betonung der Unterschiede jedoch kritisch, da die Unterschiedlichkeit der Schüler*innen leicht in einer Wertung endet.

Einen Ansatz, sich aus der hierarchisierenden Betrachtung zu lösen, bietet das Value-Neutral Model, wie es (Barnes 2009) im Kontext von körperlicher Behinderung beschrieben und Chapman (2020b) auf den Bereich der Neurodiversität erweitert hat. Dieses Konzept stellt das Wellbeing (Wohlbefinden) als zentrale Kategorie in der Betrachtung der Lebensumstände heraus. Es unterscheidet zwischen lokalem und globalem Wellbeing. Globales Wellbeing beschreibt dabei die Gesamtumstände, quasi alles in allem, während lokales Wellbeing die situativen Umstände an einem bestimmten Ort zu einer bestimmten Zeit beschreibt. Dadurch können Dinge sich gleichzeitig lokal negativ, jedoch global positiv auswirken und umgekehrt. Wenn man zum Beispiel früh aufsteht, um Sport zu machen, könnte das frühe Aufstehen lokal negativ, jedoch die Auswirkungen global positiv sein (Chapman 2020b). Behinderung, bzw. die daraus folgenden Konsequenzen aus der Umwelt, wirken sich nach diesem Ansatz häufig lokal negativ aus. Dies muss sich jedoch nicht notwendigerweise negativ auf das globale Wellbeing auswirken. Im Gegenteil beschreibt er, dass das bloße Vorhandensein einer Behinderung keine Auswirkungen auf das globale Wellbeing haben sollte und somit in diesem Kontext neutral ist. Unter dieser Annahme kann sich auf die Verbesserung des lokalen Wellbeings fokussiert werden, ohne dass einem behinderten Individuum aus einem Gefühl des Mitleids begegnet werden muss. Der Autist Naoki Higashida beschreibt dazu Folgendes: »In unserer Gesellschaft zu funktionieren ist schwierig für neurodivergente Personen (neuro-atypicals), aber Schwierigkeiten zu begegnen ist nicht das gleiche wie unglücklich zu sein« (übers. Higashida 2018; Chapman 2020b). Das Ziel ist somit wie bei jedem anderen Menschen auch, die Umstände so zu verändern, dass sich das lokale Wellbeing verbessert.

Im Kontext Schule bedeutet dies den individualisierten Abbau von Barrieren, in der gleichen Denkweise, wie für alle Kinder Barrieren abgebaut werden sollten. Kann beispielsweise ein Kind in der letzten Reihe die Schrift an der Tafel nicht lesen, würden die meisten Lehrkräfte in einer ersten spontanen Reaktion diese Barriere abbauen, indem sie das Kind nach vorne setzen oder größer an die Tafel schreiben, unabhängig von einer möglichen zugrundeliegenden Sehschwäche des Kindes. Der Grund dafür, dass vergleichbare spontane Barrierenreduktionen bei neurodivergenten (z. B. autistischen) Kindern eher selten vorkommen, ist oftmals schlicht fehlendes Wissen, um diese Barrieren und die Möglichkeiten sie zu reduzieren.

Diesem Mangel zu begegnen ist insofern besonders herausfordernd, dass Neurominderheiten in sich eine große Heterogenität aufweisen und Barrieren individualisiert betrachtet werden müssen. So beschreibt beispielswese Melissa Anderson-Chavarria im Predicament-Model of Autism diese Heterogenität, indem sie situativ die individuellen Gegebenheiten hervorhebt, welche das Erleben des eigenen Autismus bestimmen (Anderson-Chavarria 2021).

Schule als Ort sozialer Begegnungen

Wie bereits zu Anfang erwähnt, leiten sich aus den unterschiedlichen Modellvorstellungen praktische Handlungsunterschiede ab. Diese im Sinne einer neurodiversitätssensiblen Schule zu betrachten ist nun Gegenstand der weiteren Kapitel. Zunächst soll nun die Schule als Ort sozialer Begegnungen betrachtet werden. Dabei wird als Referenzrahmen Goffmans Interaktions- und Sozialtheorie zu Grunde gelegt (Goffman & Dahrendorf 2019).

In seinem erstmals 1959 erschienenen Werk »Wir spielen alle Theater« beschreibt Goffman soziale Interaktion mit der Metapher eines Theaterspiels. Danach spielen alle Menschen zuvor eingeübte bzw. vorbereitete Rollen, welche dazu dienen, einen bestimmten Eindruck über die eigene Person zu vermitteln. Die gespielten Rollen entstehen sowohl aus persönlichen, biographischen Eigenschaften als auch aus sozialen Erwartungen an eine bestimmte Personengruppe, beispielsweise Schüler*innen. Goffman spricht hier von der sozialen Identität (Goffman & Dahrendorf 2019). Das vornehmliche Ziel sozialer Interaktion ist die Selbstdarstellung und die Kontrolle über die Wahrnehmung der eigenen Person vor Anderen.

Schon in dieser verkürzten Darstellung von Goffmans Theorie zeigt sich bereits, an welchen Stellen im Kontext von Neurodiversität Konflikte entstehen können. Betrachtet man Schule als ein Abbild unserer Gesellschaft, muss davon ausgegangen werden, dass sich hier eine neurotypisch geprägte Normalität fortsetzt. Bei Abweichungen von dieser Norm besteht das Risiko, ausgeschlossen zu werden. Dies kann in der sozialen Rolle der Schüler*in bei neurodivergenten Personen leicht passieren, wenn soziale Erwartungen an die Rolle nicht erfüllt werden oder abweichendes Verhalten gezeigt wird. Wenn beispielsweise Verhaltensweisen wie Stimming oder Fidgeting[11], welche eine Notwendigkeit für Autist*innen darstellen (Lilley 2017), gezeigt werden, kann dies teilweise zu Irritationen im sozialen Umfeld führen. Die Verhaltensweisen wirken somit stigmatisierend (Kapp et al. 2019). Die Ursache hierfür kann wahlweise bei der Person selbst (medizinisches Modell) oder bei der Umwelt (soziales Modell) gesehen werden, es bleibt jedoch eine Problematisierung bestehen. Legt man nun das Value-Neutral Modell zugrunde, liegt der Fokus auf einer Steigerung des individuellen, lokalen Wohlbefindens und somit der allgemeinen Akzeptanz von individuellem Verhalten. Im Goffman'schen Sinne würde dies zu einer stärkeren Kontrolle über die Wahrnehmung der eigenen Person führen, da die sozialen Erwartungen hinter den persönlichen Eigenschaften zurücktreten.

Die Kontrolle über die Wahrnehmung der eigenen Person wird im Kontext von Autismus ansonsten zum Teil über den Coping-Mechanismus des Maskings[12] her-

---

11 Stimming und Fidgeting beschreiben repetitives oder wiederholendes Verhalten über einen längeren Zeitraum, beispielsweise das Drehen eines Stifts zwischen den Fingern, die Nutzung von Fidget-Spinnern oder das regelmäßige Aufreihen und Organisieren von Gegenständen.
12 Masking beschreibt die bewusste Anpassung neurodivergenter Personen an soziale Erwartungen in der neurotypischen Umwelt.

gestellt. Dieses Verhalten lässt sich im Sinne Goffmans als normales Verhalten einstufen, weil er die Annahme unterschiedlicher Rollen in verschiedenen Kontexten bei allen Menschen beschreibt. Bei Autist*innen ist dieses Verhalten jedoch zum Teil extrem und dadurch sehr anstrengend und auslaugend (Pearson & Rose 2021). Das Ziel sollte also sein, ein solches Verhalten überflüssig zu machen, indem sich die soziale Rollenerwartung dem Individuum annähert.

Ein Zwischenschritt könnte die Einrichtung von Schutzräumen für neurodivergente Schüler*innen sein, welche eine Vorbereitung auf die Rolle in der neurotypisch-normativen Welt ermöglichen. Diese Räume könnten die Schüler*innen beispielsweise als Alternative zum reizintensiven Pausenhof nutzen. Im Sinne Goffmanns wäre dies die Hinterbühne (Goffman & Dahrendorf 2019). Es sollte jedoch nur kurzfristig als erster Schritt gesehen werden, um der Implikation eines Konformitätszwangs in eine exklusive gesellschaftliche Norm vorzubeugen. Dauerhaft müssen Wege gefunden werden, die Rollenerwartungen im Kontext Schule so anzupassen, dass alle Menschen entsprechend ihren individuellen Gegebenheiten die Rolle der Schüler*in ausfüllen können. Dann könnten beispielsweise auch die eben erwähnten reizreduzierten Schutzräume eine positive Rolle als Möglichkeit zur Erfüllung von individuellen Bedürfnissen einnehmen.

Einen möglichen Ansatz hierfür beschreibt Jurgens (2020) unter Berufung auf das Konzept des Enaktivismus (Kyselo 2013). Da die Probleme von neurodivergenten Personen in einer neurotypisch-normativen Welt auf Interaktion beruhen und somit beidseitig sind, schlägt Jurgens vor, den Komplex als Doppel-Problem (also beidseitig) zu betrachten und auf institutioneller Ebene zu intervenieren, um systemische Lösungen zu finden (Jurgens 2020). Ausgangspunkt ist dabei die Erkenntnis, dass es sich bei Schulen um ein System mit starkem hierarchischem Gefälle handelt. Was an anderer Stelle durchaus negative Folgen hat, kann in diesem Kontext nutzbar gemacht werden. Dafür muss die aus der Hierarchie entstehende prägende Vorbildfunktion genutzt werden, um Denk- und Handlungsweisen vorzuleben, welche sich fortsetzen. »Auch Eltern oder Lehrkräfte können als Vertreter*innen des Gesetzes fungieren, indem sie ein akzeptables, gesetzeskonformes Verhalten an den Tag legen oder ungesetzliches Verhalten sanktionieren« (übers. Jurgens 2020). Als Gesetz bezeichnet Jurgens an dieser Stelle in Bezug auf (Jaegher 2013) soziale und kulturelle Praktiken und Normen. Eine pädagogische Praxis, die die Neurodiversität der Schüler*innen anerkennt, aber nicht wertet, setzt sich in diesem Sinne also bei der Interaktion zwischen den Schüler*innen fort. So kann ein positives soziales Klima entstehen, in dem die Individualität wertgeschätzt wird. Geschieht dies nicht, oder das Verhalten von neurodivergenten Kindern wird gar abgewertet (wie es häufig genug vorkommt), tritt der gegenteilige Effekt ein.

Jurgens fordert darüber hinaus die explizite Thematisierung von Neurodiversität im Unterricht, um ein Verständnis für unterschiedliche Wahrnehmung und daraus resultierend für unterschiedliche Erfahrungen in der Umwelt zu erzeugen (Jurgens 2020). Hierbei ist selbstredend besonders darauf zu achten, eine Hierarchisierung oder Wertung zu vermeiden und die Stigmatisierung einzelner Schüler*innen zu unterlassen. Vielmehr muss im Vordergrund stehen, dass alle Menschen die Umwelt anders wahrnehmen. Gelingt dies, kann es sich in der sozialen Interaktion im Kontext Schule für alle positiv auswirken.

Schule als Ort professionellen Handelns

Wie im vorherigen Kapitel dargestellt, hat das pädagogische Personal in dem hierarchischen System Schule eine zentrale, gestaltende Funktion. Ihre Einstellungen und Handlungen wirken sich direkt auf die Schüler*innen aus und erzeugen somit das soziale Klima, welches sich in der Schüler*innenschaft fortsetzt. Eine neurodiversitätssensible Schüler*innenschaft ist also in hohem Maße abhängig vom Vorhandensein reflektierten und neurodiversitätssensiblen pädagogischen Personals.

In diesem Kontext spielen insbesondere drei Dimensionen der Professionalisierung im Kontext Schule eine Rolle, welche Schönknecht folgendermaßen benennt: Wissen, professionelle Handlungssicherheit und Ethos (Schönknecht 2005). Diese sollen nun im Kontext Neurodiversität gedeutet werden.

Mit dem Bereich Wissen beschreibt Schönknecht nicht allein die fachwissenschaftliche Komponente, sondern darüber hinaus pädagogisches oder fachdidaktisches Wissen. Wenn pädagogisches Wissen dazu befähigen soll, Handlungen und Unterrichtssituationen zu planen und Situationen zu antizipieren, ist Wissen über Neurodiversität wichtig, um der Heterogenität der Schüler*innen zu begegnen. Diese Kenntnisse sind die Voraussetzung, um ein Verständnis zu entwickeln, welches sich in eine pädagogische Praxis übertragen lässt. Die Auseinandersetzung mit dem Thema und das Verständnis des Begriffs Neurodiversität stellt dabei eine notwendige Gelingensbedingung dar. Möglichkeiten dazu bieten praxisorientierte Texte wie »Neurodiversity (Neurodiversität)« von Seng (2015), »Defining neurodiversity for research and practice« von Chapman (2020a) oder »Neurodiversity: Some basic terms & definitions« von Walker (2014). Darüber hinaus muss Wissen über die individuellen Voraussetzungen der Schüler*innen gesammelt werden. Dabei sollte der Fokus – wie zuvor beschrieben – explizit nicht allein auf den neurodivergenten Schüler*innen liegen, sondern die Barrieren aller Schüler*innen beleuchtet und abgebaut werden. Dieser Aspekt wird im folgenden Kapitel noch näher beschrieben.

Der Bereich der professionellen Handlungssicherheit beschreibt die Fähigkeit von Lehrkräften, situativ schnell und angemessen zu handeln (Schönknecht 2005). Im Kontext von Neurodiversität steht an dieser Stelle die Fähigkeit im Vordergrund, den Unterricht sensibel zu gestalten und Barriereabbau ohne Stigmatisierung zu moderieren. Hierfür wird die Grundlage durch Bildung und Sensibilisierung der Schüler*innen gelegt. Wird beispielsweise nach den Grundlagen der Pädagogik der Vielfalt (Prengel 2006) unterrichtet und die Schüler*innen in diesem Sinne geprägt, lassen sich individuelle Maßnahmen zum Barriereabbau besser umsetzen. Essenziell ist dabei nicht die Besonderheit einzelner Schüler*innen hervorzuheben, sondern die Wichtigkeit der Individualität. Gelingt dies, ist die Grundlage gelegt, situativ und individualisiert pädagogisch zu handeln, ohne Stigmatisierung zu riskieren. Voraussetzung dafür ist eine entsprechende Grundeinstellung oder Ethos (Schönknecht 2005). Neben allgemeinen Eigenschaften wie einer von Engagement und Verantwortung geprägten Haltung (Schönknecht 2005) sind im Kontext von Neurodiversität ein nicht-normatives Modellverständnis sowie die positive Grundeinstellung zu den Bedürfnissen der einzelnen Schüler*innen relevant. Eine inklusive Haltung lässt sich schwerlich mit einem medizinischen Modell von Behinderung verbinden.

Das Gleiche gilt folglich auch für den Bereich der Neurodiversität. Eine neurodivers geprägte Grundhaltung setzt sich bei den Schüler*innen fort, während Othering von neurodivergenten Schüler*innen durch die Lehrperson die sozialen Teilhabemöglichkeiten einschränkt. Ein Bewusstsein über diese Verantwortung im hierarchisch geprägten System Schule ist also ebenso Teil eines positiv geprägten Berufsethos.

Die beschriebenen individuellen Ebenen professionellen pädagogischen Handelns sollten darüber hinaus in (multiprofessionellen) Teams regelmäßig reflektiert werden. Dies führt zu Erkenntnisgewinnen über die eigenen Einstellungen und fördert die stetige persönliche Weiterentwicklung. Darüber hinaus entwickelt sich so eine gemeinsame Haltung in einem Team. Das positive Vorleben einer neurodiversitätssensiblen Grundhaltung im Kontext Schule im Sinne Jurgens (2020) kann nur funktionieren, wenn dieses auch von allen mitgetragen wird, so dass keine Brüche in den Überzeugungen zu erkennen sind. Ein regelmäßiger, offener Austausch ist essenzieller Teil pädagogischen Handelns, umso mehr im Kontext von Neurodiversität.

Schule als Ort des Lernens

Das Lernen zu gestalten, ist unbestreitbar eine Kernaufgabe der Institution Schule. Gerade dabei ist eine neurodiversitätssensible Umsetzung von größter Bedeutung, um es allen Schüler*innen zu ermöglichen, sich ihren Bedürfnissen und Fähigkeiten entsprechend weiterzubilden. In diesem Sinne sollen nun Ansätze ergründet werden, wie dies in der unterrichtlichen Praxis gelingen kann. Dabei wird auf einem abstrakten Niveau nach Ansätzen gesucht, welche übergreifend in einer inklusiven Schule sinnvoll sind und mit fachdidaktischen Überlegungen verknüpft werden können.

In Bezug auf die UN-BRK sind das Erkennen und der Abbau von Barrieren der erste und wichtigste Schritt, um inklusives Lernen zu ermöglichen. Positiv formuliert müssen »angemessene Vorkehrungen für die Bedürfnisse des einzelnen getroffen werden« (übers. United Nations 2006, 17).

Dies lässt sich auf den Bereich der Neurodiversität übertragen. Dabei ist eine Abkehr von rein medizinischer, syndrombasierter Betrachtung dringend nötig.

> »Keine zwei Schüler*innen mit derselben Diagnose haben die gleichen Bedürfnisse. Jede*r Schüler*in hat eine andere Kombination von Schwierigkeiten und Verschiedenheiten […]. Es ist unmöglich zum Beispiel eine Liste mit ›Strategien um mit Schüler*innen mit ADHS zu arbeiten‹ in der Annahme zu nutzen, dass jede Strategie allen Schüler*innen zugutekommt« (übers. Honeybourne 2018).

Im Gegenteil lässt sich Neurodiversitätssensibilität, im Sinne eines weitreichenden Barriereabbaus, als Fokussierung der Bedürfnisse aller Schüler*innen betrachten, nicht nur derer mit einer pathologischen Diagnose. Ein individualisierter Ansatz ist also zwingend nötig, um allen Kindern gerecht werden zu können. Nun kann allein schon altersbedingt nicht bei allen Schüler*innen die Reflexionsfähigkeit vorausgesetzt werden, welche es ihnen erlauben würde, jede vorhandene Barriere explizit zu benennen. Dennoch ist ein genaues Zuhören bei Bedarfsäußerungen ein wichtiger erster Schritt. Um darüber hinaus Barrieren erkennen zu können, bedarf es diagnostischer Kompetenz, wie sie allgemein eine Grundvoraussetzung pädagogischen Handelns ist (Hascher 2008). Die übliche Lernstandsdiagnostik, wie sie bereits pädagogische Praxis ist, sollte also um die Analyse individueller Barrieren, die das Lernen behindern, erweitert werden.

Das bei der Diagnostik entstandene Wissen über die individuellen Bedürfnisse der Schüler*innen sollte anschließend in die Unterrichtsplanung einfließen.

Dies umfasst sowohl didaktische und methodische Aspekte, genauso wie die Gestaltung von Materialien. Wird beispielsweise festgestellt, dass Neonfarben eine Barriere für ein Kind darstellen, sollte ganz praktisch bei der räumlichen Gestaltung des Klassenraums darauf verzichtet werden, Informationsplakate in grellen Farben aufzuhängen.

Honeybourne (2018) beschreibt in einem Praxisbuch zu neurodiverser Unterrichtsgestaltung unter anderem die Hauptelemente Kommunikation, Lernumgebung, Lehr-/Lernmethoden, Wohlbefinden und Elternarbeit, in welchen auf die individuellen Bedürfnisse der Schüler*innen zu achten ist. Auch Theunissen und Sagrauske (2019) geben weitere Hinweise, allerdings speziell bezogen auf die Arbeit mit autistischen Schüler*innen. Im Allgemeinen lässt sich feststellen, dass auch im Unterricht neurotypisch-normative Denk- und Handlungsweisen kritisch reflektiert und so verändert werden sollten, dass alle Kinder gut lernen können. Dies geht zwangsläufig mit der Abkehr von paternalistischen Haltungen in der Pädagogik einher, da neurodivergente Schüler*innen als Expert*innen für sich selbst ernst genommen werden müssen. In diesem Sinne ist die Förderung des Selbstbewusstseins und der Selbstwirksamkeit bei der neurodivergenten Schüler*innenschaft fundamental, um den Schüler*innen die Möglichkeit zu bieten, ihre Bedürfnisse zu äußern (Huijg 2020). Dies kann für alle Beteiligten ungewohnt bis herausfordernd sein, ist jedoch unumgänglich, um Barrieren identifizieren und abbauen zu können und die etablierte gesellschaftliche Normativität zu verändern.

Schlussfolgerungen – wie lässt sich eine neurodiversitätssensible Schule gestalten?

Im vorangegangenen Text wurde dargelegt, welche Aspekte für eine neurodiversitätssensible Gestaltung mit Blick auf die Kerndimensionen Schule als Ort sozialer Begegnung, Schule als Ort professionellen Handelns und Schule als Ort des Lernens essenziell sind. Eine weitere Auseinandersetzung mit dem System Schule mit all seinen sozialen, strukturellen und didaktischen Implikationen kann darüber hinaus Gegenstand von weiteren Betrachtungen sein.

Es wurde deutlich, dass die Auseinandersetzung, kritische Reflexion und Anpassung der Modellvorstellungen von Neurodiversität entscheidend sind. Die daraus resultierende (professionelle) Haltung des pädagogischen Personals stellt die grundlegende Gelingensbedingung dar, welche zwingend in der pädagogischen Praxis umgesetzt werden sollte. Die Vermeidung von Othering sollte oberste Priorität haben. Das dargestellte Value-Neutral-Model (Barnes 2009; Chapman 2020b) bietet eine Variante, die Individualität aller Schüler*innen zu adressieren, ohne dabei qualitative Unterscheidungen vorzunehmen. Zudem ist ein regelmäßiger kritischer Austausch zu diesem Thema innerhalb pädagogischer Teams von Nöten, da sich die hier vorhandenen Vorstellungen bei den Schüler*innen fortsetzen und somit direkt Auswirkungen auf das soziale Klima in der Schule und die alltäglichen Erfahrungen von neurodivergenten Schüler*innen haben (Jurgens 2020). Im hierarchischen System Schule liegt das soziale Klima maßgeblich in der Verantwortung des pädagogischen Personals. Das Ziel sollte sein, ein Klima zu erzeugen, bei dem im Sinne Goffmans (2019) die sozialen Rollenerwartungen hinter der persönlichen Identität zurückstehen, um so Individualität zu ermöglichen. Somit werden Räume eröffnet, welche es erlauben, den individuellen Bedürfnissen neurodivergenter Schüler*innen gerecht zu werden, ohne dabei stigmatisierend zu wirken, da bei allen Schüler*innen die Individualität und die jeweiligen Bedürfnisse im Vordergrund stehen. In weiteren Betrachtungen könnten diese sozialen Prozesse im Kontext von Neurodiversität auch aus weiteren Perspektiven betrachtet werden. Eine Analyse des sozialen Raums in einem Bourdieu'schen Sinne (Bourdieu 1987) oder im Kontext von Sozialraumorientierung mit Blick auf das Neurodiversitäts-Paradigma wäre als Ergänzung durchaus vielversprechend.

Eine Orientierung an den individuellen Bedürfnissen kann mit einer gelebten Pädagogik der Vielfalt einhergehen (Prengel 2006). Dabei muss Neurodiversität als soziale Differenzkategorie verstanden und adressiert werden (Hujig 2020; Graby 2015; Singer 1999). Um dies zu erreichen, muss ausreichendes Wissen über Neurodiversität vorhanden sein. Damit ist insbesondere theoretisches Wissen über Neurodiversität gemeint, um ein Verständnis für sensorisch/neuronale Unterschiede zu erlangen. Dieses sollte auch explizit, unter der Prämisse, dabei Stigmatisierung zu vermeiden, im Unterricht thematisiert werden (Jurgens 2020). Außerdem ist es wichtig, die individuellen Unterschiede der Schüler*innen erfassen zu können. Diese zu erkennen stellt eine Grundbedingung für einen effektiven Barrierenabbau dar. Ohne den Abbau von sensorischen und sozialen Barrieren, sowohl im strukturellen als auch im praktischen Bereich, ist eine neurodiversitätssensible Schule nicht möglich. Eine Umsetzung in allen Bereichen sollte angestrebt werden. Im Kontext von Unterrichtsgestaltung, als hauptsächliches Tagesgeschäft von Lehrkräften bedeutet dies vor allem Individualisierung sowie Flexibilität und kritische Reflexion mit Blick auf etablierte Unterrichtsformen. Der Unterricht muss adaptiv gestaltet sein und Methoden und Materialien den Bedürfnissen der Schüler*innen entsprechen. Im Kontext von Neurodiversität kommt diesem Ziel noch mehr Bedeutung zu, da es direkt über die Teilhabemöglichkeiten und somit den Lernerfolg der Schüler*innen entscheidet.

Man stelle sich ein autistisches Kind vor, welches kognitiv ohne weiteres dazu in der Lage wäre, den Unterrichtsinhalten zu folgen, welches jedoch aufgrund der

Gestaltung der Materialien oder der methodischen Umsetzung so stark belastet wird, dass eine Beschäftigung mit dem Unterrichtsinhalt verhindert wird. Eine solche Situation gilt es selbstverständlich zu vermeiden.

Praktische Gestaltungsmöglichkeiten wurden für verschiedene Situationen von Honeybourne (2018) aufgelistet, wobei sie selbst darauf verweist, dass es keine Patentrezepte im Umgang mit neurodivergenten Schüler*innen gibt und ihre Liste nur eine oberflächliche Sammlung von Möglichkeiten darstellt, welche im individuellen Fall erprobt und erweitert werden müssen.

Zuletzt sollte die Beschulungssituation als Ganzes in den Blick genommen werden. Barrieren wirken nicht nur situativ, sondern auch darüber hinaus muss die Kraftanstrengung, die zur Bewältigung gebraucht wurde, bedacht werden (McGuinness 2021). Ein Kind, welches in einer Pausensituation hohem Stress ausgesetzt war, weil es beispielsweise durch Lautstärke, schnelle Bewegungen oder ähnliches belastet wurde, spürt die Auswirkungen davon auch in der anschließenden Mathe-Stunde. Dies ist vergleichbar mit jemandem, der gerade einen Marathon gelaufen ist und im Anschluss seine Steuererklärung ausfüllen soll. Die Person wäre möglicherweise in der Lage, sich mit den Unterlagen hinzusetzen, aufgrund von Kraft- und Konzentrationsmangel wäre das Ergebnis aber mit hoher Wahrscheinlichkeit weniger zufriedenstellend, als wenn die gleiche Person sich an einem anderen Tag damit befassen würde. Um eine positive Beschulungssituation herzustellen, müssen also die Barrieren im gesamten System Schule erkannt und abgebaut werden.

Es kommt darauf an, die Schule als einen Ort zu gestalten, an dem alle Kinder entsprechend ihren individuellen Bedürfnissen und Voraussetzungen angenommen und gefördert werden können, indem jede Möglichkeit zur Reduzierung der individuellen Barrierelast ergriffen wird. Dies liegt in der Verantwortung des pädagogischen Personals, das durch das Vorleben der eigenen Haltungen und die Überführung in ihr pädagogisches Handeln diesen Prozess maßgeblich prägt. Entsprechend muss dies Teil der Aus- und Weiterbildung von pädagogischem Personal sein, so dass die Gelegenheit zur persönlichen Auseinandersetzung gegeben wird und die notwendigen Fähigkeiten erworben werden können. Die Grundlage für eine neurodiversitätssensible Schule muss also bereits in den Ausbildungsinstitutionen gelegt werden.

Alle diese Maßnahmen zielen im Sinne des Value Neutral Models (Barnes 2009; Chapman 2020b) auf eine Verbesserung des lokalen Wellbeings ab. Nach der Erkenntnis, dass Neurodiversität nicht global die Lebenssituation verschlechtert, können Maßnahmen in den Blick genommen werden, die das situative Erleben verbessern. Angesichts eines erhöhten Nachholbedarfs in Bezug auf die Situation an vielen Schulen betrifft dies insbesondere, jedoch keinesfalls ausschließlich die Bedürfnisse neurodivergenter Schüler*innen. Eine Berücksichtigung und Fokussierung der individuellen Bedürfnisse kommen letztlich allen zugute. Im Kontext Schule kann so soziale Teilhabe und in letzter Konsequenz die Voraussetzungen für effektives, individuelles Lernen ermöglicht werden. Mit dieser Grundhaltung als idealtypische Vorstellung und angestrebtes Ziel aller beteiligten Personen kann sich einer wahrlich inklusiven Praxis angenähert werden, auch im Sinne eines weiten Inklusionsbegriffs. In letzter Konsequenz profitieren alle von einer individualisierten, bedürfnisentsprechenden Gestaltung. Eine neurodiversitätssensible Ausrichtung beschreibt somit den Weg zu einer Schule als einen besseren Ort für alle.

Literatur

AASPIRE (2020). *What is Community-based Participatory Research (CBPR?)*. https://aaspire.org/collaboration-toolkit/cbpr/ [19.08.2021].
Anderson-Chavarria, M. (2021). The autism predicament: models of autism and their impact on autistic identity. *Disability & Society*, 1–21. https://doi.org/10.1080/09687599.2021.1877117
Barnes, E. B. (2009). Disability, Minority, and Difference. *Journal of Applied Philosophy, 26*(4), 337–355. https://doi.org/10.1111/j.1468-5930.2009.00443.x.
Barnes, E. B. (2016). *The minority body. A theory of disability* (1st ed.). Oxford University Press (Studies in feminist philosophy). https://www.loc.gov/catdir/enhancements/fy1618/2015953286-b.html.
Boger, M.-A. (2019a). *Politiken der Inklusion. Die Theorie der trilemmatischen Inklusion zum Mitdiskutieren*. Unter Mitarbeit von do Mar Castro Varela, María (1. Aufl.). edition assemblage.
Boger, M.-A. (2019b). *Subjekte der Inklusion. Die Theorie der trilemmatischen Inklusion zum Mitfühlen*. Unter Mitarbeit von Franz Hamburger (1. Aufl.). edition assemblage.
Boger, M.-A. (2019c). *Theorien der Inklusion. Die Theorie der trilemmatischen Inklusion zum Mitdenken*. Unter Mitarbeit von Ines Boban (1. Aufl.). edition assemblage.
Bourdieu, P. (1987). *Die feinen Unterschiede. Kritik der gesellschaftlichen Urteilskraft* (28. Aufl.). Suhrkamp (Suhrkamp-Taschenbuch Wissenschaft, 658).
Chapman, R. (2020a). Defining neurodiversity for research and practice. In H. Bertilsdotter Rosqvist, N. Chown & A. Stenning (Eds.), *Neurodiversity studies. A new critical paradigm* (pp. 218–220). Routledge (Routledge advances in sociology).
Chapman, R. (2020b). Neurodiversity, disability, wellbeing. In H. Bertilsdotter Rosqvist, N. Chown & A. Stenning (Eds.), *Neurodiversity studies. A new critical paradigm* (pp. 57–72). Routledge (Routledge advances in sociology).
Goffman, E., & Dahrendorf, R. (2019). *Wir alle spielen Theater. Die Selbstdarstellung im Alltag* (18. Aufl.). Ungekürzte Taschenbuchausgabe. Piper (Piper, 3891).
Goodley, D. (2016). *Disability Studies. An Interdisciplinary Introduction*. SAGE.
Graby, S. (2015). Neurodiversity: Bridging the gap between the disabled people's movement and the mental health system survivors' movement? In H. Spandler, J. Anderson & B. Sapey (Eds.), *Madness, distress and the politics of disablement* (pp. 231–243). Policy Press.
Hascher, T. (2008). Diagnostische Kompetenzen von Lehrpersonen. In *Wissen erwerben, Kompetenzen entwickeln. Modelle zur kompetenzorientierten Lehrerbildung* (S. 71–86). https://uni-salzburg.elsevierpure.com/de/publications/diagnostische-kompetenzen-von-lehrpersonen.
Higashida, N. (2018). *Fall Down Seven Times, Get Up Eight. A young man's voice from the silence of autism*. Hodder & Stoughton.
Hipólito, I., Hutto, D. D. & Chown, N. (2020). Understanding autistic individuals. Cognitive diversity not theoretical deficit. In H. Bertilsdotter Rosqvist, N. Chown & A. Stenning (Eds.), *Neurodiversity studies. A new critical paradigm*. Routledge (Routledge advances in sociology).
Honeybourne, V. (2018). *The Neurodiverse Classroom. A Teachers' Guide to Individual Learning Needs and How to Meet Them*. Jessica Kingsley Publishers. https://ebookcentral.proquest.com/lib/gbv/detail.action?docID=5376607.
Huijg, D. D. (2020). Neuronormativity in theorising agency. An argument for a critical neurodiversity approach. In H. Bertilsdotter Rosqvist, N. Chown & A. Stenning (Eds.), *Neu-*

rodiversity studies. A new critical paradigm (pp. 213–217). Routledge (Routledge advances in sociology).

Hujig, D. J. (2020). Neuronormativity in theorising agency. An argument for a critical neurodiversity approach. In H. Bertilsdotter Rosqvist, N. Chown & A. Stenning (Eds.), *Neurodiversity studies. A new critical paradigm*. Routledge (Routledge advances in sociology).

Jaegher, H. de (2013). Rigid and fluid interactions with institutions. *Cognitive Systems Research, 25–26*, 19–25. https://doi.org/10.1016/j.cogsys.2013.03.002.

Jurgens, A. (2020). Neurodiversity in a neurotypical world. An enactive framework for investigating autism and social institutions. In H. Bertilsdotter Rosqvist, N. Chown & A. Stenning (Eds.), *Neurodiversity studies. A new critical paradigm* (pp. 73–88). Routledge (Routledge advances in sociology).

Kapp, S. K., Steward, R., Crane, L., Elliott, D., Elphick, C., Pellicano, E. & Russell, G. (2019). ›People should be allowed to do what they like‹: Autistic adults' views and experiences of stimming. *Autism: the international journal of research and practice, 23*(7), 1782–1792. https://doi.org/10.1177/1362361319829628.

Kyselo, M. (2013). Enaktivismus. In A. Stephan & S. Walter (Hrsg.), *Handbuch Kognitionswissenschaft* (S. 197–201). J. B. Metzler (Springer eBook Collection).

Lilley, R. (2017). What's in the flap? The courious history of autism and hand steriotypies.

Lindmeier, C., & Richter, M. (2020). Neurodiversität. *Sonderpädagogische Förderung heute*, (3), 232–233.

McGuinness, K. (2021). An evaluation of a tool, based on spoon theory, to promote self-regulation and avoidance of burnout in autistic children and young people. *Good Autism Practice (GAP), 22*(1), 59–72.

Pearson, A. & Rose, K. (2021). A Conceptual Analysis of Autistic Masking: Understanding the Narrative of Stigma and the Illusion of Choice. *Autism in Adulthood, 3*(1), 52–60. https://www.liebertpub.com/doi/full/10.1089/aut.2020.0043 [12.10.2021].

Prengel, A. (2006). *Pädagogik der Vielfalt. Verschiedenheit und Gleichberechtigung in interkultureller, feministischer und integrativer Pädagogik* (3. Aufl.). Verlag für Sozialwissenschaften/GWV Fachverlage GmbH. https://link.springer.com/book/10.1007/978-3-658-21947-5.

Savulescu, J. & Kahane, G. (2011). Disability: a welfarist approach. *Clinical Ethics, 6*(1), 45–51. https://doi.org/10.1258/ce.2011.011010.

Schönknecht, G. (2005). *Die Entwicklung der Innovationskompetenz von LehrerInnen aus (berufs-) biographischer Perspektive.* http://www.bwpat.de/spezial2/schoenknecht_spezial2-bwpat.pdf [15.10.2021].

Seng, H. (2015). Neurodiversity (Neurodiversität). In G. Theunissen, W. Kulig, V. Leuchte & H. Paetz (Hrsg.), *Handlexikon Autismus-Spektrum. Schlüsselbegriffe aus Forschung, Theorie, Praxis und Betroffenen-Sicht* (S. 274–275, 1. Aufl.). Kohlhammer. https://books.google.de/books?hl=de&lr=&id=m3IiEAAAQBAJ&oi=fnd&pg=PA274&dq=neurodiversit%C3%A4t&ots=OU_gdbzzpP&sig=BjFHbW9sq_ZhyiI2udBMrGUh2to#v=onepage&q=neurodiversit%C3%A4t&f=false [17.08.2021].

Singer, J. (1999). Why can't you be normal for once in your life? From a ›problem with no name‹ to the emergence of a new category of difference. In M. Corker & S. French (Eds.), *Disability discourse.* Open Univ. Press (Disability, human rights and society).

Theunissen, G. & Sagrauske, M. (2019). *Pädagogik bei Autismus. Eine Einführung* (1. Aufl.). Verlag W. Kohlhammer.

United Nations (2006). *Convention on the Rights of Persons with Disabilities and Optional Protocol.* https://www.un.org/disabilities/documents/convention/convoptprot-e.pdf [07.10.2021].

Walker, N. (2014). *Neurodiversity: Some basic terms & definitions.* https://neuroqueer.com/neurodiversity-terms-and-definitions/ [17.08.2021].

Yergeau, M. (2018). *Authoring autism. On rhetoric and neurological queerness.* Duke University Press (Thought in the act).

Neurodiversität als pädagogische Grundhaltung

Mechthild Richter

Die Diskussion um Neurodiversität ist in der deutschsprachigen erziehungswissenschaftlichen Literatur noch relativ neu und bleibt größtenteils auf konzeptioneller Ebene. Die Einflüsse des Konzepts auf pädagogische Praxis und die Institution Schule wurden dabei bisher nur wenig beleuchtet. Der Beitrag nimmt deshalb zwei Artikel aus englischsprachigen Regionen, in denen die Autismus- und Neurodiversitätsforschung schon länger und umfassender etabliert ist, als Ausgangspunkt. Sie befassen sich mit der schulischen Situation in Bezug auf Neurodiversität bzw. Autismus. Der Erziehungswissenschaftler Peter Smagorinsky (2020) beschreibt anhand des US-amerikanischen Schulsystems eine Unvereinbarkeit von Neurodiversität und »deep structures of school«. Die australische Sozialanthropologin und Kindheitswissenschaftlerin Rozanna Lilley (2015) stellt Schulen die Diagnose »Autism Inclusion Disorder« aus. Ausgehend von diesen eher negativ anmutenden Positionen, diskutiert der folgende Beitrag, ob und inwiefern das Neurodiversitätskonzept, wenn es in eine pädagogische Grundhaltung übergeht, Möglichkeiten eröffnet, bestehende und ausgrenzende Strukturen[13] ins Wanken zu bringen.

Tiefe Schulstrukturen und Autism Inclusion Disorder

Smagorinsky (2020) beschreibt in seinem Artikel die historische Entwicklung des US-amerikanischen Schulsystems und kommt zu der Einschätzung, dass es tiefe Strukturen gibt, die Schule organisieren mit dem Ziel, »to reward those who best fit established norms, and socializes students from nondominant backgrounds to the values of White professional-class people«. Die Strukturen beziehen sich dabei auf diverse Bereiche wie z. B. Curriculum, Leistungsbewertung, Verhaltenskodizes, soziale Konventionen, Zusammensetzung der Verwaltung und des Lehrkörpers, der versteckte Lehrplan u. a., die den Bildungsprozess einem bestimmten Wertesystem entsprechend prägen. Auch Lilley (2015) kommt zu dem Schluss, dass von Schüler:

---

13 Der Begriff »Struktur« oder »tiefe Schulstrukturen« wird hier nur als wörtliche Übersetzung des englischen Begriffs »structure« bzw. »deep structures of schools« genutzt, die Smagorinsky in seinem Text verwendet. Smagorinsky selbst gibt keine Referenz, an welche Theoriediskurse er anschließt. Es lassen sich möglicherweise Anschlussmöglichkeiten an poststrukturalistische Diskurse identifizieren.

innen in Regelschulen erwartet wird, eine bestimmte Leistungs- sowie eine Verhaltensnorm zu erfüllen. Sie hat Mütter interviewt, deren autistische Kinder die Schule gewechselt haben[14], um behindernde Einstellungen und Praktiken zu verstehen. Sie nutzt auf humorvolle, aber wirksame Art und Weise die Diagnostikkriterien der DSM-5 zu Autismus und wendet diese auf Schulen an. Sie hält dem vermeintlich inklusiven Schulsystem einen Spiegel vor und nutzt mit dieser Parodie ein in der Neurodiversitätsbewegung beliebtes Stilmittel, um sich von pathologisierenden Diskursen zu distanzieren.

Smagorinsky (2020) beschreibt Neurodiversität und die tiefen Schulstrukturen als unvereinbar, als Quadratur des Kreises. Unter Neurodiversität fasst er die folgenden Merkmale: Autismus-Spektrum, ADHS, Dyskalkulie, Dyslexie, Dyspraxie und Tourette-Syndrom. Diese Beschreibung ist angelehnt an das National Symposium on Neurodiversity, das 2011 an der Syracuse University stattgefunden hat und was den von Judy Singer 1998 entwickelten Begriff bekannt gemacht und in die wissenschaftliche Diskussion eingebracht hat (siehe Grummt in diesem Band; Kapp 2020). In anderen Veröffentlichungen wird der Begriff weiter gefasst, dann werden z. B. Beeinträchtigungen im Lernen oder kognitive Beeinträchtigungen dazu gezählt (Mirfin-Veitch et al. 2020)[15]. Die Grundidee, dass es sich um eine Abgrenzung von den oben genannten medizinischen Zuschreibungen und stattdessen um eine Anerkennung der Vielfalt menschlicher Hirnstrukturen und -funktionen bzw. Wahrnehmungen handelt, bleibt aber generell bestehen. Singer (2017) schlägt vor, Neurodiversität wie bekannte Differenzlinien (Ethnizität, Klasse, Geschlecht, Behinderung) zu betrachten.

Genau das passiert in den Schulen aber laut Smagorinsky eben nicht, stattdessen wird Diversität in Bezug auf ethnische oder individuelle Merkmale verstanden, nicht auf neurologische oder neurokognitive. Das wiederum birgt das Risiko, dass autistische Schüler:innen zu Problemen konstruiert werden (Smagorinsky 2020).

Wenn man sich den rasant wachsenden Korpus an Veröffentlichungen zu autismus- bzw. neurodiversitätsspezifischen Themen in der aktuellen erziehungswissenschaftlichen Forschung anschaut, bekommt man klar den Eindruck, dass Neurodiversität in der Schule diverse Herausforderungen bzw. eher Überforderungen für alle und auf allen Ebenen darstellt (siehe Feschin diesem Band). Die Lehrkräfte fühlen sich nicht gut genug auf neurodivergente Schüler:innen vorbereitet, weder in pädagogischen noch in didaktischen, methodischen oder organisatorischen Belangen (z. B. Boujut et al. 2017; Cappe et al. 2016; Mavropoulou & Padeliadu 2000; Young et al. 2017). Probleme mit den Mitschüler:innen scheinen vorprogrammiert (Hebron et al. 2015; Humphrey & Lewis 2008; Kasari et al. 2011). Es fehlen Räume

---

14 Schulwechsel gehören häufig zur Bildungsbiografie autistischer Menschen (Grummt et al. 2021; Lilley 2015). Diese Studien geben Hinweise darauf, dass Eltern häufig den Eindruck haben, dass ihre autistischen Kinder nicht adäquat beschult werden und sich von einem Schulwechsel Verbesserung erhoffen.

15 Der Großteil der Menschen, die sich von der Neurodiversitätsbewegung vertreten fühlen, verortet sich auf dem autistischen Spektrum, weswegen auch wissenschaftliche Literatur zu Neurodiversität häufig diesen Schwerpunkt hat (den Houting 2019; Murdock 2020; Rosqvist et al. 2020).

und Personal, um Rückzugsmöglichkeiten zu schaffen und zu begleiten (Milton 2019; Tobias 2009).

So kommt Lilley (2015) auch zu ihrer »Diagnostik«. Basierend auf Erfahrungsberichten von Müttern autistischer Kinder sieht sie »persistent school deficits in social communication/interaction«[16], die sich in Unterkriterien bemerkbar machen: Unfähigkeit mit als autistisch diagnostizierten Schüler:innen zu interagieren, Exklusion von Müttern aus dem Klassenzimmer, Schwierigkeiten in der Kommunikation mit Familien und/oder konstant negative Kommunikation sowie die Unfähigkeit, Familienwissen und -expertise zu nutzen. Des Weiteren sieht sie »School restricted and repetitive behaviour«[17], was in Form der Unfähigkeit, kreative Strategien für die Inklusion als autistisch diagnostizierter Schüler:innen in viele Schulaktivitäten zu implementieren, sowie in einem starren Festhalten an negativem Verhaltensmanagement auftritt (Lilley 2015, 388 ff.).

Schule als neurodiversitätsunsensibler Raum?

Tatsächlich scheint das Konstrukt »Neurodiversität in der Schule« häufig zu scheitern. In zwei nicht-repräsentativen Elternumfragen von autismus Deutschland e.V. gibt jeweils ca. ein Fünftel der Eltern an, dass ihre autistischen Kinder stunden-, tage- oder wochenweise von der Schule ausgeschlossen wurden, in seltenen Fällen kam es zu jahrelangem Schulausschluss (Czerwenka 2017; Grummt et al. 2021). Unangepasstes Verhalten oder die Abwesenheit der Schulbegleitung scheinen Hauptgründe für diese drastische Maßnahme zu sein (Czerwenka 2017). Wenn Verhalten eine Hauptursache für Schulausschluss ist, kann man davon ausgehen, dass auch andere neurodivergente Schüler:innen betroffen sind, da auch sie z. B. im Fall von ADHS möglicherweise Verhaltensbesonderheiten aufweisen. Genaue Zahlen liegen hierzu allerdings nicht vor.

Ähnliche Befunde gibt es in den USA und Großbritannien: Brede et al. (2017) geben an, dass in einer Elternumfrage der National Autistic Society ebenfalls knapp ein Fünftel der Eltern angegeben haben, dass ihr autistisches Kind zeitweise ausgeschlossen wurde, in 5 % der Fälle wurden Schüler:innen ganz ausgeschlossen. In einem Drittel der angegebenen Fälle lagen inoffizielle kurzzeitige, nicht-dokumentierte Ausschlüsse vor, z. B. wenn die Schulbegleitung abwesend war oder zu besonderen Anlässen wie Exkursionen. Sproston et al. (2017) geben sogar Zahlen von bis zu 45 % an und dass bis zu 70 % aller Schulausschlüsse in Großbritannien Schüler:innen mit Autismusdiagnose betreffen. Wenn auch nicht mit konkreten Zahlen belegt, so geben auch Valdebenito et al. (2019) an, dass in den USA

---

16 In der DSM-5 lautet das Kriterium A für Autismusspektrumstörungen: »Persistent deficits in social communication and social interaction«.
17 In der DSM-5 lautet das Kriterium B für Autismusspektrumstörungen: »Restricted, repetitive patterns of behavior, interests, or activities«.

Schwarze[18] Schüler:innen sowie Schüler:innen mit Behinderung (disability) ein zwei- bis dreifach höheres Risiko haben, von der Schule ausgeschlossen zu werden.

Sowohl in den USA als auch in Großbritannien ist Homeschooling verbreitet. Die Gründe hierfür reichen von ideologischen Überzeugungen zu praktischen Überlegungen bis hin zur Notlösung als Prävention oder Konsequenz von Schulausschluss. Gerade für Eltern autistischer Schüler:innen scheint tendenziell eher letzteres zuzutreffen. Studien und Berichte (Badman 2009; Hurlbutt 2011; O'Hagan et al. 2021), die sich mit den Beweggründen für das Homeschooling autistischer Schüler:innen befassen, zeigen, dass in den meisten Fällen eine Beschulung schlecht funktioniert hat oder gar gescheitert ist. Genauer beschrieben wird die Situation als mangelndes Verständnis für Besonderheiten der autistischen Schüler:innen, Mobbing, Mangel an inklusiven Praktiken, Schwierigkeiten beim Umgang mit herausforderndem Verhalten, psychische Beeinträchtigungen oder ein beeinträchtigtes Wohlbefinden. In dieser komplexen Situation sehen Eltern Homeschooling oder Schulwechsel als einzige Alternative an (Kendall & Taylor 2016; Lilley 2015). In Deutschland gibt es diese Alternative nicht, und dennoch zeigen die oben erwähnten Elternumfragen (Czerwenka 2017; Grummt et al. 2021), dass in ca. der Hälfte der Fälle von Schulausschluss keine Ersatzbeschulung (z. B. in Form von Hausunterricht oder Webschule) gewährleistet wurde.

Smagorinskys Einschätzung, dass Neurodiversität in den tiefen Schulstrukturen an Grenzen stößt, scheint sich also auch in anderen Kontexten zu bestätigen. Czerwenka (2017) listet am Ende ihrer Zusammenfassung der Ergebnisse der ersten Elternumfrage des Bundesverbandes autismus Deutschland e. V. die Forderungen der Eltern in Bezug auf die schulische Situation ihrer autistischen Kinder in Deutschland auf. So wünschen sich (manche) Eltern auf Autismus spezialisierte Schulen und versprechen sich eine bessere Situation durch die Einführung eines Förderschwerpunkts Autismus, den es aktuell nur in drei deutschen Bundesländern gibt (Lindmeier et al. 2020). Hier spiegelt sich die Geschichte des deutschen Schulsystems mit seiner langen Tradition der Segregation wider (siehe Berdelmann in diesem Band): Der Neurodiversitätsdiskurs spricht sowohl traditionell als sonderpädagogisch verhandelte Themen an (z. B. Autismus, kognitive Beeinträchtigung, Lernschwierigkeiten) als auch Aspekte, für die klassischerweise die Zuständigkeit an der Regelschule gesehen wird (ADHS, Legasthenie etc.). Diese Gemengelage birgt das Risiko, dass Verantwortlichkeiten von einer Schulform zur nächsten weitergegeben werden. Das zeigt aber auch, dass Neurodiversität ein Thema der schulischen Inklusion ist, das alle Lehrkräfte an allen Schulformen betrifft.

Verbände wie autismus Deutschland e.V. unterstützen die Forderung nach einem Förderschwerpunkt und sehen sie als Grundlage für ein inklusives Schulsystem (autismus Deutschland e.V. 2013). In Lilleys (2015) Studie werden etliche Schulwechsel autistischer Kinder vom Regelschul- ins Sonderschulsystem beschrieben.

---

18 Im Sinne einer diskriminierungssensiblen Sprache wird Schwarz großgeschrieben. Damit wird darauf hingewiesen, dass es nicht um Hautfarbe geht, sondern um eine Selbstbezeichnung von Menschen, die von rassistischer Diskriminierung betroffen sind (siehe z. B. auch Gold et al. 2021).

Man kann vermuten, dass diese Forderungen und Entscheidungen der Eltern Ausdruck eines Bedarfs an zusätzlichen Ressourcen ist (Lilley 2015), von denen man sich erhofft, die Quadratur des Kreises zu ermöglichen. Ebenso wie andere Studien (Goodall 2015; Keane et al. 2012) stellt auch Smagorinsky Überlegungen zu exklusiven Settings als safe spaces auf, kommt aber zu dem Schluss, dass dies Gefühle von Unterlegenheit bzw. Minderwertigkeit bei Schüler:innen sowie Lehrkräften hervorrufen kann, was weder förderlich wäre noch etwas an den tiefen Strukturen ändern würde. Doch worin konkret besteht diese sinnbildliche Unmöglichkeit, Neurodiversität und tiefe Schulstrukturen zu versöhnen?

Die Quadratur des Kreises

Smagorinsky (2020) beschreibt die tiefen Schulstrukturen als Ergebnis eines historischen Entwicklungsprozesses, bei dem es darum ging, nationale Einheit und Konformität herzustellen in einem Staatengebilde, dessen Bevölkerung aus Personen mit sehr unterschiedlicher Herkunft bestand und schnell expandierte. Aus heutiger Sicht kann und sollte man diesen Prozess kritisieren: »this assimilative effort has a patronizing, colonizing effect of imposing one imperialistic culture and notion of proper social conduct on all« (Smagorinsky 2020, 13). Und dennoch halten sich laut Smagorinsky (2020) diese Strukturen und wirken unveränderlich fort. Historische Überblicke (Feinstein 2019; Jordan 2019) aus verschiedenen Regionen der Welt zeigen, dass dies nicht nur auf die USA und nicht nur auf die Frage von Ethnizität zutrifft, sondern Behinderung und Neurodiversität mitverhandelt wurden. Es lassen sich ähnliche Entwicklungslinien im Umgang mit Autismus bzw. Neurodiversität finden, die auch lange auf Anpassung der Schüler:innen an die normierte Schule gesetzt haben und davon bis heute nicht gänzlich loslassen.

Wenn man die oben genannten Themenfelder (Curriculum, soziale Konventionen, Leistungsbewertung etc.) genauer betrachtet, die (Smagorinsky 2020) als Wirkfeld der tiefen Strukturen aufzählt, dann fällt auf, dass sie viele Bereiche betreffen, die auch in den medizinischen Beschreibungen von Autismus oder ADHS Erwähnung finden. Smagorinsky (2020) erwähnt beispielsweise soziale Konventionen, die (nicht nur) an der Schule gelten und für neurodivergente Schüler:innen eventuell nicht erkennbar, nicht nachvollziehbar und somit u. U. nicht erfüllbar sein können. Diesem Thema kann man sich aus mehreren Perspektiven nähern: z. B. mit einem medizinisch geprägten Verständnis von Autismus/Neurodiversität oder einer Stärkenperspektive.

Die DSM-5 sieht in »Schwierigkeiten in der sozialen Interaktion und Kommunikation« eines von zwei Hauptdiagnosekriterien für Autismus. Als Unterkriterien werden die folgenden Aspekte aufgeführt: Defizite der sozial-emotionalen Gegenseitigkeit, Defizite im nonverbalen kommunikativen Verhalten in der sozialen Interaktion, Defizite beim Eingehen und Aufrechterhalten von Beziehungen (Tebartz van Elst et al. 2014). Auch Studien zum Sozialverhalten neurodivergenter Schüler:

innen im Schulkontext weisen dieses defizitorientierte Bild auf (siehe z. B. de Boer & Pijl 2016; Mirfin-Veitch et al. 2020). In einem Überblick zum Forschungsstand bezüglich der inklusiven Beschulung neudivergenter Schüler:innen in Neuseeland kommen die Autor:innen zu dem Schluss, dass autistische Schüler:innen beim Erwerb positiven Sozialverhaltens unterstützt werden müssen (Mirfin-Veitch et al. 2020). Die tiefen Strukturen werden als gegeben angenommen und die Probleme werden im Autismus der Schüler:innen verortet (Lilley 2015). Es lässt sich leicht schlussfolgern, dass neurodivergente Schüler:innen in einem solchen Setting mit ihrer Art, mit der Welt zu interagieren, drohen anzuecken: »the difficulties that students experience in school are usually interpreted as failure of the child to adjust« (Lilley 2015, 392).

Dass Autismus in vielen Studien als Heraus-, Überforderung und Problem für die Schule und ihre Akteure gesehen wird, spiegelt wider, dass die defizitorientierte Sichtweise auf Autismus, die über Jahrzehnte durch die medizinischen Klassifikationen geprägt wurde, in Gesellschaft und Wissenschaft und eben auch der Schule weit verbreitet ist. Eine inklusive Schule müsste sich an ihren Schüler:innen, deren Bedürfnissen und Fähigkeiten orientieren (Florian 2014; Lilley 2015) und somit das Quadrat sich dem Kreis nähern und nicht umgekehrt: »changing schools rather than changing children to be compliant within traditional classrooms.« (Lilley 2015, 393).

Viele neurodivergente Personen haben Schule durchaus oft als Hort ausgrenzender Strukturen erlebt, sehen aber dennoch Möglichkeiten für eine inklusive neurodiversitätssensible Schule (Basel & Hamilton 2019; Gaona et al. 2019; Preißmann 2020). Das Neurodiversitätskonzept bietet zahlreiche Anknüpfungspunkte für eine inklusive und damit autismussensible Pädagogik. Eine eigenständige pädagogische Konzeptualisierung könnte zur Veränderung tiefer Schulstrukturen beitragen bzw. eine Grundlage für Veränderung schaffen.

Wenn man Neurodiversität, wie von Singer vorgeschlagen, tatsächlich ähnlich wie die Kategorien Geschlecht, Klasse oder Ethnizität als Merkmale einer vielfältigen Gesellschaft sieht, dann zeigt sich, dass tiefe Strukturen durchaus veränderbar sind. Die Differenzdiskurse um Geschlecht, Ethnizität und Klasse sind schon deutlich älter, laufen zum Teil behindert durch tiefe Strukturen schwerfällig, aber dennoch konsequent fort und verändern nachhaltig gesellschaftliche Bilder und Diskurse (siehe Grummt in diesem Band). Neurodiversität ist noch ein junges Konzept, Judy Singer hat den Begriff erst 1998 entwickelt (Singer 2017). Seitdem hat er vor allem im anglophonen Raum stetig an Bedeutung gewonnen und wird durch Aktivist:innen selbstbewusst vertreten und verbreitet (siehe hierzu: Kapp 2020). Es ist wahrscheinlich, dass er auch Einzug in deutschsprachige erziehungswissenschaftliche Diskurse sowie in pädagogische Praxis erhält.

Neurodiversität als pädagogische Grundhaltung

Die Konzeption des Autismus hat sich seit den Erstbeschreibungen Sucharewas, Kanners und Aspergers in der ersten Hälfte des 20. Jahrhunderts stark verändert. Happé & Frith (2020) beschreiben diesen Prozess anhand von sieben Veränderungslinien. Der Diskurs zu Autismus begann bei der Beschreibung von Autismus als einer sehr seltenen, ausschließlich Kinder betreffenden Störung, die mit sehr engen Diagnostikkriterien klar von anderen Auffälligkeiten abgegrenzt wurde. Über mehrere Jahrzehnte verlagerte sich diese Sicht hin zu einem relativ häufigen, dimensionalen und komplexen Phänomen, das sich über die gesamte Lebensspanne erstreckt. Mit voranschreitender Forschung wurde in den letzten Jahrzehnten klar, dass sich Autismus in verschiedensten nicht klar voneinander abgrenzbaren Variationen zeigt, weswegen seit der Einführung der DSM-5 im Jahr 2013 der Begriff Spektrum verwendet wird. Die Diagnosekriterien sind weit, da es auch Personen gibt, die nur in bestimmten Bereichen Auffälligkeiten zeigen und somit nicht das tradierte klassische Bild von Autismus widerspiegeln: »the considerable variation and fluctuation in both capability and capacity that autistic people experience« (den Houting 2019, 272). Die Übergänge zu anderen Formen von Neurodiversität erscheinen fließend.

Neurodiversität stützt sich auf das soziale Modell von Behinderung und nimmt somit behindernde Kontexte kritisch in den Blick (Milton 2019). Hinzu kommt ein Fokus auf die Stärken neurodivergenter Personen. Dies ermöglicht einen anderen Blick auf das komplexe soziale Miteinander von neurotypischen und neurodivergenten Personen. Oben wurde in Bezug auf soziale Konventionen die medizinisch geprägte Sichtweise auf Autismus beschrieben, im Folgenden soll dasselbe Thema aus einer Stärkenperspektive heraus betrachtet werden.

Theunissen & Sagrauske (2019) beschreiben, in Anlehnung an und als Ergänzung des Selbstverständnisses des Autistic Self Advocacy Network (ASAN) (Autistic Self Advocacy Network 2020), Besonderheiten in der sozialen Interaktion als ein Merkmal von Autismus. Sie weisen darauf hin, dass soziale Konventionen für autistische Menschen oft willkürlich erscheinen, die Logik hinter ihnen unklar bleibt und sie somit jeglicher Grundlage entbehren, sich daran zu halten. Grund dafür sei die Wahrnehmung, die es schwermacht, soziale Interaktionssituationen in Gänze zu erfassen und dann auch (gesellschaftlich erwünscht) adäquat zu reagieren. Stattdessen würden Autist:innen eigene Handlungslogiken entwickeln, die ihrem tendenziell eher konkreten Denken entsprechen, z. B. sich in Gesprächen eher auf Inhalte, denn auf die Form zu fokussieren (deshalb z. B. auf Smalltalk verzichten). Diese Direktheit kann von neurotypischen Menschen u. U. als unhöflich und unangemessen empfunden werden. Zugrunde liegt dem aber laut Theunissen und Sagrauske (2019) oft ein ausgeprägtes Gerechtigkeitsempfinden und die Gleichbehandlung aller Gesprächspartner:innen. Damit es in der Interaktion zwischen neurotypischen und neurodivergenten Personen nicht zu Missverständnissen und Konflikten kommt, ist gegenseitige Offenheit und Verständnis zentral (Preißmann 2020; Theunissen & Sagrauske 2019). Dazu gehört auch, soziale Konventionen zu überdenken und gegebenenfalls zu modifizieren.

Mit einer solchen Offenheit, die das Neurodiversitätskonzept als stärkenorientiertes Konzept anbietet, lassen sich Normen und eben auch tiefe Schulstrukturen hinterfragen. Wenn Neurodiversität von den an Schule beteiligten Personen gedacht und gelebt würde, könnte sie diese Strukturen vielleicht sogar ins Wanken bringen (Armstrong 2012). Florian (2014) macht allerdings darauf aufmerksam, dass ein Umdenken zwar Einfluss auf die Einstellung hat, aber nicht unbedingt reicht, um Praktiken zu ändern. Die autistische Wissenschaftlerin Jacquiline den Houting sieht das optimistischer:

> »Now, as the neurodiversity movement gains traction within the wider autism community, we are beginning to see a positive shift in attitudes towards autism in neurotypical stakeholders. Strengthsbased approaches to intervention and support are increasingly accepted as best practice, and treatment goals are increasingly focused on issues of key concern for the autistic community, as opposed to the normalisation of autistic people« (den Houting 2019, 271).

Für die Umsetzung in der Praxis sieht es Tobias (2009) als zentral an, dass Lehrkräfte ein Basiswissen über Autismus haben. Diese Forderung findet man auch bei den Müttern in Lilleys Studie, obwohl Lilley selbst warnt, dass Fachkräfte mit einem bestimmten begrenzten Verständnis von Autismus auch behindernd wirken können (Lilley 2015). Smagorinsky (2020) schlägt einen weniger konkreten Ansatz vor. Er setzt auf mehr Austausch zwischen Lehrkräften, nicht um über Neurodiversität zu sprechen, sondern allgemein um Methoden zu diskutieren und um über die Schüler:innen mit ihren Herausforderungen und Potentialen zu sprechen und somit »caring environments« zu schaffen. Seiner Meinung nach würden dann viele Themen sichtbar werden, von denen Neurodiversität eines sein könnte.

In diesem Sinne plädiert dieser Beitrag auch eher für einen weiten Ansatz, für das weite, stärkenorientierte Neurodiversitätskonzept als Grundlage für pädagogisches Handeln. Die Anerkennung dessen, dass Schüler:innen, die eine besondere Wahrnehmung haben, dieser Wahrnehmung entsprechend denken, lernen und handeln, ermöglicht nicht nur das Hinterfragen, sondern auch das Abtragen tiefer behindernder Strukturen. Es kann dazu beitragen, unerwartetes Verhalten und neue Lernwege aller Lernenden einordnen und mit ihnen arbeiten zu können, statt sie zu bestrafen (Lilley 2015). Konflikte lassen sich nicht unter allen Umständen vermeiden, aber sie lassen sich besser lösen, wenn Verständnis und Perspektivwechsel möglich sind. Gleichzeitig lässt es auch einen Raum für das Nichtverstehen zu: So wie es für neurodivergente Personen schwierig sein kann soziale Situationen und Verhalten zu erfassen, so wird es auch für Lehrkräfte oder Mitschüler:innen teilweise unverständlich bleiben, warum neurodivergente Schüler:innen in bestimmten Situationen unerwartet reagieren oder Lösungswege nutzen, die anderen verschlossen bleiben. Die Akzeptanz und Anerkennung dieses Nichtverstehens kann zum einen Entlastung schaffen und bietet auf der anderen Seite Raum für Innovation und Kreativität.

Das soll nicht bedeuten, dass Lehrkräfte nicht versuchen sollten zu verstehen, wie ihre neurodivergenten Schüler:innen denken und lernen. Im Gegenteil, die Aktivist:innen der Neurodiversitätsbewegung setzen viel Energie ein, um die Innensicht neurodivergenter Personen für neurotypische Menschen sichtbar zu machen, mit dem Ziel, dass Letztgenannte mehr verstehen. Die Erfahrungsberichte autistischer

Menschen sind äußerst wertvolle Dokumente, um z. B. neurodiversitätsunsensible Räume wie die Schule zu identifizieren und bei Bedarf verändern zu können.

Sowohl Smagorinsky als auch Lilley sehen Lehrkräfte als zentrale Personen an, um neurodiversitätssensible Schulsituationen zu schaffen, und bemängeln, dass tiefe Strukturen deren Kreativität und Innovation häufig im Weg stünden. Smagorinsky bezieht sich hier auf Unterrichtsthemen, -materialien und -methoden, Lilley eher auf Verhaltensmanagement. Beide führen Best-Practice-Beispiele auf, um ihre Argumentation zu verdeutlichen. Ein aktualisierter Report des Autism Education Trust aus Großbritannien (Guldberg et al. 2019), der Good-Practice-Beispiele identifiziert, zeigt, wie ein stärkenorientierter Blick auf Autismus tiefe Schulstrukturen in Frage stellt. Als Prioritäten für Veränderung in der Schule sehen sie die Reduzierung von Schulausschlüssen, Adressierung von mentaler Gesundheit und Wohlergehen, Stärkung des Bewusstseins für geschlechtsspezifische Unterschiede und kulturelle und sprachliche Vielfalt sowie Förderung der sozialen und emotionalen Entwicklung und Reduzierung von Mobbing bzw. Bullying. Der Bericht ging von autistischen Schüler:innen aus, nahm aber das ganze Schulsystem in den Blick und kommt zu Schlussfolgerungen, die weit über Autismus hinausgehen und für alle Schüler:innen relevant sind.

Insofern ist der Bedarf an mehr auf Autismus spezialisierten Lehrkräften, die dem Verstehen neurodivergenten Denkens und Handelns möglichst nahekommen, essentiell. Ebenso wichtig und grundlegender für ein inklusives Schulsystem als spezialisierte Lehrkräfte ist aber vielleicht ein Basisverständnis von Neurodiversität für Lehrkräfte aller Schulformen:

> »Neurodiversity-inspired educators have a deep respect for student differences and seek ways to join nature and nurture together to create the best ecological niche (or differentiated learning environment) for each student« (Armstrong 2012, 16).

Literatur

Armstrong, T. (2012). First, Discover their Strengths. *Educational Leadership*, 10–16.
autismus Deutschland e.V. (2013). *Leitlinien zur inklusiven Beschulung von Schülern mit Autismus-Spektrum-Störungen.* https://www.autismus.de/fileadmin/user_upload/Leitlinien_des_Bundesverbandes_autismus_Deutschland_e.V._zur_inklusiven_Beschulung_Feb13.pdf
Autistic Self Advocacy Network. (2020). *About Autism.* https://autisticadvocacy.org/about-asan/about-autism/
Badman, G. (2009). *Report to the Secretary of State on the Review of Elective Home Education in England.* TSO.
Basel, A. & Hamilton, C. (2019). *Listening to the Voices of Students with Autism Spectrum Disorder – »When you are at school, you have to behave in a certain way«.* 20(1), 8.
Boujut, É., Popa-Roch, M., Palomares, E.-A., Dean, A. & Cappe, É. (2017). Self-efficacy and burnout in teachers of students with autism spectrum disorder. *Research in Autism Spectrum Disorders, 36,* 8–20. https://doi.org/10.1016/j.rasd.2017.01.002
Brede, J., Remington, A., Kenny, L., Warren, K. & Pellicano, E. (2017). Excluded from school: Autistic students' experiences of school exclusion and subsequent re-integration into school.

Autism & Developmental Language Impairments, 2, 239694151773751. https://doi.org/10.1177/2396941517737511

Cappe, É., Smock, N. & Boujut, É. (2016). Scolarisation des enfants ayant un trouble du spectre de l'autisme et expérience des enseignants: Sentiment d'auto-efficacité, stress perçu et soutien social perçu. *L'Évolution Psychiatrique*, *81*(1), 73–91. https://doi.org/10.1016/j.evopsy.2015.05.006

Czerwenka, S. (2017). Umfrage von autismus Deutschland e.V. zur schulischen Situation von Kindern und Jugendlichen mit Autismus. *autismus*, *83*, 42–48.

de Boer, A. & Pijl, S. J. (2016). The acceptance and rejection of peers with ADHD and ASD in general secondary education. *The Journal of Educational Research*, *109*(3), 325–332. https://doi.org/10.1080/00220671.2014.958812

den Houting, J. (2019). Neurodiversity: An insider's perspective. *Autism*, *23*(2), 271–273. https://doi.org/10.1177/1362361318820762

Feinstein, A. (2019). The History of Autism Education. In *The SAGE Handbook of Autism and Education* (pp. 24–42). SAGE Publications.

Florian, L. (2014). Reimagining Special Education: Why New Approaches are Needed. In *The SAGE Handbook of Special Education* (2., Vol. 1, pp. 9–22). SAGE.

Gaona, C., Palikara, O. & Castro, S. (2019). ›I'm ready for a new chapter‹: The voices of young people with autism spectrum disorder in transition to post-16 education and employment. *British Educational Research Journal*, *45*(2), 340–355. https://doi.org/10.1002/berj.3497

Gold, I., Weinberg, E. & Rohr, D. (2021). *Das hat ja was mit mir zu tun!? Macht- und rassismuskritische Perspektiven für Beratung, Therapie und Supervision* (S. 7–15). Carl-Auer-Verlag.

Goodall, C. (2015). How do we create ASD-friendly schools? A dilemma of placement. *Support for Learning*, *30*(4), 305–326. https://doi.org/10.1111/1467-9604.12104

Grummt, M., Lindmeier, C. & Semmler, R. (2021). Die Beschulungssituation autistischer SchülerInnen vor der Pandemie. *autismus*, *92*, 5–17.

Guldberg, K., Bradley, R. & Wittemeyer, K. (2019). *Good Autism Practice Report*. Autism Education Trust. https://www.autismeducationtrust.org.uk/resources/good-autism-practice-guidance

Happé, F. & Frith, U. (2020). Annual Research Review: Looking back to look forward – changes in the concept of autism and implications for future research. *Journal of Child Psychology and Psychiatry*, *61*(3), 218–232. https://doi.org/10.1111/jcpp.13176

Hebron, J., Humphrey, N. & Oldfield, J. (2015). Vulnerability to bullying of children with autism spectrum conditions in mainstream education: A multi-informant qualitative exploration. *Journal of Research in Special Educational Needs*, *15*(3), 185–193. https://doi.org/10.1111/1471-3802.12108

Humphrey, N. & Lewis, S. (2008). ›Make me normal‹ The views and experiences of pupils on the autistic spectrum in mainstream secondary schools. *Autism*, *12*(1), 23–46. https://doi.org/10.1111/j.1471-3802.2008.00115.x

Hurlbutt, K. S. (2011). Experiences of Parents Who Homeschool Their Children With Autism Spectrum Disorders. *Focus on Autism and Other Developmental Disabilities*, *26*(4), 239–249. https://doi.org/10.1177/1088357611421170

Jordan, R. (2019). Educational Structures: An International Perspective. In *The SAGE Handbook of Autism and Education*. SAGE Publications.

Kapp, S. K. (Hrsg.). (2020). *Autistic Community and the Neurodiversity Movement: Stories from the Frontline*. Springer Singapore. https://doi.org/10.1007/978-981-13-8437-0

Kasari, C., Locke, J., Gulsrud, A. & Rotheram-Fuller, E. (2011). Social Networks and Friendships at School: Comparing Children With and Without ASD. *Journal of Autism and Developmental Disorders*, *41*(5), 533–544. https://doi.org/10.1007/s10803-010-1076-x

Keane, E., Aldridge, F. J., Costley, D. & Clark, T. (2012). Students with autism in regular classes: A long-term follow-up study of a satellite class transition model. *International Journal of Inclusive Education*, *16*(10), 1001–1017. https://doi.org/10.1080/13603116.2010.538865

Kendall, L. & Taylor, E. (2016). ›We can't make him fit into the system‹: Parental reflections on the reasons why home education is the only option for their child who has special educational needs. *Education 3-13*, *44*(3), 297–310. https://doi.org/10.1080/03004279.2014.974647

Lilley, R. (2015). Trading places: Autism Inclusion Disorder and school change. *International Journal of Inclusive Education*, *19*(4), 379–396. https://doi.org/10.1080/13603116.2014.935813

Lindmeier, C., Drescher, I., Sagrauske, M. & Feschin, C. (2020). Überblick über die Zuordnung des Autismus-Spektrums (AS) zu den sonderpädagogischen Förderschwerpunkten in den 16 Bundesländern. *Zeitschrift für Heilpädagogik*, *71*(10), 488–502.

Mavropoulou, S. & Padeliadu, S. (2000). Greek teachers' perceptions of autism and implications for educational practice: A preliminary analysis. *Autism*, *4*(2), 173–183.

Milton, D. (2019). Difference Versus Disability: Implications of Characterisation of Autism for Education and Support. In *The SAGE Handbook of Autism and Education*. SAGE Publications.

Mirfin-Veitch, B., Jalota, N. & Schmidt, L. (2020). *Responding to neurodiversity in the education context: An integrative literature review*. Donald Beasley Institute.

Murdock, J. (2020). *Autism: A Function of Neurodiversity?* 19.

O'Hagan, S., Bond, C. & Hebron, J. (2021). What do we know about home education and autism? A thematic synthesis review. *Research in Autism Spectrum Disorders*, *80*, 101711. https://doi.org/10.1016/j.rasd.2020.101711

Preißmann, C. (2020). *Mit Autismus leben*. Klett-Cotta.

Rosqvist, H. B., Chown, N. & Stenning, A. (Hrsg.). (2020). *Neurodiversity Studies: A New Critical Paradigm* (1st ed.). Routledge. https://doi.org/10.4324/9780429322297

Singer, J. (2017). *NeuroDiversity: The Birth of an Idea* (2.).

Smagorinsky, P. (2020). Neurodiversity and the Deep Structure of Schools. *Ought: The Journal of Autistic Culture*, *2*(1), 10–35.

Sproston, K., Sedgewick, F. & Crane, L. (2017). Autistic girls and school exclusion: Perspectives of students and their parents. *Autism & Developmental Language Impairments*, *2*, 239694151770617. https://doi.org/10.1177/2396941517706172

Tebartz van Elst, L., Biscaldi-Schäfer, M. & Riedel, A. (2014). Autismus-Spektrum-Störungen im DSM-5: Autismus als neuropsychiatrische Entwicklungs- und psychiatrische Basisstörung. *InFo Neurologie & Psychiatrie*, *16*(4), 50–59. https://doi.org/10.1007/s15005-014-0005-5

Theunissen, G. & Sagrauske, M. (2019). *Pädagogik bei Autismus. Eine Einführung*. Kohlhammer.

Tobias, A. (2009). Supporting students with autistic spectrum disorder (ASD) at secondary school: A parent and student perspective. *Educational Psychology in Practice*, *25*(2), 151–165. https://doi.org/10.1080/02667360902905239

Valdebenito, S., Eisner, M., Farrington, D. P., Ttofi, M. M. & Sutherland, A. (2019). What can we do to reduce disciplinary school exclusion? A systematic review and meta-analysis. *Journal of Experimental Criminology*, *15*(3), 253–287. https://doi.org/10.1007/s11292-018-09351-0

Young, K., Mannix McNamara, P. & Coughlan, B. (2017). Post-primary school teachers' knowledge and understanding of autism spectrum disorders. *Irish Educational Studies*, *36*(3), 399–422. https://doi.org/10.1080/03323315.2017.1350594

Mathematischer Anfangsunterricht unter der Berücksichtigung von Neurodiversität. Die Grenzen der Kraft der Fünf und die Notwendigkeit der Pluralisierung von Lernwegen

Torben Rieckmann

Sinan ist 9 Jahre alt und besucht die dritte Klasse. Er hat mathematische Lernschwierigkeiten und lernt aktuell Additionsaufgaben im Zahlenraum bis 20. In seinem Arbeitsheft betrachtet er die Aufgabe *11 + 2*. Diese wird mithilfe elf roter und zwei blauer Kreise in einem Raster dargestellt. Seine Aufgabe besteht darin, das Ergebnis auf einen Blick zu erfassen und aufzuschreiben. Obwohl er diese Struktur aus einem Zehner und drei Einern seit der ersten Klasse diverse Male zu Gesicht bekommen hat, zählt er die Punkte einzeln ab und schreibt erst dann das Ergebnis *13* auf.

Dies ist eine typische Situation im Grundschulunterricht. Das Lehrwerk, das in Sinans Unterricht Verwendung findet, arbeitet mit einer Form der Zahl- bzw. Mengendarstellung, die als *Kraft der Fünf* bezeichnet wird und in der DACH-Region in nahezu allen Lernmaterialien des mathematischen Anfangsunterrichts zu finden ist. Eigentlich soll diese Methode die Lernenden vom zählenden Rechnen wegführen und ihnen das Kopfrechnen ermöglichen. Da Sinan dies nicht zu gelingen scheint, wird angenommen, dass er starke mathematische Lernschwierigkeiten hat und lediglich mehr Übung benötigt als andere Kinder. Doch könnte es vielleicht sein, dass die Schwierigkeiten stattdessen im Lernmaterial verortet sind? Und zwar, weil das Lernmaterial für Sinan ungeeignet ist und deshalb Lernfortschritte verhindert?

Wie zuvor bei anderen Diversitätsbegriffen der Fall, ist der Begriff *Neurodiversität* nicht mehr exklusiv in seinem Ursprung, einer progressiven politischen Bewegung, verortet. Es hat Konsequenzen für den Schulunterricht, dass es eine Vielfalt an unterschiedlich funktionierender Sensorik, Kognition und neuronaler Strukturen gibt. Der vorhandene Reichtum an mannigfachen Arten, die Welt zu verarbeiten und sich Lerninhalte anzueignen, erfordert Berücksichtigung in der Förderung aller Kinder.

Zuvor als Standard geltende Methoden müssen hinterfragt werden, um einen barrierefreien Unterricht für möglichst alle Lernenden zu gestalten. Im vorliegenden Beitrag wird der mathematische Anfangsunterricht behandelt, in dem zur Vermittlung eines Mengenverständnisses und der Grundrechenarten die Kraft der Fünf verwendet wird. Das System basiert auf der Annahme, dass jede*r Schüler*in vier Elemente simultan erfassen kann. Diese Annahme wurde jedoch falsifiziert; die Kraft der Fünf ist demnach nicht für alle Lernenden barrierefrei.

1 Simultanerfassung in Menschheitsgeschichte und Unterricht

Simultanerfassung bezeichnet die Fähigkeit, eine bestimmte Anzahl ungeordneter Elemente auf einen Blick zu erfassen, ohne diese nachzählen zu müssen. Die Anzahl der simultan erfassbaren Elemente ist begrenzt und klassischer Forschungsgegenstand der wissenschaftlichen Psychologie. Dieser Wert variiert in populärwissenschaftlichen und pädagogischen Diskursen, was daran liegen mag, dass die Bestimmung des Wertes durch die Wissenschaft einige Jahrzehnte in Anspruch nahm und erst im Rahmen einer Meta-Studie im Jahr 2000 präzisiert wurde:

Wilhelm Wundt schloss aus Untersuchungen mit Buchstabentafeln, dass sechs Elemente simultan verarbeitet werden können und bezeichnete diesen Wert als »eine Konstante der Aufmerksamkeit für das menschliche Bewusstsein« (1911, 17). Kaufman, Lord, Reese und Volkmann präsentierten Untersuchungspersonen eine Projektion ungeordneter Punkte für 200ms auf einer Leinwand und baten sie darum, die Anzahl zu benennen. Sie bestätigten, dass bis zu sechs Punkte sicher benannt werden können (1949, 525). Miller schlug die Bezeichnung *Chunk* (engl. für *Stück, Brocken*) für eine elementare Informationseinheit vor und erklärte, dass die Grenze der Simultanerfassung bei sieben (+/- zwei) Chunks liegen würde (1956, 98). Spätere Studien gingen allerdings von einem deutlich kleineren Wert aus (u. a. Dehaene & Cohen 1994; Trick & Pylyshyn 1994). Letztlich wurde in einer Meta-Studie eine Begrenzung der Simultanerfassung auf vier Chunks festgestellt (Cowan 2000).

Wird mithilfe einer Strukturierung der Elemente die Anzahl der gleichzeitig erfassbaren Elemente erhöht, wird von *quasi-simultaner Anzahlerfassung* gesprochen. Diese kann beispielsweise beobachtet werden, wenn Kinder in einem Gesellschaftsspiel die Würfelbilder 5 und 6 auf einen Blick identifizieren können. Hierbei werden nicht die einzelnen Würfelaugen verarbeitet, sondern aufgrund ihrer Anordnung auf den Wert geschlossen.

1.1 Mengendarstellungen mit Fünferbündelung

Die Bündelung von fünf Elementen ist von Strichlisten bekannt, in denen die ersten vier Striche parallel aneinandergereiht werden und der fünfte Strich diagonal über die vier Senkrechten geschrieben wird. In einem beträchtlichen Teil der antiken Kulturen weicht die Darstellung der Zahlen ab 5 ebenfalls von den Zahlen zuvor ab. Laut Ifrah (2010, 170 f.) werden in vielen antiken Zahlensystemen (darunter Zahlensysteme der Ägypter, Kreter, Hethiter und Inder) einzelne Zeichen, die Einsen darstellen, aneinandergereiht. Ab der Zahl 5 werden diese gebündelt dargestellt (vgl. Abb. 13).

Ein Grund der Bündelung ab 5 liegt mutmaßlich in der Beschaffenheit der menschlichen Hand. Diese Darstellungsform wirkt sich aber auch entlastend auf die Fähigkeit der simultanen Erfassung aus. Während sich Anzahlen wie **III** oder **IIII** für viele Menschen auf den ersten Blick simultan erfassen lassen, können sie Anzahlen

1	2	3	4	5	6	7	8
I	II	III	IIII	III II	III III	IIII III	IIII IIII

Abb. 13: Antike Zahldarstellungen der Ägypter, Kreter, Hethiter und Inder (vgl. Ifrah 2010, 172).

wie **IIIIII** oder **IIIII** nur durch Nachzählen voneinander unterscheiden. Grund ist, dass die Aneinanderreihung von fünf oder sechs Zeichen zu einer größeren Gestalt verschwimmt (Zimpel 2012a, 33 ff.). Die Darstellung **III-III** kann ad hoc identifiziert werden, weil die Bündelung eine quasi-simultane Erfassung zulässt. Die betrachtende Person erkennt zwei mal drei Bündel und kann sich die Anzahl rechnerisch erschließen.

Im Laufe der Geschichte entwickelten sich Zahlensysteme, die nicht aus der bloßen Aneinanderreihung des gleichen Zeichens bestehen, sondern Zeichen enthalten, die für ein Vielfaches eines anderen Zeichens stehen. Ein Beispiel ist das Punkt-Balken-System der Maya, das ab dem fünften Jahrhundert v. Chr. in Mittelamerika für die Darstellung der Zahlen 1 bis 19 verwendet wurde. Die 1 wird hier durch einen Punkt dargestellt, die Zahlen 2 bis 4 durch eine Aneinanderreihung dieses Zeichens. Entgegen dieser Systematik wird die 5 nicht durch fünf Punkte, sondern durch einen Balken dargestellt (Cauty 2006, 17).

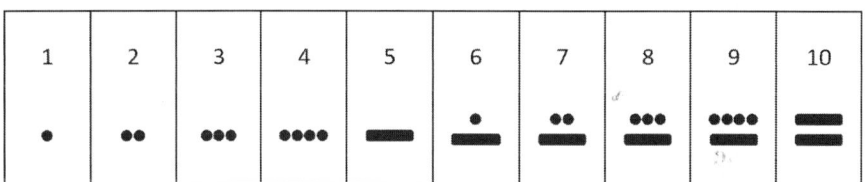

Abb. 14: Die Zahlen 1 bis 10 des Punkt-Balken-Systems der Maya (vgl. Cauty 2006, 17).

Die Verwendung eines neuen Zeichens ab der Zahl 5 ermöglicht auch hier die quasi-simultane Erfassung größerer Mengen. Heute verwenden wir ein Zahlensystem, das mehrere Zeichen beinhaltet, die das Vielfache anderer Zeichen repräsentieren. Rechnungen finden üblicherweise auf dieser abstrakteren Zahlenebene statt; geübte Kopfrechner*innen stellen sich in der Regel keine Striche, Punkte oder Balken vor, sondern operieren vor dem geistigen Auge mit Ziffern. Im mathematischen Anfangsunterricht wird konkreten und nachzählbaren Mengendarstellungen hingegen eine große Bedeutung beigemessen, um ein mathematisches Verständnis anzubahnen.

Ein Blick in die Grundschulen reicht aus, um festzustellen, dass dabei vorrangig mit der Fünferbündelung gearbeitet wird. Die Perlen des Abakus, einem Rechenrahmen, der an nahezu allen Grundschulen zu finden ist, sind bspw. in der Regel zweifarbig gestaltet, sodass eine Fünferbündelung entsteht. In der nachfolgenden Abbildung wird die Zahl 428 mit Hilfe eines Abakus dargestellt:

II (Schul-)Pädagogik und Neurodiversität

Abb. 15: Rechenrahmen, der die Zahl 428 zeigt. Hersteller: Gollnest & Kiesel.

Der Abakus wird für Rechenoperationen verwendet, die über die eigenen Kopfrechenmöglichkeiten hinausgehen. Je nach Region oder Lehrwerk weicht seine Handhabung ab. Eine Möglichkeit der Arbeit mit dem Rechenrahmen besteht darin, den verschiedenen Reihen aufsteigend Stellenwerte zuzuordnen: Die untere Reihe repräsentiert dann die Einer, die nächste den Zehner und die dritte Reihe von unten den Hunderter. Die Perlen befinden sich auf der linken Seite und werden nach rechts geschoben, um Zahlen darzustellen. In der Abbildung stehen vier Perlen im Hunderter, zwei im Zehner und acht im Einer. Die vier Perlen im Hunderter und die zwei Perlen im Zehner können jeweils simultan erfasst werden. Die Perlen des Einers können quasi-simultan erfasst werden: Eine vollständige Reihe blauer Perlen stellt den Wert 5 dar, die drei weiteren roten Perlen werden simultan erfasst und hinzugerechnet, die Menge wird als 8 identifiziert.

Neben dem Abakus findet sich die Fünferbündelung vor allen Dingen in den Mengendarstellungen des Zehnerfeldes und des Zwanzigerfeldes. Zur Verbreitung der Fünferbündelung im deutschsprachigen Raum hat der Reformpädagoge Johannes Kühnel in den 1920er-Jahren beigetragen. Kühnel entwickelte den *Neubau des Rechenunterrichts*, dessen Inhalte und Materialien er in Publikationen und Vorträgen bekannt machte. Das Lernmaterial veranschaulichte Mengen bis zu 10.000 unter Zuhilfenahme der Fünferbündelung (Kühnel, 1922). Kühnel entwickelte seine Lernmaterialien auf Grundlage seiner eigenen Lehrerfahrungen. So berichtet er anekdotisch von einem Dialog mit seinem Neffen, der die dritte Klasse besuchte:

> »Der Knabe hat also keinen Schimmer vom System, obwohl er das Einmaleins hat lernen müssen. Nun versuche ich es anders:
> Ich kann die Augen zumachen, und kann dann 4 Kaffeetassen sehen (weil solche auf dem Tische standen), kannst du das auch? (lachend:) Nein! Versuche es doch! Er kneift die Augen zu, es dauert eine ganze Weile dann ruft er erfreut und erstaunt: Ja, ich bring's auch, an einer steht Marie, an der anderen Elisabeth ... Oder kannst du jetzt mit zuen (geschlossenen) Augen 4 Pferde sehen? (Abwesende Dinge!) Er kneift wieder stark zu. Nach einer Weile: Jetzt sehe ich ein, nun noch eins, noch eins, noch eins! Sag' mal, sind deine Pferde angespannt? (Ich will möglichste Klarheit der Vorstellung erzwingen.) Nein! Spanne sie doch vor

den Wagen! Erst sehe ich da zwei und davor noch zwei. Kannst du dir die Kaffeetassen auch so vorstellen? (Der Wechsel zu dem vorherigen Bild soll die *Anordnung* zum Bewußtsein bringen.) Verwundert fragt er: egale? Ja freilich, sage ich. Ach, ich denke, sie sollen verschieden sein. Also 4 egale Kaffeetassen! Ja, jetzt geht es. Zeige einmal, wo sie stehen! Hier eine, hier eine, hier eine, hier eine. In einer Reihe? Ja. Stelle sie doch einmal hübsch zusammen, daß sie auf ein kleines Tablett gehen! Es dauert immer eine Weile, bis das Bild vor die geschlossenen Augen tritt, dann sagt er: Hier zwei und da zwei. So, nun versuche es einmal mit 6 Kaffeetassen! Das gelingt. Auch mit 8 noch. Da beschreibt er: Erst 4 beieinander, dann noch 4« (Kühnel 1922, 13).

Die Tatsache, dass Kühnel seinen Neffen dazu motivierte, gedanklich mit Viererbündeln zu arbeiten, zeugt davon, dass er von der Fähigkeit der simultanen Verarbeitung von mindestens vier Chunks ausging. Die Strukturierung der vier angespannten Pferdewagen und der Kaffeetassen auf dem Tablett ermöglichen eine Bündelung, mit der geistig operiert werden kann.

Um Schüler*innen in der Erschließung des Dezimalsystems zu fördern, schlägt Kühnel die Arbeit mit *Zahlbildern* vor. Diese bauen auf der Mengendarstellung nach Born auf, die dem heute üblichen Zwanzigerfeld sehr ähnlich waren (Kühnel 1922, 29).

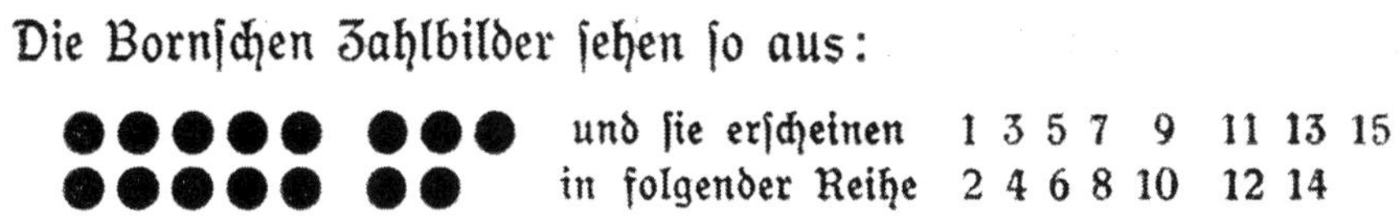

Die Bornſchen Zahlbilder ſehen ſo aus:

●●●●● ●●● und ſie erſcheinen   1 3 5 7   9 11 13 15
●●●●● ●●   in folgender Reihe   2 4 6 8 10 12 14

Abb. 16: Mengendarstellungen nach Born (Kühnel 1922, 29).

Kühnel sieht die Vorteile der Zahlbilder darin, dass im Gegensatz zu vielen anderen Mengendarstellungen, wie etwa Würfelbildern, kleine Zahlbilder unmittelbar in größeren Zahlbildern wiedererkannt werden. Außerdem lobt er ihre Erscheinung »als Produkt der Faktoren 2 und 5, der kleinsten möglichen und größten möglichen psychologischen Mehrheit, anatomisch überdies vorgebildet durch die 5 Finger an jeder Hand« (ebd.).

Seine eigene Leistung sieht Kühnel darin, dieses Prinzip auf den Zahlenraum 100 und 1000 übertragen zu haben. Die Hundertertafel setzt sich dabei aus fünf Zwanzigerdarstellungen zusammen, das Zehntausenderblatt aus 100 Hundertertafeln (ebd., 31 f., vgl. Abb. 17).

Im gegenwärtigen Mathematikunterricht werden Mengendarstellungen mit Fünferbündelung nicht nur mit dem Ziel eingesetzt, Mengen zu veranschaulichen und quasi-simultan erfassbar zu machen, sondern auch um Zahlzerlegungen zu veranschaulichen.

1.2 Von der Kraft der Zehn zur Kraft der Fünf

Thompson und Van de Wall prägen 1984 den Begriff *Power of 10*. Dazu verwenden sie den *10 Frame* von Wirtz (1978), ein Gitter, das sich in 2 x 5 Felder aufgliedert. Als

II (Schul-)Pädagogik und Neurodiversität

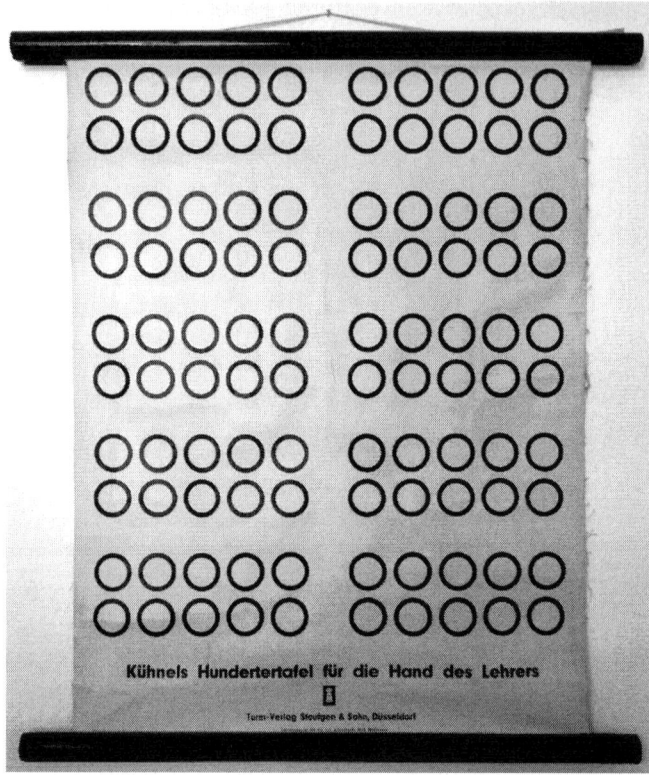

Abb. 17: Rollplakat »Kühnels Hundertertafel für die Hand des Lehrers« (keine Jahresangabe vorhanden).

Alternative schlagen sie den heute noch zu diesem Zweck an Schulen gebräuchlichen Eierkarton vor. Die Zahlen 1 bis 10 werden dargestellt, indem das Zehnerfeld in Leserichtung mit Zählsteinen, bspw. getrocknete Limabohnen, belegt werden. Auf diese Weise werden *10 Facts* sichtbar gemacht: Die unbelegten Felder zeigen, welche Zahl addiert werden muss, um die Summe 10 zu erreichen. Diese Darstellungsweise macht bei Zahlen über 5 außerdem sichtbar, wie sich diese im Sinne $x = 5 + y$ zerlegen lassen (Thompson & Van de Walle 1984, 6).

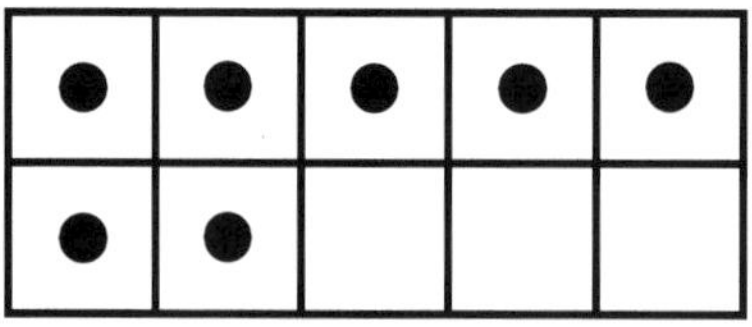

Abb. 18: Das Mengenbild der 7 im 10 Frame (nach Thompson & Van de Walle 1984, 7).

Thompson und Van de Walle (1984, 7 ff.) schlagen die Arbeit mit Karten vor, die die Mengen 0 bis 10 ihres Zehnerfeldes beinhalten. Diese Karten werden den Lernenden einzeln für einen kurzen Moment präsentiert. Ihre Aufgabe besteht darin, die Mengen auf einen Blick zu erkennen und zu benennen. Daneben schlagen die Autoren weitere spielerische Aktivitäten vor, die darauf abzielen, die 10 Facts zu erlernen und sich im Zehnerfeld orientieren. Mit Zählsteinen und dem Zehnerfeld sollen die Lernenden Additionsaufgaben vornehmen, die den Zehnerübergang beinhalten. Sie werden dazu angeregt, die Strategie *Making 10* anzuwenden, wenn ein Summand nahezu 10 beträgt und die Summe 10 übersteigen wird. Bei der Aufgabe 8 + 5 sollen bspw. zwei Zählsteine der Menge 5 entnommen werden, um das Zehnerfeld vollständig zu füllen. Die übrigen drei Steine werden dann zur 10 addiert (Thompson & Van de Walle 1984, 8 f.).

Flexer (1986) baut auf die didaktischen Vorschläge von Thompson und Van de Walle auf und erklärt, dass es neben der Power of Ten eine *Power of Five* zu beobachten gebe. Damit prägt sie die Begrifflichkeit, die bis heute im deutschsprachigen Raum als *Kraft der Fünf* geführt wird. Flexer erkannte, dass die Fünferbündelung nicht nur der Veranschaulichung dient, sondern den Lernenden eine Möglichkeit des Kopfrechnens bietet. Sie erklärt, dass ihnen die Kraft der Fünf den Übergang von konkreten Materialien zu mentalen Bildern von Rechnungen ermöglicht. Hierbei bezieht sie sich auf das Konzept des *Mental Regroupings*, einem System zur Mengendarstellung, bei dem einzelne Kacheln den Wert 1 darstellen und von unten nach oben gestapelt werden (Ginbayashi 1984; Hatano 1980).

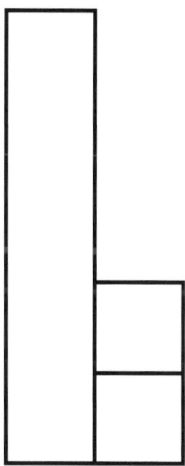

Abb. 19: Das Mengenbild der 7 im System des Mental Regroupings (nach Flexer 1986, 6).

Fünf Kacheln werden in diesem System durch einen Stab ersetzt, so dass auch Anzahlen über 4 auf einen Blick erkannt werden können (Flexer 1986, 6 f.).

Flexer empfiehlt die Arbeit mit einem vertikal verlaufenden Fünferfeld, das aus einer Spalte aus fünf untereinanderstehenden Feldern besteht, die aufwärts gefüllt werden. Damit seien Additionen möglich, die erst physisch mit den Fünferfeldern vorgenommen und später mental vollzogen werden. Bei der Addition zweier

Mengen unter 5 werden diese in Fünferfeldern nebeneinander dargestellt und in Folge kombiniert (Flexer 1986, 7).

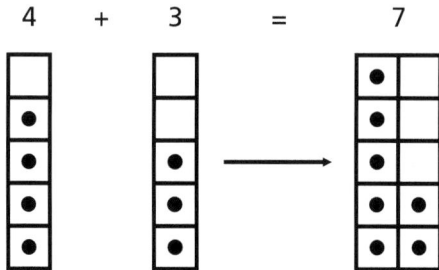

Abb. 20: Darstellung der Additionsaufgabe 4 + 3 im System der Power of Five (nach Flexer 1986, 7).

Im abgebildeten Beispiel wird ein Stein des zweiten Fünferfeldes entnommen und dem ersten Fünferfeld hinzugefügt. Aus der Kombination beider Fünferfelder lässt sich dann die Summe 7 entnehmen. Bei Subtraktionen wird die Anzahl der kleineren Zahl aus dem Fünferfeld der größeren Zahl entnommen. Die übrigen Zählsteine bilden die Differenz (ebd., 7 f.).

Wittman (1994, 45) empfiehlt die Arbeit mit dem Zwanzigerfeld, das er als ein »*Handlungsfeld*, auf dem die Kinder frei schalten und walten können«, beschreibt. Es eigne sich zur Ablösung vom zählenden Rechnen, da es mehrere Möglichkeiten anbiete, Anzahlen strukturiert darzustellen. Durch eigene Erfahrungen und die ihrer Mitschüler*innen würden Schüler*innen selbst feststellen, welche Legemöglichkeiten gedanklich besser nachvollziehbar seien (ebd.).

Zwanzigerfelder sind u. a. als Rechenschiffchen aus Holz oder Plastik, Pappe oder App verfügbar. Gemein haben diese verschiedenen Lernmaterialien die Struktur aus zwei Reihen von 10 Plätzen, die jeweils eine Fünferbündelung aufweisen. Die folgende Abbildung zeigt einen Abaco, ein Lernmaterial, das in der Schweiz verbreitet ist und durch Drehen die Darstellung von roten oder blauen Punkten ermöglicht.

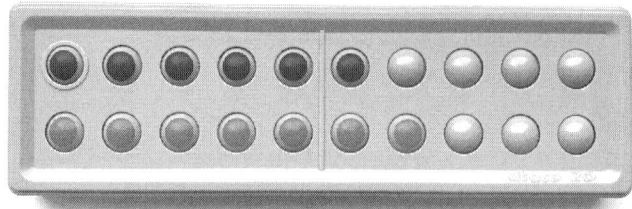

Abb. 21: Abaco 20, der die Aufgabe 6 + 7 zeigt. Hersteller: SCHUBI Lernmedien,

Im deutschsprachigen Raum wird üblicherweise das Zwanzigerfeld verwendet; ein Raster, das mit Wendeplättchen belegt wird, die auf einer Seite rot und auf der anderen blau sind. Unter Bezugnahme auf Wittmann (1994, 44) erklärt Krauthausen, dass diese »amphibischen Charakter« hätten: »Sie sind einerseits konkret, so daß sich leicht mit ihnen hantieren läßt, andererseits aber sind sie so abstrakt, daß sie als Repräsentanten für unterschiedlichste Konkretionen stehen können« (Krauthausen 1995, 92). Das wesentliche Ziel der Arbeit mit den Wendeplättchen sei die Entwicklung mentaler Bilder:

> »Die entscheidende Funktion konkreter Materialien besteht darin, den Kindern durch vielfältiges Tun die Möglichkeit zu geben, tragfähige *Vorstellungsbilder* zu konstruieren, d. h. eine Zahldarstellung oder die konkrete Repräsentation einer Rechenoperation nicht nur direkt vor sich auf dem Tisch zu sehen, sondern auch vor dem inneren, *geistigen Auge* – ohne konkret vorliegendes Material« (Krauthausen 1995, 92).

Die Kraft der Fünf nutze die Simultanerfassung von Vierermengen, um größere Mengen erfassbar zu machen (ebd., 98). Sobald die Notwendigkeit bestünde, eine Anzahl zu zählen, weil sie mindestens 5 betrage, könne man auf eine neue Einheit zurückgreifen, die simultan erfassbar sei:

> »Einer-Zahlen größer als *5* lassen sich somit in ihrem Bezug zur *5* darstellen ($n = 5 + x$): $6 = 5 + 1$, $7 = 5 + 2$, $8 = 5 + 3$, $9 = 5 + 4$; jeder der Summanden rechts der Gleichheitszeichen ist simultan erfaßbar und macht damit ein Zählen überflüssig; die Zahl kann unmittelbar ›gelesen‹ werden« (ebd.).

In dieser Form der quasi-simultanen Erfassung werden Fünferreihen als ganze Reihe und nicht anhand ihrer einzelnen Elemente verarbeitet:

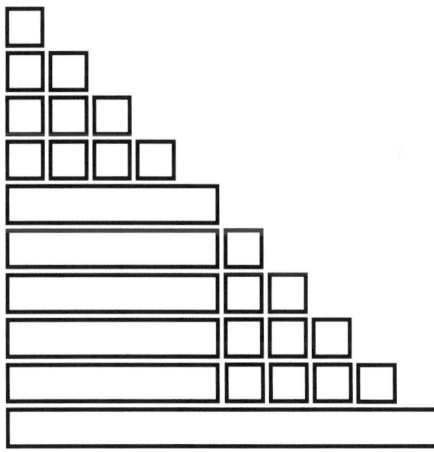

Abb. 22: Schematische Darstellung der Kraft der Fünf (nach Krauthausen 1995, 98).

1.3 Blitzrechnen

Heute ist die Kraft der Fünf aus dem Mathematikunterricht an deutschsprachigen Grundschulen nicht mehr wegzudenken. Sie nimmt in Form des *Blitzrechnens* viel Raum im täglichen Unterricht aller Schüler*innen ein und findet sich in diversen Lernmaterialien unterschiedlicher Verlage. Aber ist sie auch für alle Lernenden geeignet?

1987 gründeten Erich Wittmann und Gerd Müller das Projekt *mathe 2000*, das sich von der Mengenlehre abgrenzte und sich in der Tradition Kühnels verstand (Wittmann 2012, 268). Aus dem Projekt gingen eine Vielzahl an Lehrmaterialien und Handreichungen hervor, u. a. ein zweibändiger Leitfaden für Lehrende mit dem Titel *Handbuch produktiver Rechenübung* und das Lehrwerk *Zahlenbuch* (Wittmann & Müller 2012, 2019). Das Projekt hat darüber hinaus Einfluss auf die Gestaltung anderer Lernmaterialien für den mathematischen Anfangsunterricht genommen. Heute finden sich die Kraft der Fünf und Blitzrechenübungen in nahezu allen Lernmaterialien des mathematischen Anfangsunterrichts.

In mathe 2000 wird neben dem *produktiven Üben*, das eine Berücksichtigung inhaltlicher und allgemeiner Lernziele vorsieht, dem *Blitzrechnen*, einer Form automatisierenden Übens, viel Raum gegeben (Wittmann 2012, 271). Dabei handelt es sich um Übungen, die alleine oder in Kleingruppen regelmäßig neben dem regulären Mathematikunterricht ausdauernd und gründlich durchgeführt werden sollten (Wittmann & Müller 2019, 108 f.). Sie stellen laut Wittmann und Müller eine »Verständnisbasis dar, die man zu Recht als *Gerüst (oder Skelett) des Rechenunterrichts* bezeichnen kann« (ebd., 108).

Folgende *Blitzrechenübungen des Zwanzigerraums* werden mithilfe des Zehner- oder Zwanzigerfeldes bearbeitet:

1. »Kraft der Fünf: Zahlendarstellungen im Zwanzigerfeld werden in ihrer Struktur untersucht und benannt. Bestimmt werden soll, aus wie vielen Fünfern und Einern sich eine Zahl zusammensetzt.
2. Ergänzen bis 10: Eine Zahl unter 10 wird im Zehnerfeld dargestellt. Die Aufgabe besteht darin, sie bis 10 zu ergänzen (Alternativ auch als *Ergänzen bis 20* im Zwanzigerfeld möglich).
3. Verdoppeln: Eine Zahl unter 10 wird im Zwanzigerfeld dargestellt. Sie soll verdoppelt werden. Das Ergebnis wird genannt.
4. Einspluseins: Eine Additionsaufgabe wird mithilfe des Zwanzigerfeldes dargestellt. Sie soll benannt und gelöst werden.
5. Einsminuseins: Eine Subtraktionsaufgabe wird mithilfe des Zwanzigerfeldes dargestellt. Sie soll benannt und gelöst werden.
6. Halbieren: Im Zwanzigerfeld wird eine gerade Zahl dargestellt. Sie soll halbiert werden und das Ergebnis soll genannt werden«
(ebd., 110 ff.).

Jede Blitzrechenübung gliedert sich in zwei Phasen: Die Grundlegungsphase sieht die Arbeit mit konkretem Material (z. B. Wendeplättchen und Zwanzigerfeld) vor. In der Automatisierungsphase sollen die zuvor konkret bearbeiteten Übungen mental durchgeführt werden (ebd.).

Im Folgenden werden beispielhaft zwei Blitzrechenübungen vorgestellt: Die Übung *Kraft der Fünf* sieht den Einsatz von Wendekärtchen vor, die auf der Vorderseite eine Zahl zwischen 1 und 20 und auf der Rückseite ihre Darstellung mit Fünferbündelung zeigt.

In der Grundlegungsphase wird der lernenden Person das Mengenbild auf der Rückseite präsentiert. Ihre Aufgabe besteht nun darin, die Zerlegung der Zahl in

Fünfer und Einser anzugeben. Die Zahl 17 kann beispielsweise als *3 Fünfer und 2 Einer* bezeichnet werden. Alternative Verbalisierungen, die beispielsweise die beiden Fünfer als einen Zehner zusammenfassen, sind ebenfalls möglich (Wittmann & Müller 2015, 22 f.). Dementsprechend könnte die Zahl 17 auch als *1 Zehner, 1 Fünfer und 2 Einer* bezeichnet werden. In der Automatisierungsphase wird versucht, auf die Wendekärtchen zu verzichten. Der lernenden Person wird eine Zahl genannt, sie versucht, ihre Zerlegung ohne Abbildung zu benennen (ebd., 23).

Für die Blitzrechenübung *Einspluseins* bzw. *Plusaufgaben* wird ein Zwanzigerfeld verwendet, um eine Additionsaufgabe darzustellen. Die lernende Person soll die Aufgabe und ihre Lösung benennen (Wittmann & Müller 2019, 111). Im Folgenden wird die Additionsaufgabe 6 + 7 auf einem gedruckten Zwanzigerfeld mit Wendeplättchen aus Pappe dargestellt:

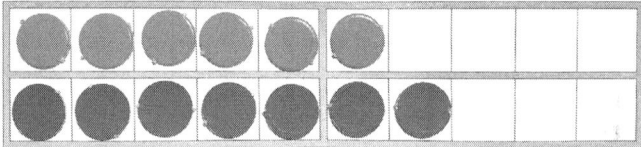

Abb. 23: Darstellung der Aufgabe 6 + 7 auf dem Zwanzigerfeld mit austrennbaren Wendeplättchen aus Pappe.

In der Automatisierungsphase werden den Lernenden die Additionsaufgaben mündlich mitgeteilt. Die Lernenden bearbeiten sie dann im Kopf und nennen das Ergebnis (Wittmann & Müller 2019, 111).

Auch in anderen Lehrwerken, Arbeitsheften und Lern-Apps des mathematischen Anfangsunterrichts findet die Kraft der Fünf regelmäßige Anwendung. Heine (2015) analysierte Lernmittel im Mathematikunterricht des ersten Schuljahres an Regel- und Förderschulen in Deutschland. Er konzentrierte sich auf Bundesländer, die die Arbeit mit bestimmten Lehrwerken vorgeben und zeigte, dass die Kraft der Fünf fester Bestandteil in allen konventionellen Lehrwerken zum mathematischen Anfangsunterricht ist, darunter auch in solchen, die als »inklusiv« bezeichnet werden.

2 Die Kraft der Fünf schließt Lernende aus

Die Kraft der Fünf nutzt die Fähigkeit zur Simultanerfassung, um größere Mengen quasi-simultan erfassbar zu machen. Wie viele Chunks müssen bei der Arbeit mit der Kraft der Fünf bis zur Menge 10 verarbeitet werden?

Krauthausens Darstellung zur Strukturierung der Mengenbilder, die auf der Kraft der Fünf basieren, verdeutlichen, dass eine volle Reihe von fünf Wendeplättchen als *ein Element* verarbeitet wird. Hierbei wird das Vorwissen vorausgesetzt, dass eine volle Reihe immer aus fünf Elementen besteht. Demnach muss zur Identifikation der Zahl 5 im System der Kraft der Fünf lediglich ein Chunk verarbeitet werden (ein Fünfer). Zum Erkennen des Mengenbildes der 6 müssen zwei Chunks verarbeitet werden (ein Fünfer und ein Einer), für die 7 drei Chunks (ein Fünfer und zwei Einer) und für die 8 vier Chunks (ein Fünfer und drei Einer). Das Mengenbild der 9 erfordert, wenn es analog zu den anderen Mengenbildern beschrieben wird, die Verarbeitung von fünf Chunks (ein Fünfer, vier Einer). Für das Mengenbild der 10 müssen lediglich zwei Chunks (zwei Fünfer) oder ein Chunk (ein Zehner) verarbeitet werden.

Richtet die betrachtende Person ihr Augenmerk auf die leeren Felder, kann das Mengenbild der 9, das eigentlich aus fünf Chunks besteht, auch auf einen Blick identifiziert werden. Dazu muss lediglich die Zahlzerlegung 10–1 = 9 oder die Regelung bekannt sein, dass ein Leerfeld im Zehnerfeld die Menge 9 darstellt (ein Chunk). Analog dazu müssten für das Mengenbild der 8 zwei Chunks (zwei leere Felder) und dem Mengenbild der 7 drei Chunks (drei leere Felder) verarbeitet werden. Die augenblickliche Identifizierung einzelner Mengenbilder im Zehnerfeld der Kraft der Fünf setzt demnach die Fähigkeit voraus, drei Chunks simultan zu verarbeiten. Die Vorstellung der Mengenbilder anhand der Leerfelder greift allerdings bei der gedanklichen Nachbildung von Mengen, nicht aber beim Verändern dieser Mengenbilder vor dem geistigen Auge (Addition und Subtraktion). Ein Beispiel: Zur Bearbeitung der Aufgabe 6 + 2 müssen *1 Fünfer und 1 Einer* vor dem inneren Auge dargestellt werden. Nun werden *2 Einer* hinzugefügt. Daraus ergeben sich *1 Fünfer und 3 Einer*. Zur Verarbeitung dieses Bildes sind vier Chunks notwendig.

Die Simultanerfassung als neuronaler Prozess spielt in vielen Theorien zur Zahlenverarbeitung eine prominente Rolle und wird mit der Fähigkeit zum Umgang mit Zahlen in Zusammenhang gebracht. Im Triple-Code-Modell von Stanislas Dehaene (1992) wird sie als Teil des Codes *Analoge Größenrepräsentation* angeführt (Dehaene 1992, 31; Landerl, 2020). Diesen Bereich bezeichnet Dehaene in Anlehnung an Dantzig als *Number Sense* bzw. *Zahlensinn* (Dantzig 2005; Dehaene 2011). In Butterworths Modells des *Mathematical Brain* bildet das *Number Module*, das den Zahlensinn bzw. die Fähigkeit der Simultanerfassung beinhaltet, den Kern der numerischen Fähigkeiten (1999, 8). Können mathematische Lernschwierigkeiten also in diesem Modul verortet werden? Kaufmann et al. (2013, 232) erklären, dass im Wesentlichen zwei Formen der Dyskalkulie unterschieden werden sollten:

1. Schwierigkeiten hinsichtlich der Zahlenverarbeitung im engeren Sinne,
2. Schwierigkeiten in der Durchführung von Rechenoperationen.

Diese Unterscheidung wird von diversen Studienergebnissen gestützt (Fischer, Gebhardt & Hartnegg 2008; Landerl, Bevan & Butterworth 2004; Moeller, Neuburger, Kaufmann, Landerl & Nuerk 2009; Schleifer & Landerl 2011). Fischer, Gebhardt und Hartnegg (2008, 28) gehen davon aus, dass Kinder mit diagnostizierter Dyskalkulie in 40 bis 79 % der Fälle Schwierigkeiten bei der Simultanerfassung und dem Zählen aufweisen.

Eine experimentelle Studie zur Trisomie 21 (n=194), an der der Autor beteiligt war, zeigt, dass Menschen mit Trisomie 21 nicht vier, sondern lediglich zwei bis drei Chunks simultan verarbeiten (Zimpel & Rieckmann 2020; vgl. auch Zimpel in diesem Band). Aus der pädagogischen Praxis des Autors lässt sich außerdem die Erfahrung ableiten, dass viele Lernende ohne Trisomie 21, die man als neurodivergent bezeichnen könnte, ebenfalls weniger als vier Chunks simultan verarbeiten.

Die Annahme, Menschen wären per se in der Lage, vier Chunks simultan zu verarbeiten, ist falsifiziert. Die Kraft der Fünf richtet sich demnach in erster Linie an neurotypische Lernende. Mengendarstellungen, die auf der Kraft der Fünf basieren, bieten sich für einen nicht unwesentlichen Teil der Schüler*innen nicht an. Arbeiten sie mit Anschauungsmaterialien, die die Kraft der Fünf nutzen, sind sie zum zählenden Rechnen gezwungen, weil ihnen die Simultanerfassung von Mengen mit Fünferbündelung nicht im gleichen Maße möglich ist wie neurotypischen Schüler*innen.

Die zuvor dargestellten Übungen zum Blitzrechnen erfordern in der Automatisierungsphase das mentale Operieren mit Zwanzigerfeldern. Dieser Vorgang, den neurotypische Lernende in der Regel erlernen können, ist Schüler*innen mit einer Fähigkeit zur Simultanerfassung unter drei Chunks nicht möglich. Sie können das Zwanzigerfeld zum Nachlegen und Nachzählen von Rechenaufgaben und Zahlzerlegungen verwenden – nicht aber zur Bildung von mentalen Vorstellungen, die manipuliert werden können.

3 Alternativen zur Kraft der Fünf

Aufgrund der weiten Verbreitung der Kraft der Fünf scheint es, als würde kein Weg an dieser Form der Mengendarstellung vorbeiführen. Doch es existieren Alternativen, wie die *Kieler Zahlenbilder* (Rosenkranz 2001) und das *Würfelhaus-Konzept* (Strauß-Ehret 2008). Ihre Mengenbilder orientieren sich an Würfelbildern und können erfahrungsgemäß auch von Lernenden mit mathematischen Lernschwierigkeiten erlernt und auf einen Blick erkannt werden. Allerdings bauen die klassischen Würfelbilder nicht aufeinander auf und sind deshalb für Zahlzerlegungen, mentale Rechenoperationen und Blitzrechenübungen nur bedingt geeignet. Um bspw. die Aufgabe *3 + 1* zu rechnen, genügt es nicht, dem Würfelbild der 3 gedanklich einen Punkt hinzuzufügen. Zusätzlich muss der Punkt in der Mitte vor dem geistigen Auge verschoben werden, um das Würfelbild der 4 zu erreichen.

Der Autor hat in einer Educational Design Research Studie gemeinsam mit 30 Personen mit Trisomie 21 eine evidenzbasierte Form der Mengendarstellung entwickelt: Im mathildr-System werden Zweierbündel verwendet, die in Anlehnung an das Würfelbild der 5 aufeinander aufbauend strukturiert sind.

Das System greift auf Zweierbündel zurück, weil diese erfahrungsgemäß auch bei einer Trisomie 21 auf einen Blick erfasst werden können und weil die 2 neben der 10 und der 5 den einzigen verbleibenden Teiler der 10 darstellt. Aufgrund seiner ein-

II (Schul-)Pädagogik und Neurodiversität

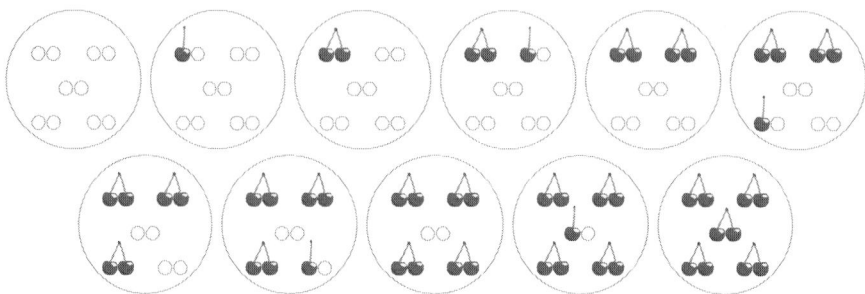

Abb. 24: Die Mengenbilder 0 bis 10 im mathildr-System.

zigartigen Anordnung kann jedes Mengenbild auf einen Blick erkannt werden – analog zu Würfelbildern. Da die Mengenbilder aufeinander aufbauen, können Zahlzerlegungen bzw. Additionen dargestellt werden. Dazu werden zwei verschiedene Farben (rot und gelb) verwendet. In der folgenden Abbildung wird die Aufgabe *4 + 2* dargestellt.

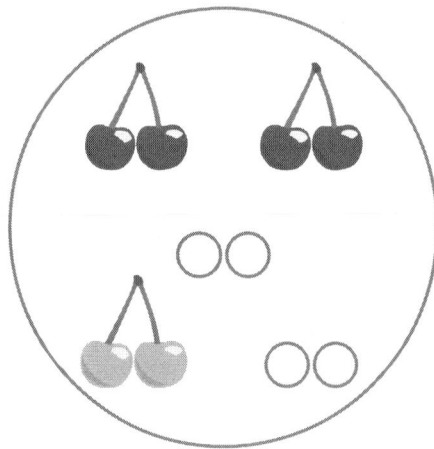

Abb. 25: Die Aufgabe 4 + 2 wird durch Kirschen unterschiedlicher Farben dargestellt.

Die Summe 6 setzt sich aus beiden Farben zusammen und ist auf einen Blick zu erkennen. Der erste Summand 4 ist in seiner dem System üblichen Anordnung zu erkennen. Der zweite Summand wird in einer anderen Farbe dargestellt.

Die Erfahrungen zeigen, dass Lernende, die weniger als vier Chunks gleichzeitig verarbeiten können, mit diesem System vor dem geistigen Auge operieren können. Beobachtungen und Gespräche legen nahe, dass sie sich die Struktur des Mengenbildes der 0 vorstellen und dieses gedanklich schrittweise mit verschiedenfarbigen Kirschen füllen. Eine Beobachtung, die hierauf schließen lässt, ist bspw. folgende: Der Schüler Max löst die Additionsaufgabe 8 + 2, in dem er seine Hand vor sich ausstreckt und sagt »Ich habe 8«. Er nimmt die Hand herunter, streckt zwei Finger aus und sagt: »Ich habe 2. Dann sind das 10«. Max scheint das Zehnerfeld im mathildr-System räumlich vor sich zu imaginieren. Ohne eine sichtbare räumliche Imagination rechnete die Schülerin Noa. Auf die Frage, wie das Ergebnis der Aufgabe *2 + 2* laute, antwortet sie nach kurzem Überlegen: 4. Sie erklärt, dass sie sich »ein Paar und noch ein Paar, also vier Kirschen« vorgestellt habe.

In dem Forschungsprojekt zu mathildr wurden neben Max und Noa auch bei 27 anderen Schüler*innen Lernfortschritte erzielt. Es zeigt sich, dass sich das System für Zahlzerlegungen, Blitzrechenübungen und mentale Operationen eignet. Darüber hinaus wurde in einem Quasi-Experiment (N=36) mithilfe des Eye-Tracking-Verfahrens die Möglichkeit der quasi-simultanen Erfassung dieser Mengendarstellungen unter den Bedingungen einer Trisomie 21 belegt (Rieckmann 2022)

Das Projekt wurde mehrfach ausgezeichnet, u. a. mit dem Niedersächsischen Inklusionspreis 2019 (SoVD Landesverband Niedersachsen 2019). Der gemeinnützige Verein *Guter Unterricht für alle* vertreibt Lernmaterialien aus Holz und Lernkarten, die auf mathildr basieren: www.mathildr.de.

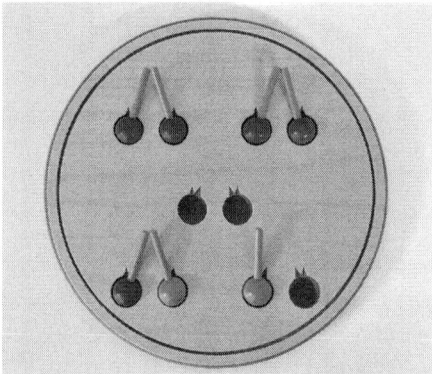

Abb. 26: Im mathildr-Zehnerfeld aus Holz können Additionen mithilfe roter und gelber Holzkirschen dargestellt werden. Hier wird die Aufgabe 5 +2 dargestellt.

Darüber hinaus steht unter www.mathildr.app eine kostenfreie Web-App zur Verfügung, die die Darstellung von Mengen, Additionen und Subtraktionen im mathildr-System ermöglicht. Aktuell wird die Lern-App Mambio entwickelt, die in Zukunft in den bekannten App Stores heruntergeladen werden kann. Diese beinhaltet Rechenfelder des mathildr-Systems und der Kraft der Fünf. Als inklusives Lernmaterial richtet sie sich an alle Schüler*innen, unabhängig davon, wie viele Chunks sie verarbeiten können.

4 Pädagogische Innovation wagen

Die Präsenz der Kraft der Fünf in mathematischen Lernmaterialien scheint die ursprüngliche Intention und Motivation ihres Einsatzes sowie die Hintergründe zur Verarbeitung dieser Mengenbilder zu überstrahlen. Ganz selbstverständlich findet sich diese Form der Mengendarstellung in nahezu allen Lernmaterialien im Mathematikunterricht der Grundschule wieder, darunter auch in »inklusiven« Lernmaterialien.

Eine Auseinandersetzung mit der Simultanerfassung von Menschen mit Dyskalkulie und mit Trisomie 21 zeigt, dass diesen mit der Kraft der Fünf regelmäßig Unterrichtsmaterial zur Verfügung gestellt wird, das inkompatibel zu ihrer Form der Informationsverarbeitung ist. Die pädagogische Absicht, ein manipulierbares mentales Bild zu entwickeln, kann mit unpassendem Lernmaterial nicht erfüllt werden. Im Rahmen des Forschungsprojekts des Autors wurde ein Unterrichtsmaterial entwickelt, das sich zur barrierearmen bzw. barrierefreien Gestaltung des Mathematikunterrichts für diese Schüler*innen eignet.

Daraus wird die Bedeutung von Grundlagenforschung für die Unterrichtsentwicklung deutlich: Grundlagenforschung kann das Fundament für Forschungsprojekte bilden, die Problemstellungen der Pädagogik und Didaktik bewältigen. Ein erfolgreicher Forschungstransfer bewirkt, dass ein »Das haben wir schon immer so gemacht!« einem »So geht es besser!« weicht.

Das mathildr-Projekt verdeutlicht, dass es lohnenswert ist, Schüler*innen in die Entwicklung von Lernmaterialien aktiv einzubeziehen. Eine evidenzbasierte und partizipative Entwicklung von Unterrichtmaterial stellt nicht nur sicher, dass es tatsächlich einen Lernerfolg herbeiführen kann, sondern auch, dass es attraktiv für die Zielgruppe ist und diese gerne mit dem Material arbeitet.

Neben der Kraft der Fünf etablierten sich weitere Lernprinzipien fest in der Didaktik, die nicht für alle Schüler*innen geeignet sind und im Sinne eines neurodiversitätssensiblen Unterrichts geprüft werden sollten. Das mathildr-System ist ein kleiner Baustein, der dazu beitragen kann, einen individuellen Unterricht zu gestalten, der der Neurodiversität der Schüler*innenschaft gerecht wird.

Literatur

Butterworth, B. (1999). *The Mathematical Brain.* Macmillan.
Cauty, A. (2006). Die Arithmetik der Maya. *Spektrum der Wissenschaft Spezial. Ethnomathematik*, 2, 16–21.
Cowan, N. (2000). The magical number 4 in short-term memory: A reconsideration of mental storage capacity. *Behavioral and Brain Sciences*, 24, 87–114.
Dantzig, T. (2005). *Number: The Language of Science.* Pi Press.
Dehaene, S. (1992). Varieties of numerical abilities. *Cognition*, 44, 1–42.

Dehaene, S. (2011). *The Number Sense. How the Mind creates Mathematics.* Oxford University Press.

Dehaene, S. & Cohen, L. (1994). Dissociable Mechanisms of Subitizing and Counting: Neuropsychological Evidence From Simultanagnosic Patients. *Journal of Experimental Psychology: Human Perception and Performance*, 20(5), 958–975. https://doi.org/10.1037/0096-1523.20.5.958

Fischer, B., Gebhardt, C. & Hartnegg, K. (2008). Article Subitizing and Visual Counting in Children with Problems in Acquiring Basic Arithmetic Skills. *Optometry & Vision Development*, 39(1), 24–29.

Flexer, R. J. (1986). The Power of Five: The Step before the Power of Ten. *The Arithmetic Teacher*, 34(3), 5–9.

Ginbayashi, K. (1984). *Principles of Mathematics Education – Achievements of AMI.* Association of Mathematical Instruction.

Hatano, G. (1980). *Mental Regrouping Strategy for Addition: An Alternative Model to Counting-on.* National Council of Teachers of Mathematics Research Profession.

Heine, M. (2015). *Die Bedeutung der »Kraft der Fünf« im mathematischen Anfangsunterricht unter der Bedingung einer Trisomie 21.* Universität Hamburg.

Ifrah, G. (2010). *Universalgeschichte der Zahlen.* Haffmans & Tolkemitt.

Kaufman, E. L., Lord, M. W., Reese, T. W. & Volkmann, J. (1949). The Discrimination of Visual Number. *The American Journal of Psychology*, 62(4), 498–525.

Kaufmann, L., Handl, P., Margarete, D. & Pixner, S. (2013). Wie Kinder rechnen lernen und was ihnen dabei hilft. In M. von Aster & J. H. Lorenz (Hrsg.), *Rechenstörung bei Kindern. Neurowissenschaft, Psychologie, Pädagogik* (2. Aufl., S. 231–257). Vandenhoeck & Ruprecht.

Krauthausen, G. (1995). Die »Kraft der Fünf« und das denkende Rechnen. Zur Bedeutung tragfähiger Vorstellungsbilder im mathematischen Anfangsunterricht. In G. N. Müller & E. C. Wittmann (Hrsg.), *Mit Kindern rechnen* (S. 87–108). Der Grundschulverband e.V.

Kühnel, J. (1922). *Vier Vorträge über neuzeitlichen Rechenunterricht.* Julius Klinkhardt.

Landerl, K. (2020). Triple-Code-Modell. *Dorsch – Lexikon der Psychologie.* Hogrefe Verlag.

Landerl, K., Bevan, A. & Butterworth, B. (2004). Developmental dyscalculia and basic numerical capacities: a study of 8–9-year-old students. *Cognition*, 93(2), 99–125. https://doi.org/10.1016/j.cognition.2003.11.004

Miller, G. A. (1956). The Magical Number Seven, Plus or Minus Two: Some Limits on our Capacity for Processing Information. *Psychological Review*, 63(2), 81–97.

Moeller, K., Neuburger, S., Kaufmann, L., Landerl, K. & Nuerk, H.-C. (2009). Basic number processing deficits in developmental dyscalculia: Evidence from eye tracking. *Cognitive Development*, 24(4), 371–386. https://doi.org/10.1016/j.cogdev.2009.09.007

Rieckmann, T. (2022). *Internalisierbare Mengenbilder im individualisierten Mathematikunterricht. Eine Studie zur Entwicklung eines Lernmaterials für Personen mit Besonderheiten in der Simultanerfassung.* Springer Spektrum (in Vorbereitung).

Rosenkranz, C. (2001). *Kieler Zahlenbilder. Ein Förderprogramm zum Aufbau des Zahlbegriffs für rechenschwache Kinder. Zahlenraum 1–20. Handbuch* (3. Aufl.). Veris Verlag.

Schleifer, P. & Landerl, K. (2011). Subitizing and counting in typical and atypical development. *Developmental Science*, 14(2), 280–291. https://doi.org/10.1111/j.1467-7687.2010.00976.x

SoVD Landesverband Niedersachsen (2019). *Inklusionspreis Niedersachsen – Preisverleihung 2019.* https://www.inklusionspreis-niedersachsen.de/preisverleihung-2019 [20.11.2020]

Strauß-Ehret, C. (2008). *Das Würfelhaus. Vom Bild zur Zahl. Teil 1.* Würfelhaus-Verlag.

Thompson, C. & Van de Walle, J. (1984). Let's Do It. The Power of 10. *Arithmetic Teacher*, 32, 6–11.

Trick, L. M. & Pylyshyn, Z. W. (1994). Why are small and large numbers enumerated differently? A limited-capacity preattentive stage in vision. *Psychological Review*, 101(1), 80–102. https://doi.org/10.1037/0033-295X.101.1.80

Wirtz, R. (1978). *An Elementary Mathematics Curriculum for ALL Children.* National Council of Supervisors of Mathematics meeting.

Wittmann, E. C. (1994). Legen und Überlegen. Wendeplättchen im aktiv-entdeckenden Rechenunterricht. *Die Grundschulzeitschrift*, 72, 44–46.

Wittmann, E. C. (2012). Das Projekt »mathe 2000«: Wissenschaft für die Praxis – eine Bilanz aus 25 Jahren didaktischer Entwicklungsforschung. In G.N. Müller, C. Selter & E.C. Wittmann (Hrsg.), *Zahlen, Muster und Strukturen. Spielräume für aktives Lernen und Üben* (S. 265–279). Ernst Klett Verlag.

Wittmann, E. C. & Müller, G. N. (2012). *Das Zahlenbuch 1. Arbeitsheft.* Ernst Klett Verlag.

Wittmann, E. C. & Müller, G. N. (2015). *Fördern und Diagnose mit dem Blitzrechenkurs. Handreichung für die Praxis.* Ernst Klett Verlag.

Wittmann, E. C. & Müller, G. N. (2019). *Handbuch produktiver Rechenübungen. Band I: Vom Einspluseins zum Einmaleins* (2. Aufl.). Ernst Klett Verlag.

Wundt, W. (1911). *Einführung in die Psychologie.* R. Voigtländers Verlag.

Zimpel, A. F. (2012). *Der zählende Mensch. Was Emotionen mit Mathematik zu tun haben* (2. Aufl.). Vandenhoeck & Ruprecht.

Zimpel, A. F. & Rieckmann, T. (2020). The Influence of Trisomy 21 on Subitising Limit. *International Journal of Disability, Development and Education*, 1–19. Routledge. https://doi.org/10.1080/1034912X.2020.1737317

»Also ich glaube, dass da noch viel zu tun ist. Also sehr, sehr viel zu tun ist, ehrlich gesagt.« Über diversitätssensiblen Unterricht mit autistischen Schüler*innen

Eine Einschätzung von Sekundarschullehrkräften in Deutschland

Christina Feschin

»Na, ich dachte dazu ist Schule da, um mir was beizubringen« (Fr. M., Gesamtschule). Dieses aussagekräftige Zitat entstammt einem Dissertationsvorhaben, das sich mit Kenntnissen und Handlungskompetenzen von Lehrkräften im Zusammenhang mit der Beschulung der autistischen Schüler*innenschaft im Sekundarschulbereich auseinandersetzt. Für dieses Vorhaben wurden Expert*inneninterviews mit insgesamt 12 Lehrkräften geführt. Alle interviewten Personen haben Erfahrungen mit autistischen Schüler*innen und arbeiten an einer Sekundarschule (7 Förderschullehrkräfte in verschiedenen Förderbereichen sowie 5 Lehrkräfte mit unterschiedlicher Ausbildung an Sekundarschulen). Dieser Buchbeitrag setzt sich konkret mit den Einschätzungen der befragten Lehrkräfte über die aktuelle schulische Situation autistischer Schüler*innen auseinander und somit auch indirekt mit dem Umgang mit diversitätssensiblem Unterricht. Die Beschäftigung mit dieser Thematik gewinnt an Brisanz, wenn man sich die leider wenigen Dissertationen zu der schulischen Situation von Schüler*innen im Autismus-Spektrum in Deutschland vor Augen führt (Klotz-Burr 2003; Knorr 2012; Lippe 2020; Kaubek 2020). Generell lässt sich festhalten, dass die Studienlage im deutschsprachigen Raum unzureichend ausfällt (vgl. Lindmeier 2018). Die Bedeutsamkeit des diversitätssensiblen Unterrichts ist vor allem durch die KMK-Empfehlung zur inklusiven Bildung (2011) unterstrichen worden.

> »Eine inklusive Schule übernimmt die Zuständigkeit und Verantwortung für Kinder und Jugendliche, unabhängig von deren individuellen Lern-, Entwicklungs- und anderen Voraussetzungen. Eine Pädagogik der Vielfalt und das Einbeziehen von Unterstützungsangeboten gewährleisten allen Kindern und Jugendlichen Lern- und Entwicklungsmöglichkeiten« (ebd., 16).

Angeregt durch die US-amerikanischen Empowermentbewegungen ab den 1950er Jahren und durch die Entstehung des Diversitätsmanagements etablierte sich der Begriff »Diversity« (übersetzt: Vielfalt). Heute findet der Diversity-Ansatz Verwendung in verschiedenen internationalen wissenschaftlichen und wirtschaftlichen Zweigen. Grundlegend geht dieser Ansatz von einer intersektionalen Perspektive auf das Individuum aus. Jeder Mensch ist charakterisiert durch die Kombination von persönlichen, gesellschaftlichen, biologischen (usw.) Merkmalen, die wiederum in verschiedenen Dimensionen kategorisiert werden können.

> »Aufgrund der Mehrfachzugehörigkeit zu verschiedenen Dimensionen wie Geschlechtsidentität, ethnische und kulturelle Herkunft, Hautfarbe, Religion und Weltanschauung, sexuelle Orientierung, Behinderung, Lebensalter, sozialer Status, Beruf etc. bestehen zwischen Individuen je nach Kontext neben Unterschieden zugleich Gemeinsamkeiten« (Eine Welt der Vielfalt; o. J.).

Diese Diversity-Dimensionen haben jedoch auch direkte Konsequenzen für die einzelne Person. Sie beeinflussen unter anderem den Zugang zu Ressourcen und aus ihnen können verschiedenste Formen von Diskriminierung entstehen (u.a. Ableismus, Homophobie, Rassismus, Trans_Diskriminierung). Bezogen auf den pädagogischen Fokus lässt sich festhalten, dass der Diversity-Ansatz als eine Weiterentwicklung bestehender Konzepte, wie beispielsweise der antirassistischen Pädagogik, fungiert, da die Mannigfaltigkeit des Menschen in den Fokus rückt, gleichwohl die Achtung der Individualität im Sinne der Menschenrechte im Vordergrund steht. Vielfalt wird hier selbst als Ressource und Mehrwert für eine Gesellschaft verstanden und unterstrichen.

> »Bei der Arbeit mit dem Diversity-Ansatz geht es nicht um das Einüben von Toleranzen, sondern um gegenseitige Anerkennung und das Erlernen eines aktiven Umgangs mit Differenzen. Dazu gehören auch Selbstreflexion und das kritische Hinterfragen der persönlichen Normalitätsvorstellungen« (Oberhöller 2012, 1).

Was bedeutet dies aber nun für Schule, Lehrkraft und Unterricht? Welche Voraussetzungen müssen für einen diversitätssensiblen Unterricht vorhanden sein? Um auf etwas »sensibel« reagieren zu können, bedarf es zunächst eines Wissens, eines Bewusstwerdens über Diversität/Intersektionalität und deren »Spezifika«. Des Weiteren stellt Oberhöller (2012) Faktoren auf, welche sowohl auf der persönlichen als auch auf der strukturellen/organisatorischen Ebene verortet sind. Um einige zu benennen: Reflexion der eigenen Stereotype, Vorstellungen; Sichtbarmachung von Unterschieden, Gemeinsamkeiten und Potentialen; Auseinandersetzung mit der Thematik (Diversity-Trainings, Schulprojekttage, Gruppendiskussionen usw.); gezielte Personalentwicklung (vielfaltsorientierte Personalentwicklung); Rahmenbedingungen für inklusive Lernbedingungen; Barrierefreiheit (vgl. ebd., 5 f.).

Trotz postuliertem politischem Interesse an einer inklusiven Beschulung divergieren Theorie und Praxis doch noch häufig (Rühle 2015). Aus diesem Grund richte ich den Blick näher auf die autistische Schülerschaft, die wie oben beschrieben im deutschsprachigen Raum im pädagogischen Zusammenhang leider noch zu wenig Beachtung findet. Im Allgemeinen lässt sich festhalten, dass »[d]er Unterricht für Kinder und Jugendliche mit autistischem Verhalten [...] grundsätzlich Aufgabe der *Lehrkräfte aller Schulformen [ist]*. Die Eignung für diese Aufgabe setzt Aufgeschlossenheit und Befähigung für die besonderen Herausforderungen des Förderschwerpunktes autistisches Verhalten voraus. In pädagogisch-psychologischer und didaktisch-methodischer Hinsicht müssen die *Belange autistischer Kinder und Jugendlicher berücksichtigt werde.*« (KMK 2000, 15: Umstellung: C.F.). Des Weiteren wird in dieser Empfehlung deutlich, dass man im Zusammenhang mit Autismus von dem Begriff Förderschwerpunkt absieht, obwohl es sich eigentlich tatsächlich um einen sonderpädagogischen Förderschwerpunkt handelt, jedoch nicht in einem traditionellen Sinne, »[...] d. h. dass die Kinder und Jugendlichen keiner speziell auf dieses Krankheitsbild zugeschnittenen Schule zugeordnet werden können. Vielmehr wird aufgrund der Empfehlung eines Fachgutachters entschieden, ob bzw. welche Sonderschule besucht wird. Diese Empfehlung entstand auf Wunsch der Länder, die eine Zunahme der Zahl autistischer Kinder festgestellt haben« (KMK 2020, 128). Dies hat unter anderem aber Folgen für die Ausrichtung eines Lehramtsstudiums, da Autismus nicht als eigenständige Fachrichtung studiert werden kann. In Deutschland gibt es aktuell zwei Lehrstühle, die Autismus in ihrer Denomination ausweisen: »Pädagogik bei kognitiver Beeinträchtigung und Pädagogik im Autismus-Spektrum« an der MLU in Halle-Wittenberg sowie »Pädagogik bei Verhaltensstörungen und Autismus einschließlich inklusiver Pädagogik« an der LMU in München.

> »So bleibt es weitgehend dem Zufall überlassen, ob angehende Lehrer sich wissenschaftlich oder praktisch mit der Erziehung, Bildung und Förderung dieser Schüler auseinandersetzen. Hier gilt es, sich in den ersten Semestern des Lehramtsstudiums das nötige Wissen sowohl für die inklusive Beschulung als auch für den Unterricht an Förderschulen anzueignen, um dann später ein autismusspezifisches Lernen im Sinne einer qualitativ hochwertigen Bildung didaktisch ermöglichen zu können« (Markowetz 2020, 22).

Eine Studie der Autismus-Forschungs-Kooperation (AFK) in Berlin hat sich der Frage angenommen, welche Kenntnisse praktizierende Lehrkräfte in Berlin über Autismus haben. Mit Hilfe von Fragebögen wurden 85 Lehrkräfte an vier weiterführenden Schulen in Berlin befragt, davon unterrichteten 33 Lehrpersonen an einer Schule mit sonderpädagogischem Schwerpunkt. Insgesamt zeigten die Ergebnisse, dass Lehrer*innen an Schulen mit SPS zwar mehr über Autismus wissen als die Allgemeinbevölkerung, jedoch nicht über die Stärken autistischer Menschen.

> »Gerade das Wissen über Stärken von autistischen Schülern ist jedoch für die pädagogische Förderung essentiell. Auch die Besonderheiten des Asperger Syndroms sind insgesamt über alle befragten Gruppen hinweg kaum bekannt. Da viele Autisten – und im Besonderen Personen mit Asperger Syndrom – jedoch Regelschulen besuchen, ist auch hier eine Kenntnis über assoziierte Schwächen und Stärken wichtig. Unsere Studienergebnisse verweisen diesbezüglich auf erheblichen Nachholbedarf. Auch die deutliche Unterschätzung der Prävalenz von Autismus deutet darauf hin, dass die Wichtigkeit von autismusspezifischen Schulungen bisher nicht genügend Beachtung findet« (AFK 2007).

Nun sind 15 Jahre seit dieser Studie vergangen und die Brisanz dieses Themas scheint ungebrochen, denn ohne ein fundiertes Wissen scheint eine angemessene Beschulung, wie es die KMK Empfehlung von 2000 unterstreicht, schwer auszuführen sein.
Ferner unterstreicht die UN-Behindertenrechtskonvention (Artikel 24 Bildung § 2), dass autistische Schüler*innen nicht auf Grund ihrer Neurodiversität vom allgemeinen Bildungssystem ausgeschlossen werden dürfen. In Deutschland ist das Schulrecht Ländersache (Art. 30 GG, Art. 70 I GG), weshalb auch das Thema und die Umsetzung von Inklusion bundesweit unterschiedlich definiert und ausgeprägt sind. Über die Realität der schulischen Inklusion autistischer Menschen gibt es bis dato keine verlässlichen Zahlen (vgl. Theunissen & Sagrauske 2019). Die Autor*innen gehen davon aus, dass vermutlich 60 % aller autistischen Schüler*innen mit dem nach ICD-10 diagnostizierten Asperger-Syndrom eine allgemeine Schule besuchen. Die verbleibenden 40 % verteilen sich auf verschiedene Förderschultypen.

Bei der Diagnose des sogenannten frühkindlichen Autismus und/oder atypischen Autismus kann davon ausgegangen werden, dass 80 % der Kinder und Jugendlichen in einer Schule mit dem Förderschwerpunkt geistige Entwicklung beschult werden. Diese Einschätzungen basieren jedoch nur auf der Grundlage einer niedrigen Fallzahl und deutschlandweite verlässliche Daten finden sich bis dato noch nicht.

> »Die uneinheitlichen Angaben legen fließende Übergänge zwischen Inklusion und Exklusion nahe und machen deutlich, dass dann, wenn die inklusive Beschulung von autistischen Schülern nicht gelingt, deren schulische Förderung an Förderschulen fortgesetzt wird« (Markowetz 2020, 23).

Warum erscheint aber gerade ein tieferer Blick auf die autistische Schülerschaft notwendig?

Zunächst ist der Blick auf neuere Arbeiten vorwiegend aus dem angloamerikanischen Sprachraum interessant, die sich mit der Prävalenz und Intelligenz autistischer Menschen auseinandergesetzt haben. In den USA sowie in Großbritannien wird heute Autismus vier bis fünf Mal häufiger diagnostiziert als vor etwa 40 Jahren (vgl. CDC 2014). Gründe hierfür sind das bessere Verständnis als auch die Anpassung der Diagnostik. Für Deutschland gehen einige Autor*innen inzwischen von mindestens sechs Autist*innen pro 1000 Einwohner*innen aus, das heißt von mehr als 500.000 Personen. Somit tritt Autismus nicht mehr als eine seltene »Behinderungsform« in Erscheinung. Ferner besteht ein weitaus geringeres Zusammentreffen von Autismus und geistiger Behinderung (35 %–50 %) als bisher vermutet (75 %) (vgl. Theunissen & Sagrauske 2019). Diese Zahlen sind insbesondere für das gegliederte Schulsystem in Deutschland relevant und unterstreichen die Notwendigkeit einer weitreichenden wissenschaftlichen Auseinandersetzung mit diesem Personenkreis. Zunächst kann auf Grund der Heterogenität der autistischen Menschen davon ausgegangen werden, dass auch das Lern- und Leistungspotenzial autistischer Schüler*innen erhebliche Diskrepanzen aufweisen kann und dass wir es mit Entwicklungen zu tun haben, bei denen sowohl Leistungsstärken als auch deutliche Leistungsschwächen oder Beeinträchtigungen zu Tage treten können. Jedoch muss das Bildungsangebot und somit auch Lehrpersonen aller Schulformen diesem sehr heterogenen, breiten Ausprägungsspektrum gerecht werden. Erfahrungsberichte von Eltern oder autistischen Personen (vgl. Ellas Blog – Leben mit Autismus 2019; GEW 2018; SZ 2017) lassen vermuten, dass eine gemeinsame Beschulung autistischer und nicht-autistischer Schüler*innen im Primarbereich einfacher eingeschätzt wird als im Sekundarbereich. Die diskutierten Alltagsthesen sehen vor allem in der angenommenen größeren Vorurteilsfreiheit der Kinder, eher schüler*innenorientierten (als fachbezogenen) Einstellungen der Lehrkräfte, dem Klassenlehrer*inprinzip und den kleineren Klassen zentrale Gründe für bessere Integrationsmöglichkeiten. Diese These wird auch durch Aussagen einiger, im Rahmen des oben erwähnten Dissertationsvorhabens interviewter Lehrkräfte bekräftigt. Beispielsweise äußert sich Frau N., eine Förderschullehrkraft, wie folgt: »Und ich glaube die Grundschulen haben sich da gut auf den Weg gemacht. Das glaube ich schon. […] Weiterführende Schulen sind da glaube ich selektiver« (Fr. N). Eine weitere Förderschullehrkraft unterstreicht die Vorurteilsfreiheit der Grundschulkinder: »Also in der Grundschule werden Kinder noch eingeladen mit Behinderung. Das lässt nach« (Hr. M., GE [Abkürzung für Geistige Entwicklung]). Ferner liegen Erfahrungsberichte (vgl. Stanton o. J.; SZ 2017) von autistischen Personen oder Eltern autistischer Kinder vor, die aufzeigen, dass ein autistisches Kind im Laufe seiner Schulzeit immer wieder auf Lehrkräfte stößt, die unzureichend über Autismus informiert sind und daher den besonderen pädagogischen Anforderungen kaum gewachsen sind. Daher ist es nicht verwunderlich, dass insbesondere aus der Feder von Autistinnen oder Autisten die Schulzeit für nicht wenige autistische Kinder oder Jugendliche als Qual oder gar als »die bei weitem schlimmste Zeit ihres Lebens« (Preißmann 2020) beschrieben wird. Die hier vorgestellten Einschätzungen der befragten Lehrkräfte über die aktuelle schulische Situation autistischer Schüler*innen legt nahe, dass sich dieser unzulängliche Zustand teilweise bis heute noch zeigt, dass sich einiges jedoch auch im Wandel befindet. »Das ist alles so im Umbruch. Ich sag mal die jungen Lehrer, die nachkommen, die wachsen da so rein. Für die ist das normal« (Fr. Z., Oberschule). Bei einem Fachberater zum Thema »Autismus« ist folgendes zum Thema »Wandel« nachzulesen:

> »Hier bei uns wächst eine Gymnasiallehrergeneration heran, die sind jetzt so alle zwischen 28 und vierzig. Die haben im Studium schon erlebt, dass Gruppen nicht homogen sind, dass es Vielfalt gibt bei Menschen, dass man individuelle Wege finden muss und dass es auch Aufgabe von Schule ist, trotz oder mit anderen mit den gesetzlichen Bestimmungen ein bisschen zu jonglieren und zu gucken, was kann man da eigentlich machen, und man kann viel machen und die sind bereit das zu tun« (Hr. F. T., GE).

Der Aussage nach sind die Anerkennung von Nachteilsausgleichen und unter bestimmten Voraussetzungen auch der Einsatz von Schulbegleiter*innen als positiv zu werten. »Naja, dass sie [autistische Schüler*innen] zum Beispiel Schulbegleitung bekommen oder dass es diesen Nachteilsausgleich gibt, das ist natürlich schon einmal gut.« (Fr. B., GE). Weiterhin berichtet eine Fachberaterin, dass an und für sich die Umsetzung des Nachteilsausgleichs schon gut an den Regelschulen in Sachsen funktioniert, dass sie jedoch auch weiterhin teils mit bürokratischen oder personellen Herausforderungen behaftet ist:

> »Da habe ich das jetzt erreicht, dass dort jedes Kind seinen Nachteilsausgleich bekommen hat, dass der Nachteilsausgleich beschlossen wurde. Dieses besagte Gymnasium von vorhin, die haben ein dreiviertel Jahr gebraucht, um den Nachteilsausgleich zu besprechen. Daran sieht man, dass es ihnen eigentlich nicht wichtig ist« (Fr. M., Oberschule).

Kontroverser ist laut Aussagen verschiedener Lehrkräfte der Einsatz einer Schulbegleitung. Einerseits stellt es ein Politikum dar, da die Finanzierung auch hier länderabhängig ist und andererseits wird berichtet, dass die Anwesenheit einer sogenannten Schulassistenz auch Auswirkungen auf Lehrkraft und Klassengemeinschaft haben kann. Den Interviews ist zu entnehmen, dass es scheinbar in Sachsen-Anhalt schwieriger ist als beispielsweise in Sachsen, ausreichende Stunden für eine Schulbegleitung für das autistische Kind bewilligt zu bekommen:

> »Also selbst die 20 Stunden sind ja dann schon bei Hilfeplangesprächen – Naja am liebsten würden wir es kürzen, ja. Das ist ja immer schon ein Kampf. Obwohl ich irgendwie gehört hab, in Sachsen ist das, ist das nicht so. Gerade, was Integrationshelfer angeht, nicht so schwierig. Aber in Sachsen-Anhalt ist es nun mal so« (Fr. Z., Oberschule).

Fr. M. aus Sachsen belegt diesen Unterschied, auch wenn sie den Aufwand, der »[…] manchmal ein halbes Jahr halt ins Land [geht]« (Fr. M., Oberschule), bemängelt, so findet sie die Zusammenarbeit mit dem zuständigen Jugendamt dennoch gut und unterstreicht, dass Anträge im Endeffekt fast immer bewilligt werden (vgl. ebd.). Fr. H. aus Sachsen-Anhalt eröffnet ein weiteres politisches Problem im Zusammenhang mit den schulischen Begleiter*innen. Sie zeigt auf, dass es nicht nur um die bewilligten Stunden geht, sondern auch um die Ausbildung der Schulassistent*innen:

> »[…] nicht einsehen wollen, dass Integrationshelfer von [Organisation] zum Beispiel super sein können. Aber manche sind erst 16 und wissen selbst noch nicht, was mit ihrem Leben irgendwo mal passieren soll. Und jemandem dann die Verantwortung zu geben, einen (unv.) zu begleiten, der so ein, ja, doch, auch anstrengendes Verhalten zeigen kann, wo sie ja selber entscheiden müssen: Was ist da jetzt und wie handle ich jetzt in der Situation? Das finde ich sehr anstrengend. Und eine Fachkraft von der [Organisation], die das eher einschätzen kann, kostet viel Geld. Das ist kein Amt bereit zu zahlen« (Fr. H., Oberschule).

Auch Lehrkräfte aus Nordrhein-Westfalen bestätigen, dass teilweise Integrationshilfen zu jung seien und deren Arbeitsziel durch die Lehrkräfte fehlinterpretiert wird: »Und da [Regelschule] wird glaube ich viel über den I-Helfer geregelt so. Da ist/läuft einer mit, der zeigt dir Räume, der guckt, dass die Hausaufgaben abgeschrieben werden. Kümmer ich [Lehrkraft] mich nicht großartig drum« (Fr. N., GE). Ferner wird ersichtlich, dass durch den Einsatz von Schulassistent*innen der Eindruck entstehen kann, dass die zuständigen Lehrkräfte sich nicht mehr mit der autistischen Schüler*innenschaft auseinandersetzen müssen, da die Assistenz die benötigte Unterstützung in der Beschulung vermeintlich übernimmt.

Trotz der, teilweise an länderspezifische Bedingungen geknüpften, positiven Veränderungen finden sich in den Interviews auch gegenteilige Geschichten, welche unter anderem Verunsicherung bei Lehrkräften erkennen lassen. Diese Einschätzungen finden sich bei Lehrkräften verschiedener Schulformen. Fr. N., eine Förderschullehrerin, glaubt, dass Lehrkräfte an Regelschulen ggf. durch die vorherrschende Lernzielgleichheit aber auch auf Grund von Überlastung Aufgabenbereiche auslagern:

> »Weiterführende Schulen sind da, glaube ich, selektiver. Das ist ja auch manchmal friss oder stirb Prinzip. […] Gerade als Fachlehrer ist man da vielleicht auch irgendwie so mit: Ich hab ja nur 1 Stunde Chemie die Woche bei denen. Oder so was. Ich glaube, dass viele Klassenlehrer das vielleicht auch mit ihren 3 Stunden, oder die sie da haben vielleicht auch gar nicht leisten können« (Fr. N., GE).

Der Fachberater Hr. F. T. belegt, dass eine gelingende Beschulung autistischer Schüler*innen tatsächlich zeitlich mehr Aufwand bedeutet als eine »Durchschnittssituation«, da insbesondere zu den bereits bestehenden Aufgaben vor allem an Regelschulen weitere hinzukommen:

> »Dass man vielleicht einen Förderplan schreiben muss, dass man einen Integrationshelferantrag schreiben muss, dass man eine Integrationshilfe informieren muss über das, was da ist, dass man sich auch mit ihm austauschen muss. Das hier bei so einem Kind auch nochmal ein anderer Kontakt zu den Eltern eigentlich praktiziert werden muss. Möglicherweise sogar in bestimmten Settings mal immer wieder mit dem Therapeuten. Das erfordert schon zeitlichen Aufwand, der eigentlich über die Durchschnittssituation hinausgeht, das ist auch noch so eine Sache. Und, wie gesagt, bei den älteren Kollegen mag es durchaus das Denken geben: ›Warum ist der hier auf dem Gymnasium oder auf der Realschule oder wäre der nicht

besser an der Förderschule aufgehoben oder was sollen wir noch alles machen.‹ Ich kann das in Teilen verstehen, aber diesem einen Kind hilft es nicht, so eine Haltung« (Hr. F. T., GE).

Auch wenn die schulische Förderung von Kindern und Jugendlichen mit Behinderungen derzeit vor allem auf schulorganisatorischer Ebene diskutiert wird (Sonderschule vs. Gemeinsame Beschulung), ist aus erziehungswissenschaftlicher Sicht für den Lernerfolg jedoch in erster Linie die konkrete Unterrichtssituation von Bedeutung. Diese wird (unabhängig von der Schulform) zu einem Gutteil von den Einstellungen, der Motivation, der Selbstwirksamkeit und den Wissensbeständen der Lehrkräfte geprägt. Durch die Aussagen der interviewten Lehrkräfte scheinen die Förderschullehrkräfte offener eingestellt zu sein als Regelschullehrkräfte. Besonders aussagekräftig ist folgendes Zitat einer Gesamtschullehrerin, welche auch Beratungslehrkraft für Autismus ist:

> »Und ganz besonders schlimm ist es am Gymnasium, wo der Lehrer halt sich besser dünkt oder erhaben oder irgendwas. Und dann habe ich auch einen Schüler an einem Gymnasium mit einem IQ von 145. Ich meine, das hat keiner von den Lehrern, bin ich mir sicher. Und sich dann eine junge Lehrerin so hinstellt und sagt: Na, wäre der nicht besser aufgehoben an einer Schule für Behinderte […]. Dass die Lehrer das einfach nicht für sich verinnerlicht haben, dass jeder irgendwie willkommen ist, auch wenn er anders ist. Der größte Schaden ist: Alle machen immer nur dasselbe. Zur gleichen Zeit das Gleiche. Nicht dasselbe. Das Gleiche zur gleichen Zeit im gleichen Tempo möglichst noch« (Fr. M.).

Der Unmut über diesen Zustand ist in ihrer Aussage deutlich zu spüren, was auch nachvollziehbar ist, denn durch die Aussonderung und die Abwertung dieser Schüler*innen auf eine andere Schulform wird der autistische Mensch auf sein Anderssein reduziert und sein weiterer Bildungswerdegang auf einen nicht-qualifizierenden Schulabschluss minimiert. Neben Frau M. bestätigen auch andere Lehrkräfte, die zum Teil negative Einstellung und mangelnde Motivation zur gemeinsamen Beschulung: »[…] generell dieses Verständnis für Autismus ist bei Regelschullehrern nicht von Haus aus da. Entweder ich bin ein Typ und mich interessiert das und ich möchte verstehen. Oder ich bin Fachlehrer Physik, Chemie und das hat so zu laufen, wie ich das will« (Fr. Z., Oberschule).

Mögliche Gründe für diese Einstellung der gymnasialen Lehrkraft könnten der oben erwähnte höhere Arbeitsaufwand, das geringe Wissen über Autismus und eine diversitätssensible Beschulung, wie auch der hohe Leistungsdruck mit gleichzeitiger Lernzielgleichheit sein:

> »Also Kinder und Jugendliche mit autistischem Verhalten haben es schwer in der Schule. […] Einmal, weil es diesen gnadenlosen Zensuren-Leistungsdruck gibt, und weil es auch für sie wenig, oft wenig Möglichkeiten gibt, sich anders zu präsentieren. […] Das ist die Leistungskontrolle mündlich oder schriftlich. Und da sind die Lehrer auch: Ja, der muss, oder die muss das mitschreiben, und muss muss muss. Und es wird wenig Raum für eine andere Art der Bewältigung von Lernstoff gegeben, weil eben in Sachsen das nach wie vor so ist, dass der lehrerorientierte Unterricht einfach so ist: Der Lehrer steht vorn« (Fr. M., Oberschule).

Neben der Einstellung von Lehrkräften sind aber natürlich auch die räumlichen und personellen Bedingungen einer Schule ausschlaggebend für eine gelingende Beschulung autistischer Schüler*innen. Hier zeigen die Ergebnisse der Interviews, dass sowohl Förder- als auch Regelschullehrkräfte mangelnde Voraussetzungen insbesondere in dem Regelschulbereich sehen. Bemängelt werden das große Schulsystem ohne Rückzugsmöglichkeiten, welche einen wichtigen Baustein einer autismussensiblen Beschulung darstellen, um beispielsweise in Überforderungssituationen eine Abhilfe zu verschaffen, sowie fehlende finanzielle und personelle Ressourcen.

> »Allgemein, ich glaube, im Allgemeinen ist schwierig, weil ich glaube, es hängt tatsächlich am Personellen, am Lehrermangel ganz, ganz doll, am Finanziellen [...]. Und ich denke, wenn da mehr Entgegenkommen wäre seitens, ja, von welchen Stellen auch immer. Mehr finanzielle Unterstützung, mehr personelle Unterstützung und mehr auch Wissen und mehr, also an unserer Schule ist das Wollen da, aber ich weiß, viele Schulen und gerade im staatlichen Bereich, die können einfach nicht mehr. Und deswegen, ich glaube, die Situation ist nicht gut. Also und ich glaube, wir könnten mehr machen und es wäre auch mehr in Regelschulen möglich. Also ich glaube nicht, dass Autisten zwangsläufig auf eine Förderschule gehen müssten und wenn ja, auf welche, Fragezeichen? Ich glaube auch, dass es für manche autistische Schüler besser ist, weil einfach die Klassen kleiner sind, das Umfeld strukturierter ist, aber generell sollte es jedem erst mal möglich sein. Und das ist es momentan nicht, weil die Bedingungen dafür nicht da sind« (Fr. H. P., Oberschule).

Das Zitat macht deutlich, dass Lehrkräfte einer großen Herausforderung oder gar Überforderungssituation im Generellen ausgesetzt sind und die Bedingungen im System Schule als ungenügend wahrgenommen werden. Ferner wird das Wissen in Bezug auf Autismus im Förderschulbereich besser eingeschätzt als im Regelbereich. Einerseits wird hierfür die Einstellung und Motivation der Lehrkräfte als Begründung herangezogen, aber auch die universitäre Ausbildung, in der Autismus häufig keine Rolle spielt, sowie mangelnde Fortbildungsangebote, welche auf das Regelschulsystem ausgerichtet sind.

> »Aber, dass man jetzt irgendwie vorbereitet wird und gesagt wird: So passt auf. Also entweder man sucht sich selber ne Fortbildung, die ja auch recht rar sind. Aber, das ist zum Teil auch so theoretisch und dann wirklich auch auf GB gemünzt oder auf Schulformen, wo man immer denkt: Ja ist ja schön, aber an der Sek geht das nicht, ja« (Fr. Z., Oberschule).

Fehlendes Wissen, Überforderung und ein Gefühl der Hilflosigkeit machen sich hier stark bemerkbar. Die ungünstigen Bedingungen schränken die Lehrpersonen weiter ein und schaden damit zusätzlich dem autistischen Kind und Jugendlichen. Auch wenn die Thematik Autismus immer populärer wird, so benötigt es dennoch die Einsicht, dass durch bestimmte Rahmenbedingungen sowie Engagement und Empathie eine gemeinsame Beschulung möglich und auch erstrebenswert ist.

> »Also aus der Fachberatung mache ich die Erfahrung, es hängt unglaublich viel von einzelnen Menschen ab vor Ort. Von der Bereitschaft sich auf diese Kinder und Jugendlichen einzulassen, von der Bereitschaft fachlich mehr zu erfahren und ein Stück weit die Schwierigkeiten, die so im System Schule verortet sind, die einer flexiblen Lösung auf dem Weg stehen, dass sie bereit sind da ein Stückchen diese versuchen im Sinne der Kinder zu umschiffen. Setzt gleichzeitig voraus, sie brauchen eine kooperationsbereite Schulleitung. Da, wo das beides gegeben ist, läuft super, finde ich« (Hr. F. T., GE).

Dieser Fachberater hat durch seine langjährige Erfahrung ein System entwickelt, welches den schulischen Start autistischer Schüler*innen in den Sekundarschulbereich erleichtern soll, welches hier als Empfehlung kurz dargestellt wird. Vor dem Übergang von Grund- auf Sekundarschule treffen sich relevante Akteur*innen zu einem Beratungsgespräch, um zu sondieren, wie der junge Mensch am besten eingeführt wird und wie das neue Umfeld vorbereitet werden kann. Mögliche Akteur*innen dieses Gesprächs sind die Klassenlehrer*innen der Grundschule, die Sonderpädagog*innen, die Integrationshelfer*innen, Fachdienstleister*innen, die Eltern, das neue Klassenlehrer*innensystem, die Autismus-Fachberatung sowie die Stufenleitung.

> »Und das geht so um Kennenlerntage, die noch vor den Sommerferien laufen, wo also nicht dem Jungen mit dem Pulk von 120 anderen demnächst Fünftklässlern die Schule gezeigt wird, sondern der hat vorher schon mal einen eigenen Termin. Der sieht schon mal seinen Klassenraum, der sieht vielleicht schon mal seinen Platz, der lernt schon mal Face to Face die Menschen kennen, die demnächst zwei Lehrkräfte von sieben abbilden und dann ist er am Vorstellungstag trotzdem dabei, aber dann hat er seine Vorhersehbarkeit bekommen« (Hr. F. T., GE).

Danach informiert der Fachberater bei dem ersten Elternabend die Eltern der neuen Klasse, mit wichtigen Informationen zu dem autistischen Schüler, die selbstverständlich mit den Eltern und dem Kind vorab abgesprochen wurden. Des Weiteren informiert der Fachberater auch die Klassengemeinschaft. Ziel dieser Aufklärungsgespräche ist es vor allem, ein Verständnis für das autistische Kind aufzubauen. In der Regel folgen dann in größeren Abständen (halbes bis ganzes Jahr) Auswertungsgespräche mit den wichtigsten Beteiligten.

> »Was auch läuft, ich gebe diesen Kindern meine Mailadresse, und sowohl die Mitschüler als auch dieses Kind selbst können mich bei Bedarf anschreiben. Da kriege ich manchmal von den Schülern, Mitschülern eine Mail: ›Gestern war dieses und jenes, warum macht der das so.‹ Das versuche ich so zu erklären, dass es verständlich ist und auch keine Grenzen überschreitet. [...] Und was ein sehr gutes Element dieser ganzen Struktur ist [...], ich plädiere immer dafür, dass Schulen für diese Kinder mit Autismus einen Ansprechpartner haben« (Hr. F. T., GE).

Insgesamt machen die Aussagen der Lehrkräfte deutlich, dass sich einiges schon im Wandel befindet, dass man jedoch die schulische Situation von autistischen Schüler*innen im Sekundarschulbereich als schwierig einschätzt. Dieser Beitrag hat nur einen kurzen Einblick gegeben und dabei weitere wichtige Faktoren wie beispielsweise Peer-Groups, Mobbing und konkrete methodisch und didaktische Herangehensweisen nicht beachten können. In jedem Schulsystem finden sich Kinder und Jugendliche mit Autismus, die das Recht auf eine angemessene Beschulung haben. Einige interviewte Lehrkräfte haben, wie Hr. F. T., Verbesserungsvorschläge unterbreitet, die eine autismussensible Beschulung ermöglichen können. Das folgende abschließende Zitat soll auch nochmal unterstreichen, was zum Erreichen dieses Ziels weiterhin benötigt und welches Umdenken notwendig erscheint.

> »Also ich denke einmal, je mehr in der Ausbildung, in der Lehrerausbildung das schon angestrebt wird – desto besser wird es auch werden in den Schulen. Und ja, wenn dann es noch möglich ist, dass es kleinere Klassen gibt. [...] Und vielleicht auch wirklich genug Mittel dafür bereitstellen. Nicht nur einfach: Jetzt digitalisieren wir alles, [...] aber vielleicht mehr: Was braucht der einzige Schüler? Und wie gehen wir damit um? Wie können wir das von Anfang an, die Schüler mehr stärken als mehr herunter machen, so. Also ich glaube schon, dass die heutigen Lehrer da schon viel mitgekriegt haben, in ihrer Ausbildung. Also ich weiß nicht, ob ich das heute noch einmal machen würde. [...] Weil es auch einfach zu wenig Unterstützung gibt da. Also die Lehrer sind doch ziemlich viel allein gelassen. [...] Die Schulen vergammeln, die Gebäude. [...] Eine Gesellschaft sollte sich am meisten um die Kinder kümmern. [...] Und dann eben in so einer positiven Einstellung. Ich gucke, was du

kannst und da fördere ich dich und helfe dir und stärke dich da, in deinem guten Bereich und so« (Fr. H.).

Durch die aussagekräftigen Zitate der Lehrkräfte wird ersichtlich, dass schon einige Schritte zum Weg einer diversitätssensiblen Schule unternommen worden sind, dass jedoch noch einiges zu tun ist. Vor allem wird deutlich, dass eine gelungene Beschulung vor allem von dem Wissen, Können und Wollen der einzelnen Lehrkräfte abhängig ist, aber auch von der politischen Umsetzung der Richtlinien zur inklusiven Beschulung und somit auch von dem Recht auf Bildung als universelles Menschenrecht (vgl. Lohrenscheit 2013).

Literatur

AFK (2007). *Was Wissen Lehrer in Berlin über Autismus? Eine Studie der Autismus-Forschungs-Kooperation.* https://www.researchgate.net/publication/265017611_was_wissen_lehrer_in_berlin_uber_autismus [20.02.2022].

CDC – Centers for Disease Control and Prevention (2014). *Prevalence of Autism Spectrum Disorder Among Children Aged 8 Years – Autism and Developmental Disabilities Monitoring Network, 11 Sites, United States* [online]. Washington, D.C.: U.S. Department of Health and Human Services. https://www.cdc.gov/mmwr/volumes/67/ss/ss6706a1.htm [20.02.2022].

Eine Welt der Vielfalt (o. J.). *Intersektionalität. Diversity und Mehrfachzugehörigkeit.* https://www.ewdv-diversity.de/diversity/intersektionalitaet [20.02.2022].

Ellas Blog – Leben mit Autismus (2019). *»Ihr Kind kann nicht (mehr) in unsere Schule kommen.« // Autismus und Schule – Eure Erfahrungen.* https://ellasblog.de/autismus-und-schule-erfahrungen-aus-den-familien/ [20.02.2022].

GEW (2018). *Mit Autismus in der Regelschule.* https://www.gew.de/aktuelles/detailseite/mit-autismus-in-der-regelschule [20.02.2022].

Klotz-Burr, R. (2003). *Die Autismusforschung und ihre neuere Entwicklung, ihre Bedeutung für den heilpädagogischen Unterricht sowie Falldarstellungen und deren Bewertung.* https://doi.org/10.11588/heidok.00005007

KMK (2000). *Empfehlungen zu Erziehung und Unterricht von Kindern und Jugendlichen mit autistischem Verhalten.* https://www.kmk.org/fileadmin/Dateien/veroeffentlichungen_beschluesse/2000/2000_06_16-Empfehlung-autistisches-Verhalten.pdf [20.02.2022].

KMK (2011). *Inklusive Bildung von Kindern und Jugendlichen mit Behinderung in Schulen.* https://www.kmk.org/fileadmin/veroeffentlichungen_beschluesse/2011/2011_10_20-Inklusive-Bildung.pdf [20.02.2022].

KMK (2020). *Sonderpädagogische Förderung in Schulen 2009 bis 2019.* https://www.kmk.org/fileadmin/Dateien/pdf/Statistik/Dokumentationen/Dok223_SoPae_2018.pdf [11.05.2022].

Kaubek, J. (2020). *Selbstwirksamkeit und Einstellung zur Inklusion von Lehramtsstudierenden. Eine Studie zur schulischen Inklusion von Kindern mit Asperger-Syndrom und High-Functioning-Autismus in Regelschulklassen.* Verlag Dr. Kovač.

Knorr, P. (2012). *»Ich verstehe sie falsch und sie verstehen mich falsch« Die schulische Situation von Kindern und Jugendlichen mit Autismus Spektrum -Störungen und hoher intellektueller Begabung – Eine explorative Mixed – Method – Studie.* Unveröffentlichte Dissertation, Universität Rostock.

Lindmeier, C. (2018). Kinder und Jugendliche aus dem Autismus-Spektrum in der Schule. Forschungsfelder und Forschungsdesiderate. *Zeitschrift für Heilpädagogik,* (9), 396–410.

Lippe, S. (2020). *Die Förderung von Mädchen und Jungen mit Autismus Spektrum Störung im Kontext Schule durch die »Preteaching« Methode – eine genderspezifische Betrachtung* (in Veröffentlichung).

Lohrenscheit, C. (2013). *Das Menschenrecht auf Bildung.* Bundeszentrale für politische Bildung. https://www.bpb.de/themen/bildung/zukunft-bildung/156819/das-menschenrecht-auf-bildung/ [20.02.2022].

Markowetz, R. (2020). *Schüler mit Autismus-Spektrum-Störung im inklusiven Unterricht. Praxistipps für Lehrkräfte.* Ernst Reinhardt Verlag.

Oberhöller, K. (2012). IMST-Gender Netzwerk: Umgang mit Diversitäten in der Schule & Unterricht, https://www.imst.ac.at/app/webroot/files/GD-Handreichungen/handreichung_diversit%C3%A4ten_fertig.pdf [20.02.2022].

Preißmann, C. (2020). *Mit Autismus leben. Eine Ermutigung.* Klett-Cotta.

Rühle, S. (2015). *Diversität, Curriculum und Bildungsstrukturen. Eine vergleichende Untersuchung in Deutschland und Finnland* (Studien zur international und interkulturell vergleichenden Erziehungswissenschaft, Bd. 20). Waxmann.

Stanton, M. (o.J.). *Autismus verstehen: Das Problem mit Schulen.* https://autismus-kultur.de/autismus/bildung/autismus-schule-probleme.html [20.02.2022].

SZ (2017). *Schüler mit Autismus.* https://www.sueddeutsche.de/bildung/schueler-mit-autismus-nur-ich-musste-diese-dumme-tragoedie-erleben-1.3699715-4 [20.02.2022].

Theunissen, G., & Sagrauske, M. (2019). *Pädagogik bei Autismus. Eine Einführung.* Kohlhammer.

# III Partizipative Autismusforschung und interdisziplinäre Neurodiversitätsforschung

Autistische Selbstvertretung

Aspies e.V. – Menschen im Autismusmusspektrum (Thomas Fuchs, Regina Hartmann, Imke Heuer, Hajo Seng und Mitglieder von Autismus-Selbsthilfegruppen)

Die Geschichte autistischer Communities ist noch ziemlich jung; das ist umso bemerkenswerter, weil aus dieser Community und den von ihr angestoßenen Diskursen die Idee der Neurodiversität entsprungen ist. Die erste Autistin, die sich in die ansonsten von Eltern, Therapierenden und Forschenden geführten Autismusdiskurse eingemischt hat, ist Temple Grandin. Bereits in dem 1986 veröffentlichten Buch *Emergence – Labeled Autistic* stellt sie eine Sicht auf autistische Menschen dar, die sich deutlich von den bis dahin dominanten offiziellen Sichtweisen unterscheidet (Grandin 1986). 1988 wurde sie Mitglied im Board of Directors der Autism Society of America und setzt sich seitdem kontinuierlich für Aufklärung über Autismus ein. Inzwischen hat sie eine Reihe von Büchern veröffentlicht, in denen bereits die Grundidee von Autismus als einer eigenen, gleichberechtigten Art der Wahrnehmung und des Denkens angelegt ist. Doch als eigentlicher grundlegender Meilenstein in der Geschichte autistischer Communities gilt das Gründungstreffen des Autism Network International (ANI) durch die autistischen Aktivist:innen Xenia Grant, Jim Sinclair und Donna Williams im Jahr 1992 (Sinclair 2005). Im selben Jahr veröffentlichte Donna Williams ihr Buch »Nobody Nowhere« und ein Jahr später hielt Jim Sinclair auf einem Kongress die Rede »Don't Mourn For Us«, in der er klarstellte, dass ein autistisches Leben genauso wertvoll und lebenswert ist wie jedes andere auch (Sinclair 1993).

Diese ersten Begegnungen waren von der Erfahrung eines ungewohnten gegenseitigen Verständnisses geprägt. Zum ANI-Gründungstreffen schreibt Donna Williams: »We don't get a lot of cooking done, but we speak the same language.« Ähnlich lauten auch andere frühe Beschreibungen dieser Erfahrung: »Here, with people who shared my language, meaning flowed freely and easily.« Vergleichbares wird auch im Hinblick auf die Autreat-Konferenzen beschrieben, die 1996 aus dem ANI-Netzwerk heraus ins Leben gerufen wurden und ausschließlich von autistischen Menschen für autistische Menschen konzipiert sind. In ihnen soll ein »autistischer Raum« als ein Raum, in dem sich autistische Menschen weitgehend barrierefrei bewegen können, erfahrbar werden – was den Berichten nach zu urteilen auch gelungen ist:

> »In the years since that first meeting, I have seen this kind of spontaneous sharing of pleasure in fixations and stimming occur again and again among autistic people. It is an aspect of the autistic culture that has evolved within this autistic community.« »The real ›magic‹ is that almost every autistic person – everyone who is able to participate without violating other people's boundaries – can expect to be accepted for who he or she is« (Sinclair 2010).

In jedem Fall finden in der Folge immer wieder solche Konferenzen statt bis in die heutige Zeit.

Noch bis weit in die 2000er Jahre hinein war die Website »Ooops... Wrong Planet« von Janet Norman-Bain, die 1995 online ging, eine zentrale Anlaufstelle für autistische Menschen im Internet (Norman-Bain 1995). Janet Norman-Bain sammelte Informationen und vor allen Dingen auch Webseiten, die für autistische Menschen interessant sein könnten und veröffentlichte sie in strukturierter Form auf ihrer Seite. Sie betrieb nicht nur die Suchmaschine und das Nachrichtenportal für autistische Communities weltweit, sie engagierte sich als Autistin mit zwei autistischen Söhnen auch anderweitig für die Perspektive autistischer Menschen. Im Jahr 1995 veröffentlichte Temple Grandin »Thinking in Pictures«, wo sie eine im Vergleich zur Forschung radikal andere Sicht auf Autismus darlegte (Grandin 1995). Der Ansatz, Autismus als eine andere Form des Denkens, nämlich Denken in Bildern statt in Sprache, zu verstehen, eröffnet auch eine nicht-defizitäre Sicht auf Autismus. Im Gegenteil, die Fähigkeit, in Bildern zu denken, geht mit weitreichenden Stärken einher, auch wenn sie eine Herausforderung darstellt, etwa in Form von Überforderungen der Wahrnehmungsverarbeitung.

1998 veröffentlichte Judy Singer, die sich selbst auch im Autismusspektrum verortete, eine Abschlussarbeit, in der sie explizit die Idee einer Neurodiversität formulierte (Singer 1998). Mit der Unterstützung des Journalisten Harvey Blume stellte sie diese Idee in Artikeln vor, die eine vergleichsweise weite Verbreitung fanden. In ihrer Arbeit schreibt sie,

> »[T]he key significance of the Autism Spectrum lies in its call for and anticipation of a politics of neurological diversity, or ›neurodiversity.‹ The neurologically different represent a new addition to the familiar political categories of class/gender/race and will augment the insights of the social model of disability.«

Zur gleichen Zeit verbreiteten sich vornehmlich in den USA und Kanada Organisationen und Einrichtungen, die eine radikal defizitorientierte Sicht auf Autismus propagierten. In diesem Kontext verbreitete sich Anfang der 2000er Jahre der Ansatz der »Applied Behavioural Analysis« (ABA) als eine Therapieform, die ähnlich wie Konversionstherapien für homosexuelle Jugendliche, autistische Kinder zu einem »normalen« Verhalten konditionieren will, zunehmend in den USA und Kanada. In Kanada ist diese Entwicklung auch vor dem Hintergrund zu sehen, dass zur selben Zeit die Rechte behinderter Menschen gestärkt wurden und in diesem Zuge autistische Kinder ein Recht auf Regelbeschulung erhielten. Als dann Eltern versuchten, ein Verfassungsrecht auf die Durchführung von ABA einzuklagen, hatte die Autistin Michelle Dawson mit einer intensiven Kampagne die Sicht gestärkt, dass diese Therapieform die Menschenrechte autistischer Menschen verletzt. Sie konnte ihr Ziel, ein Verbot solcher Therapieformen, zwar nicht erreichen, aber immerhin verhindern, dass ein Recht auf ABA in Kanada festgeschrieben wurde (Dawson 2004).

Die Kampagne von Michelle Dawson, die zu dieser Zeit auch in das Forschungsteam von Laurent Mottron aufgenommen wurde, markiert den Beginn einer stärker organisierten Autismusrechtsbewegung. 2004 wurde »Aspies for Freedom« gegründet, eine Vereinigung, die sich für eine positive, neurodiverse Sicht auf

Autismus stark macht und den »Autism Pride Day« begründet hat, der am 18. Juni gefeiert wird (s. https://en.wikipedia.org/wiki/Aspies_For_Freedom). Kurze Zeit später, im Jahr 2006, wurde das »Autistic Self Advocacy Network« (ASAN) gegründet, mit Ari Ne'eman als erstem Präsidenten (ASAN 2009). Ari Ne'eman wurde 2009 von Barack Obama als Mitglied des National Council on Disability vorgeschlagen, allerdings vom Senat nicht nominiert.

Die Entstehung autistischer Communities war jedoch nicht auf die USA und Kanada beschränkt. Bereits 1989 berichtet Dietmar Zöller in seinem Buch »Wenn ich mit euch reden könnte«, das er mit Hilfe von gestützter Kommunikation geschrieben hat, aus seinem Leben (Zöller 1989). Insbesondere beschreibt er die Diskrepanz zwischen seinem eigenen Wissen und Verständnis über die Welt um ihn herum und seinem Erscheinungsbild, durch das er als geistig behindert angesehen wird. Eine ähnliche Beschreibung findet sich in dem 1993 veröffentlichten und damals sehr bekannten Buch »ich will kein inmich mehr sein« von Birger Sellin. Auch dieses Buch wurde mit gestützter Kommunikation geschrieben. Neben Zweifeln, die sich an diesen Veröffentlichungen festmachten, weil sich beide Autisten nicht ohne eine weitgehende Unterstützung ihnen nahestehender Personen äußern konnten, zeichneten diese Veröffentlichungen ein Autismusbild, das sich eng an dem frühkindlichen Autismus nicht-sprechender Menschen orientiert. Hochfunktionale autistische Menschen traten in Europa erst gegen Ende der 1990er Jahre an die Öffentlichkeit. So war die 1999 gegründete Berliner Selbsthilfegruppe (SHG) wohl die erste selbstmoderierte SHG autistischer Menschen in Deutschland. Ebenfalls Ende der 1990er Jahre wurde ein erstes Internetforum für autistische Menschen in Deutschland eröffnet. Der erste europäische Zusammenschluss autistischer Menschen war wohl AutSider bzw. »Persons on the Autism Spectrum in the Netherlands« (PAS), was um die Jahrtausendwende gegründet wurde. Seit 2004 gibt es in Großbritannien die sogenannten Autscape-Konferenzen, die nach dem Prinzip der amerikanischen Autreats von autistischen Menschen für autistische Menschen organisiert und durchgeführt werden (https://autscape.org). Das Motto der Konferenz im Jahr 2005, »Creating Autistic Space«, knüpfte an die von Jim Sinclair und Donna Williams beschriebenen Erfahrungen an und wurde zu einem Leitmotiv dieser Veranstaltungen.

In Deutschland wurde in den Jahren 2003 bis 2005 der Selbstvertretungsverein Aspies e. V. gegründet. Bereits 2005 fand unter der Federführung des Vereins eine von autistischen Menschen selbst organisierte Freizeit statt, an der auch ein nicht-sprechender junger Autist teilnehmen konnte. Im gleichen Jahr betrieb der Verein bereits einen Stand auf der Bundestagung von Autismus Deutschland. Als weitere frühe europäische Selbsthilfeorganisation wurde in den Jahren 2006 bis 2008 »Organiserade Aspergare« in Schweden gegründet. Mit Unterstützung aus der Freien Universität Berlin entstand außerdem 2007 die »Autismus-Forschungs-Kooperation (AFK)«, in der autistische Menschen selbst Forschungsprojekte anstoßen und durchführen, die für ihre Lebensqualität wichtig sind. Darüber hinaus werden hier Standards für autismusfreundliche Forschungen entwickelt. Ein Jahr später gründete sich das autWorker-Projekt, das das Ziel verfolgte, den Zugang autistischer Menschen zum Arbeitsmarkt zu erleichtern. In diesem Kontext wurde auch thematisiert, dass autistische Menschen über Fähigkeiten und Potenziale verfügen, die zumeist jedoch weitgehend verborgen bleiben – nicht zuletzt aufgrund eines defizitorientierten Autismusbildes.

Die beschriebenen autistischen Communities bilden einen Rahmen, in dem zuvor unbekannte, oft positive und überraschende Aspekte des Autismus zum Vorschein kommen. Im Zentrum steht dabei die Erfahrung, eine »gemeinsame Sprache« zu sprechen. In all diesen Bewegungen wird deutlich, dass Autismus mit einer untypischen Wahrnehmung zusammenhängt und Wahrnehmungsüberforderungen (»Overloads«) sowie Selbststimulierungen (»Stimmings«) zu den spezifischen Erfahrungen gehören, die die meisten autistischen Menschen miteinander teilen. Schon die ersten Veröffentlichungen von autistischen Menschen, nicht nur bei Temple Grandin, machen auf Aspekte aufmerksam, die bis dahin keine oder nur wenig Beachtung gefunden hatten. Insbesondere sind das psychische Spannungen und Wege, damit umzugehen, sowie die Erfahrung, dass Autismus in erster Linie mit einem spezifischen Denken verbunden ist. Temple Grandin hat dies mit dem Begriff »Bilderdenken« beschrieben. Die Veröffentlichungen nicht sprechender autistischer Menschen, die meist mit Unterstützung erstellt wurden, zeigen zudem, dass Autismus nicht selten auch mit weitreichenden kognitiven Fähigkeiten verbunden ist, die gerade bei nicht sprechenden Menschen oft verborgen bleiben. Alles in allem ist es diesen Communities zu verdanken, dass die vorherrschenden Autismusvorstellungen auch in den Wissenschaften inzwischen umfassend revidiert wurden.

Ab den 2000er Jahren werden Teile der Communities im Sinne einer Selfadvocacy zunehmend politisch. Dies geschah vor dem Hintergrund, dass sich in dieser Zeit insbesondere in den USA und Kanada die Autismusdiskurse drastisch radikalisierten. Da wurde etwa Autismus als eine Seuche bezeichnet, die – vergleichbar zu AIDS – ausgerottet werden müsse. Es wurde ein Bild von autistischen Menschen gezeichnet, die dumpf vor sich hinvegetieren würden und eigentlich keine vollwertigen Menschen seien, weil ihnen jegliche Individualität und jeglicher Wille fehlten. Diese Diskurse haben bezeichnende Parallelen zu homophoben Kampagnen, die es Jahrzehnte zuvor in den USA in der sogenannten McCarthy-Ära gegeben hatte. Entsprechend knüpften die autistischen Selfadvocacy-Bewegungen an die Entwicklung eines neuartigen Gesellschaftsverständnisses an, die ausgehend von den »klassischen« marxistischen Diskursen zu Beginn des 20. Jahrhunderts ab den 1950er Jahren in die Cultural Studies und später, in den 1980er Jahren, unter anderem in die Gender Studies und Disability Studies mündeten. Die autistischen Communities stoßen einen Diskurs an, der Neurodiversität zu einem zentralen Thema macht und das Potenzial hat, etwas wie Neurodiversity Studies als Erweiterung der Disability Studies zu etablieren (Bertilsdotter et al. 2020). Ein wesentliches Merkmal dieses Verständnisses ist ein Gesellschafts- und Menschheitsbild, das die vorhandenen Variationen, die Vielfalt und Diversität menschlichen Denkens und Wahrnehmens zur Grundlage nimmt und nicht als Abweichungen von angenommenen Normen versteht.

In den autistischen Communities sind Selbsthilfe und Selbstvertretung eng miteinander verbunden. Ein zentrales Anliegen ist dabei ein anderes Autismusbild als das, was von Eltern und Wissenschaftler:innen gezeichnet wird. Dabei geht es um ein Autismusbild, das den eigenen Erfahrungen entspricht, die eigenen Fähigkeiten auch sieht und anerkennt und damit auch die Selbstbefähigung (Empowerment) autistischer Menschen fördert. Dieses Autismusbild ist eng mit einer neuen Erfahrung autistischer Menschen verbunden, nämlich, sich selbst in anderen autistischen Menschen gespiegelt zu erleben und dabei den Autismus als meist zentralen Aspekt der eigenen Persönlichkeit neu zu entdecken.

Beispielhaft steht für diese Entwicklung der Selbsthilfe-Verein Aspies e.V. (https://aspies.de/). Zu dieser Zeit gab es nur sehr wenige selbstorganisierte und -moderierte Selbsthilfegruppen in Deutschland; die ersten davon in Berlin und in Hamburg. In der deutschen Fachwelt wurden autistische Erwachsene kaum akzeptiert. Da dort, wie in den Diagnosekriterien, Autismus weitgehend nur bei Kindern und Jugendlichen beachtet wurde, dominierte häufig noch die Meinung, Erwachsene sollten grundsätzlich keine Autismusdiagnose erhalten. Dies wurde nicht selten mit dem Argument untermauert, dass Autismus gemäß den Diagnosemanualen spätestens bis zur Einschulung deutlich in Erscheinung treten würde und dadurch eine frühzeitige Diagnose zwangsläufig wäre. Dabei wurde nicht beachtet, dass zur Jugendzeit der damaligen Erwachsenen noch überhaupt keine Autismusdiagnosen im hochfunktionalen Bereich existierten. Autistische Erwachsene wurden in der Autismusforschung und von den Elternverbänden weitgehend als »Störenfriede« wahrgenommen. Dass sie wertvolle Beiträge zu einem Autismusverständnis leisten können, zog damals kaum jemand in Betracht. Im Vorfeld der Gründung von Aspies e.V. war eine autistische Community in Deutschland gerade am Entstehen. Ein Sammelpunkt davon war das Ende der 1990er begründete Internetforum, das wenige Jahre später wieder aufgegeben wurde, weil die Diskussionen darin teilweise grenzüberschreitend waren. Es gab auch keinerlei Kontrolle darüber, wer an dem Forum teilnahm. In der Folge gründete Aspies e.V. ein Selbsthilfeforum, das von autistischen Menschen moderiert wurde, das bis in die heutige Zeit besteht.

Bei einer so großen und diversen Community ist es nicht erstaunlich, wenn es gelegentlich zu Spannungen kommt. So wird immer wieder kontrovers diskutiert, wie eine valide Autismusdiagnostik aussieht und welche Wertigkeit unterschiedliche Diagnosestellen haben. Auch die Frage, ob Autismus primär als »Anderssein« oder doch eher als Einschränkung zu verstehen ist, führt oft zu lebhaften Auseinandersetzungen. Letztlich spiegeln diese Kontroversen auch die Vielfalt autistischer Menschen und die Komplexität des autistischen Spektrums selbst wider.

Aber auch von außen wurde der Verein zuweilen kritisiert. So wurde der Vereinsname Aspies e.V., inspiriert vom Begriff »Asperger-Syndrom«, als elitär und exkludierend beschrieben. Ihm wurde vorgeworfen, sich allein auf »hochfunktionale« autistische Menschen zu beziehen und Autist:innen, die tiefer im Spektrum sind, auszuschließen (z. B. Theunissen & Paetz 2011). Tatsächlich war ein solcher Ausschluss von den Aktiven des Vereins nie beabsichtigt. Zur Zeit seiner Gründung, im Jahr 2005, war das offene, inklusive Konzept der Neurodiversität im deutschen Sprachraum noch so gut wie gar nicht bekannt. »Aspies« hingegen, ein Begriff, den die amerikanische autistische Aktivistin Liane Holliday Willey 1999 eingeführt hatte, ist eine frühe Selbstbezeichnung autistischer Menschen. In einer Zeit, als ihnen Fähigkeiten und positive Eigenschaften von der Fachwelt noch weitgehend abgesprochen wurden, betonte er die Stärken und Potenziale autistischer Menschen. Aspies e.V. stellte sich als Verein bewusst in diese Tradition. In den 2010er Jahren wurden jedoch zunehmend die Verstrickungen Hans Aspergers in den Nationalsozialismus diskutiert. Zugleich wurden sowohl das soziale Modell von Behinderung wie die Neurodiversitätsbewegung im deutschen Sprachraum bekannter. Auch jenseits von Fachkreisen gab es mehr Aufmerksamkeit für die Stärken und Potenziale frühkindlich autistischer Menschen. Für Aspies e.V. stellte sich dadurch die Frage nach einer Umbenennung. Aufgrund der Bekanntheit des Namens und seiner emanzipatorischen Tradition hat sich der Verein jedoch bislang dagegen entschieden. Der Vereinsname wurde jedoch ergänzt und heißt heute vollständig »Aspies e.V. – Menschen im Autismusspektrum«.

Nach wie vor ist die autistische Selbstvertretung – nicht nur in Deutschland – zahlenmäßig sehr klein. Inzwischen, Ende 2021, ist Aspies e.V. – Menschen im Autismusspektrum eine bundesweit tätige Organisation mit etwas mehr als 300 Mitgliedern und einer zunehmenden Zahl von Aktiven. Der Verein ist sowohl in der Selbsthilfe als auch in der Selbstvertretung tätig.

Als Selbstvertretungsorganisation arbeitet Aspies e.V. nach dem Grundsatz »Wir treten für uns selbst ein und sprechen für uns selbst«. Der Vorstand setzt sich ausschließlich aus autistischen Menschen zusammen, in der Mitgliederversammlung haben die autistischen Vereinsmitglieder alleiniges Stimmrecht, Nichtautist:innen können als Fördermitglieder beratend teilnehmen.

Gemäß einem der wichtigsten Vereinsziele, »[…] die Anliegen und Erfahrungen autistischer Menschen zu sammeln und unsere Interessen gegenüber Fachleuten und Institutionen zu vertreten« (https://aspies.de/), besteht ein großer Anteil der Arbeit von Aspies e. V. in der Öffentlichkeitsarbeit. Zentral ist hier die Präsenz bei großen Tagungen und Kongressen im Autismusbereich. Zu nennen sind regelmäßig die Bundestagungen von Autismus Deutschland e. V., der Kongress für Psychiatrie, Psychotherapie, Psychosomatik und Nervenheilkunde (DGPPN) und die jährliche Wissenschaftliche Tagung Autismusspektrum (WTAS). Darüber hinaus ist Aspies e.V. über das Jahr bei zahlreichen weiteren kleineren Fachtagungen und Veranstaltungen vertreten und organisiert solche auch selbst. Ein Teil der Mitglieder ist auch aktiv mit eigenen Vorträgen, um die Innenperspektive autistischer Menschen in den Diskurs einzubringen. Um diese Innenperspektive auch einer breiten Öffentlichkeit zugänglich zu machen, hat Aspies e.V. inzwischen zwei eigene Bücher herausgegeben (Aspies e.V. 2010; Aspies e.V. 2021). Auch von einzelnen Vereinsmitgliedern werden immer wieder eigene neue Bücher veröffentlicht.

Ebenfalls in den Bereich der Selbstvertretung gehört die Gremienarbeit. Aspies e.V. nimmt am »Roundtable« der Bundestherapeutenkammer teil, ist Mitglied im Aktionsbündnis für Seelische Gesundheit, beteiligt sich an den Berliner Inklusionstagen des BMAS und wirkt mit am Parallelbericht zur Umsetzung der UN-Behindertenrechtskonvention in Deutschland. Eine wichtige Funktion als Interessenvertretung ist die Mitarbeit bei der Ausarbeitung der S3-Leitlinien »Autismus-Spektrum-Störungen«. Hier ist Aspies e.V. als einzige Betroffenenorganisation stimmberechtigt vertreten und setzt sich dafür ein, dass in den Entscheidungsprozessen auch die Perspektive der autistischen Menschen selbst Berücksichtigung findet. Weitere Beispiele sind die Mitarbeit im Beirat des sich gerade formierenden Deutschen Zentrums für Psychische Gesundheit (DZP) und im Beirat der WGAS (Wissenschaftliche Gesellschaft Autismusspektrum). Neben den regelmäßigen

Aufgaben wird Aspies e.V. auch zu tagesaktuellen Themen aktiv. Beispiele hierfür sind u. a. Stellungnahmen gegen ABA oder Kritiken an Medien, die stigmatisierende Bilder von Autismus verbreiten oder den Begriff in diskriminierender Weise verwenden. Für Medienvertretende wird eine Handlungsanleitung für die Verwendung einer im Zusammenhang mit Autismus nichtdiskriminierenden Sprache bereitgestellt. Um stigmatisierenden oder klischeehaften Darstellungen von Autismus in den Medien entgegenzuwirken, berät Aspies e.V. auch Film- und Fernsehproduzent:innen, die sich offen dafür zeigen, auch die Innenperspektive autistischer Menschen bei ihren Darstellungen zu berücksichtigen

Ein weiterer Aspekt der Arbeit im Selbstvertretungsbereich ist die kooperative Zusammenarbeit mit anderen Akteur:innen im Autismusbereich. Zu nennen ist hier die Autismus-Forschungs-Kooperation (AFK), ein Zusammenschluss von Wissenschaftler:innen und autistischen Menschen zur Umsetzung von Forschungsprojekten, die direkt von den Bedürfnissen der autistischen Menschen selbst motiviert sind. Ein Großteil der AFK-Mitarbeitenden sind Mitglieder von Aspies e.V. Aktive Kooperationen bestehen sowohl mit nicht-autistischen Akteur:innen als auch mit Initiativen und Vereinen autistischer Menschen und mit anderen Selbsthilfe- und Selbstvertretungsorganisationen. Beispiele sind u. a. die Zusammenarbeit mit Diversicon im Bereich Arbeit oder mit der Universität der Künste Berlin bei der Entwicklung eines Musiktherapiekonzepts für autistische Erwachsene. Beispiele im Bereich Selbstvertretung sind Kooperationen mit dem Verein autSocial e.V. oder dem Zentrum für Autismuskompetenz in Hannover (ZAK), mit ADHS Deutschland e.V. oder die Mitarbeit im Projekt Partizipativer Landschaftsrialog (dies ist ein Zusammenschluss von Organisationen und Einzelpersonen, der in trialogischer Arbeit Handlungsempfehlungen zur Umsetzung der UN-Behindertenrechtskonvention erarbeitet).

Die kooperative Arbeit von Aspies e.V. beschränkt sich inzwischen nicht mehr nur auf Deutschland. Seit 2015 gibt es Anstrengungen, auch auf europäischer Ebene ein Netzwerk der autistischen Selbstvertretung aufzubauen. Diese Bestrebungen mündeten in die Gründung von EUCAP (The European Council of Autistic People) im Oktober 2019, an der Aspies e.V. maßgeblich beteiligt war.

Im Bereich der Selbsthilfe ist »Aspies e.V. – Menschen im Autismusspektrum« auf vielfältige Weise aktiv. Über die verschiedenen Angebote wird auf der eigenen Webseite informiert. Neben Infomaterial und allgemeinen Informationen rund um den Verein findet man hier u. a. den Katalog der umfangreichen Autismus-Fachbibliothek mit mehreren hundert Büchern, ein Angebot von Notfallkarten für autistische Menschen, eine Übersicht über Autismus-Veranstaltungen, eine Datenbank mit Adressen von Fachkräften im Bereich Diagnose und Therapie, eine Telefonberatung für autistischen Menschen in Krisen u.v.a.m.

Wichtige Angebote sind auch das Selbsthilfeforum mit derzeit etwa 7500 angemeldeten Nutzerinnen und Nutzern sowie regionale Selbsthilfegruppen. Die Website des Vereins enthält eine redaktionell gepflegte Liste mit Adressen und Kontaktdaten zu Selbsthilfegruppen.

Die Organisation von Selbsthilfegruppen ist ein essenzieller Teil der Arbeit von »Aspies e.V. – Menschen im Autismusspektrum«. Derzeit werden von Vereinsmitgliedern 60 regionale Gruppen organisiert, seit 2020 auch online. Für diese gelten bestimmte allgemeine Rahmenkriterien:

> »[…] Charakteristisch für das Selbsthilfeprinzip ist der regelmäßige und selbstbestimmte Austausch Betroffener sowie Angehöriger in Gruppen, um die persönliche Lebensqualität zu verbessern. Die gemeinsame Auseinandersetzung mit dem Umgang mit der chronischen Erkrankung/Behinderung stärkt die Betroffenenkompetenz. Die Hilfe zur Selbsthilfe in Gruppen Gleichbetroffener zeichnet sich durch Eigeninitiative und Eigenverantwortung der Mitglieder aus. Eine Leitung durch externe Fachkräfte widerspricht dem Selbsthilfeprinzip« (Leitfaden zur Selbsthilfeförderung 2020, 6).

Es besteht eine generelle übergreifende Einigkeit darüber, dass Selbsthilfegruppen eine positive Wirkung haben. Auch die S3-Leitlinie »Autismus-Spektrum-Störungen« empfehlen, »Erwachsene mit Autismus-Spektrum-Störung sollten […] dazu ermutigt und unterstützt werden, solche Angebote aufzusuchen bzw. an Treffen und Aktivitäten von Selbsthilfegruppen teilzunehmen« (2021, 464).

Viele Menschen erhalten die Diagnose Autismus erst im Erwachsenenalter. Danach beginnt oft ein persönlicher Veränderungsprozess, der von 3 Phasen gekennzeichnet sein kann: Erleichterung, Ernüchterung und Akzeptanz (Lipinski 2020).

Etliche Autist:innen suchen nach der Diagnosestellung vor allem erst einmal nach Informationen. Die Beschäftigung mit in Medien dargestellten, autistischen Besonderheiten, z. B. in Biografien, ist oft eine erste Hilfe. Dann stellt sich häufig aber bald das Gefühl ein, dass dies allein nicht ausreicht. Denn jeder autistische Mensch ist anders. Daraus entsteht das Bedürfnis, sich auch mit anderen Autist:innen persönlich auszutauschen. »Früher habe ich Temple Grandin und Greta gelesen und dachte: Dann kann ich kein Autist sein … – Erst hier [in der SHG] habe ich erlebt, dass es ein breites Spektrum gibt. Und habe in den anderen Parallelen zu mir gefunden« (Teilnehmender). Das Erleben anderer autistischen Menschen hilft dabei, zu einer besseren Akzeptanz der eigenen Persönlichkeit finden, wie Teilnehmende berichten:

> »Es gibt Themen, in denen ich seit über 4 Jahrzehnten selbst gekämpft habe. Erst in der Begegnung mit anderen Autisten und deren Erfahrungen konnte ich den Kampf einstellen und mich als ‚richtig' wahrnehmen.« »Erst in der SHG habe ich verstanden, was die Diagnose bedeutet und wie ich damit weiterleben kann. Für mich war die Selbsthilfegruppe der wichtigste Schritt hin zu Selbstakzeptanz.«

Die Problemlagen und Motive für eine SHG-Teilnahme sind sehr verschieden. Je nach Bedürfnis der Teilnehmenden gibt es deshalb auch ganz unterschiedliche Arten und Formate. Von der Zusammensetzung sind die meisten Gruppen (daher) sehr heterogen. Der Anteil an Männern und Frauen ist i. A. etwa gleich hoch, verschiedene Altersstufen sind vertreten. Es gibt jedoch auch reine Frauen- oder Jugendgruppen. Besondere Bedürfnisse haben Personen mit der Doppeldiagnose Autismus und ADHS. Deshalb gibt es inzwischen Bestrebungen, auch SHGs zu etablieren, die insbesondere für diese Zielgruppe geeignet sind. Auch die äußere und innere Organisation der SHGs ist unterschiedlich. Viele werden durch geeignete Gruppenmitglieder moderiert, es gibt jedoch auch SHGs, in denen alle Mitglieder gleichermaßen auf die Einhaltung der Gesprächsregeln achten. Die meisten Gruppen treffen sich persönlich vor Ort in einem dafür angemieteten Raum, der für die Mitglieder günstig zu erreichen ist.

Eine besondere Form sind SHGs, die sich ausschließlich online treffen: Das Online-Format hat sich vor allem während der Corona-Pandemie als sehr nützlich erwiesen. Ein Teil der autistischen Menschen empfindet dieses Format grundsätzlich als besonders barrierefrei, für manche wird eine SHG-Teilnahme dadurch überhaupt erst möglich. Die Gründe sind dafür verschieden. Z. B. kann es sein, dass es keine SHG in örtlicher Nähe gibt oder dass Teilnehmende aufgrund ihrer autistischen Besonderheiten nicht die Kraft für den Anfahrtsweg haben. Ein Vorteil von Online-Treffen ist auch, dass sie einen überregionalen gegenseitigen Austausch ermöglichen. Während der Corona-Pandemie wurden von Aspies e.V. deutschlandweite Online-SHGs eingerichtet, inzwischen gibt es sogar Treffen über Staatengrenzen hinweg, z. B. gemeinsame Meetings einer deutschen und einer österreichischen Online-SHG. Online-Meetings haben allerdings auch Nachteile. Für einen Teil der autistischen Menschen stellt das Online-Format eine unüberwindbare Hürde dar. Für autistische Menschen ist es wichtig, beide SHG-Formen nutzen zu können, sowohl das Online-Format als auch persönliche Treffen vor Ort.

Im Vergleich zu SHGs in anderen Bereichen weisen Autismus-Gruppen einige Besonderheiten auf. In Selbsthilfe-Fortbildungen hört man häufig die Klage, dass es so schwierig sei, neue Mitglieder zu finden, oder dass Gruppen lediglich als eine Art »Durchgangsstation« genutzt würden. Menschen suchten dann Unterstützung, wenn sie in akuten Notsituationen seien. Ihnen ginge es vor allem darum, Informationen zu bekommen. Sobald dies Bedürfnis erfüllt sei, kämen sie dann häufig nicht wieder. In Autismus-SHGs ist das völlig anders. Autist:innen kommen meist, um zu bleiben. Die woanders übliche Fluktuation kommt hier kaum vor. Gerne nehmen autistische Menschen dauerhaft auch an mehreren verschiedenen Gruppen gleichzeitig teil und nutzen darüber hinaus noch weitere Kontaktmöglichkeiten, z. B. Autismus-Chats oder Onlineforen.

Eine ähnlich geringe Fluktuation scheint es sonst nur noch in SHGs von Migrant:innen zu geben. Vermutlich ist ein Grund dafür die oben erwähnte »gemeinsame Sprache«. Sowohl Autist:innen als auch Migrant:-innen sprechen oft nicht dieselbe »Muttersprache« wie die Mehrheit der sie umgebenden Menschen »in der Welt da draußen«. Autistische Menschen stellen häufig fest, dass sich ihr Denken in bestimmten Aspekten von dem der NichtAutist:innen unterscheidet. Dies wirkt sich u. a. auf die Art der Kommunikation aus. Gruppen, in denen autistische Menschen unter sich sind, bieten einen besonderen geschützten Rahmen, der einen gegenseitigen Austausch ermöglicht:

> »Das hat nicht nur damit zu tun, dass autistische Menschen, wenn sie zusammenkommen, merken, dass sie sich in einem kommunikativ sicheren Rahmen aufhalten, der weitgehend frei ist von unausgesprochenen Regeln, versteckten Absichten oder nicht ausgedrückten Bewertungen. Es hat auch damit zu tun, dass die Kommunikation autistischer Menschen untereinander von einer Offenheit und Konkretheit bestimmt ist, wie sie ansonsten, in nicht-autistischen Kommunikationssituationen, nicht vorkommen« (autWorker).

Insgesamt berichten die Teilnehmenden von Autismus-Selbsthilfegruppen fast ausschließlich von positiven Wirkungen der Selbsthilfe. Hierfür seien einige Beispiele genannt:

»Hier kann ich sein, wie ich bin«: Um in einer überwiegend nicht-autistischen Umwelt funktionieren zu können, geben wir autistischen Menschen uns meist sehr viel Mühe, unsere autistischen Besonderheiten zu verbergen, um nicht unangenehm aufzufallen. Das verbraucht sehr viel unserer Energien. Leider müssen wir häufig erleben, dass wir trotz aller Anstrengung, immer wieder anecken und als Person abgelehnt werden. Das ist in einer SHG anders: »In der SHG fühle ich mich so angenommen, wie ich bin, und muss mich nicht verstellen.«

Die Gruppe hilft, sich selbst besser kennenlernen:

>»In der SHG bin habe ich zum ersten Mal das Gefühl gehabt, mit meinem So-Sein nicht alleine auf der Welt zu sein. Da waren plötzlich Menschen, in deren Schilderungen ich mich und meinen Alltag wiedererkannt habe. Ich war plötzlich nicht mehr alleine, sondern in einer Gruppe, in der ich so sein konnte, wie ich bin.«

Erleben der menschlichen Vielfalt: Weil viele von uns autistischen Menschen weniger Sozialkontakte haben, haben wir auch weniger Gelegenheiten, zu erleben, dass die Menschen verschieden sind. Wir werden schnell unsicher, weil wir oft nicht wissen, wie wir das Verhalten der anderen einschätzen sollen. Viele erleben erst in der SHG, dass Vielfalt auch Vorteile hat: »In der SHG merke ich endlich, was an den anderen anders ist, das konnte ich vorher ja gar nicht merken.« « […] wird man Erfahrungsexperte, vor allem in Vielfalt.«

Ort des sozialen Miteinanders, ein Weg aus der Isolation: Auch wenn es vielen NichtAutist:innen anders erscheinen mag. Wir autistischen Menschen haben ebenfalls ein großes Bedürfnis nach sozialen Kontakten. Leider ist es uns in einer nicht-autistischen Umgebung oftmals nicht möglich, diese positiv zu erleben: »Am wichtigsten ist für mich das Gemeinschaftsgefühl. Die SHG war für mich das Ende der Isolation.«

Unterstützung für den Alltag: Die SHG ist ein Ort, an dem wir untereinander Unterstützung für Probleme in unserem Alltag geben und bekommen können. Hier gibt es z. B. Antworten auf allgemeine Frage zum Sozialrecht, zur Beantragung eines Schwerbehindertenausweises, zu Diagnose- und Therapiemöglichkeiten in der Region u.v.a.m. Aber man bekommt ebenfalls Unterstützung beim Lösen von Problemen ganz persönlicher Art: »Ich gehe gerne zu SHGs, weil […] ich viele Lösungsansätze finde und selbst dann daraus meine Lösung finden kann.« »Der Input, den man von ‚Normalen', also von Menschen unseresgleichen, bekommt, ist einfach hilfreicher als die guten Ratschläge, die man sonst von außen mal gerne erhält.«

Kompetenz-Trainings-Möglichkeit/Selbsthilfe mit »therapeutischer« Wirkung: Selbstverständlich sind Sozialtrainings und ähnliche Therapien vor allem im professionellen Bereich angesiedelt. Dennoch kann auch die Selbsthilfe in gewisser Hinsicht eine Art positiver »therapeutischer« Wirkung haben: »Dadurch, dass ich das hier nicht tun muss, bin ich viel eher in der Lage, neue Weg zu überlegen«, »Heute kann ich Vorträge vor Publikum halten: Ohne die Erfahrung in der SHG, wie es ist vor anderen Menschen zu sprechen, hätte ich das nie geschafft.«

Eine Selbsthilfegruppe zu organisieren, ist jedoch nicht immer einfach. Dass die Gruppen allein von den Betroffenen selbst organisiert werden, hat viele Vorteile. Vor allem, weil alle sozusagen »im selben Boot« sitzen und deshalb offener miteinander reden.

Es gibt jedoch auch eine Kehrseite. Denn diese Arbeit kostet viel Kraft und Energie, persönliche Ressourcen, über die autistische Menschen nur in begrenztem Maße verfügen.

Zukunftswünsche: Insbesondere die bisher geringen Möglichkeiten der Finanzierung von Selbsthilfearbeit sind ein Problem. Obwohl Selbsthilfe für autistische Menschen eine sehr positive Wirkung hat, die in Erfahrungsberichten Betroffener z. T. sogar vergleichbar sind mit der Wirkung von psychotherapeutischen Angeboten professioneller Fachkräfte, muss jegliches Engagement in Selbsthilfegruppen vollständig ehrenamtlich geleistet werden. Für die Organisation einer qualitativ guten Selbsthilfearbeit reicht es nicht aus, lediglich ab und zu die Moderation eines Gruppentreffens zu übernehmen. Hinzu kommen noch vielfältige andere Aufgaben, z. B. Fortbildungen zu besuchen und zu organisieren, Kontakte zu Fachkräften zu halten, in Gremien mitzuarbeiten, etc.

Leider sind viele Autist:innen aufgrund ihrer autistischen Besonderheiten und Behinderungen allein schon dadurch ausgelastet, ihr Alltagsleben zu bewältigen, inkl. des Besorgens der grundlegenden Mittel zur Bestreitung der Lebenshaltungskosten. Für Weiteres bleibt häufig kaum noch Zeit, Kraft und Energie übrig. Es wäre endlich Zeit für eine größere Wertschätzung der Leistungen der autistischen Selbsthilfe und entsprechende Entlastung auch in finanzieller Hinsicht. Dies betrifft den personellen, aber auch den sachmittelbezogenen Aspekt.

Wie wichtig Selbsthilfegruppen für autistische Menschen sind, sei abschließend noch einmal durch dieses Fazit eines Teilnehmenden ausgedrückt:

»Ich danke dieser heutigen Zeit, dass sich ein Interesse an dem anders sein, des Asperger, entwickelt hat. Hierzu haben die Autistischen Selbsthilfe Gruppen einen großen Beitrag geleistet und leisten es weiterhin.«

Literatur

(ASAN) Autistic Self Advocacy Network (2009). *About ASAN.* https://autisticadvocacy.org/about-asan/about-autism/
Aspies e.V. (Hrsg.) (2010). *Risse im Universum.* Weidler.
Aspies e.V. & Lipinski, S. (Hrsg.) (2021). *Ein Pinguin unter Störchen.* Psychiatrie-Verlag.
autWorker. *Infoflyer Workshops autistische Fähigkeiten.* http://www.autworker.de [22.04.2021].
Bertilsdotter-Rosqvist, H., Chown, N. & Stenning, A. (Eds.) (2020). *Neurodiversity Studies. A Critical Paradigm.* Routledge.
Dawson, M. (2004). *The Misbehaviour of Behaviourists. Ethical Challenges to the Autism-ABA Industry.* https://www.sentex.ca/~nexus23/naa_aba.html
Grandin, T. (1986). *Emergence: Labeled Autistic.* Warner Books.
Grandin, T. (1995). *Thinking in Pictures: My Life with Autism.* Doubleday.
Leitfaden zur Selbsthilfeförderung (2020). Grundsätze des GKV-Spitzenverbandes zur Förderung der Selbsthilfe gemäß § 20 h SGB V vom 10. März 2000 in der Fassung vom 27. August 2020.
Lipinski, S. (2020). *Autismus. Das Selbsthilfebuch.* Balance.

Norman-Bain, J. (1995). *Oooops.....Wrong Planet Syndrome.* http://www.planet autism.com, früher: http://www.isn.net/~jypsy/
Sinclair, J. (1993). Don't Mourn for Us. *Autism Network International newsletter »Our Voice«, 1*(3).
Sinclair, J. (2005). *Autism Network International: The development of a community and its culture.* http://www.autismnetworkinternational.org/History_of_ANI.html
Sinclair, J. (2010). Cultural Commentary: Being Autistic Together. *Disability Studies Quarterly, 30*(1). Auch: http://dsq-sds.org/article/view/1075/1248
Singer, J. (1998). Odd People. In *The Birth of Community Amongst People on the »Autistic Spectrum«.* Thesis, Faculty of Humanities and Social Science, University of Technology, Sydney.
Theunissen, G. & Paetz, H. (2011). *Autismus: Neues Denken – Empowerment – Best Practice.* Kohlhammer.
Willey, L. H. (1999). *Pretending to be Normal.* Jessica Kingsley.
Zöller, D. (1989). *»Wenn ich mit euch reden könnte ...«.* Scherz Verlag.

Wege hin zu partizipativer Autismusforschung: Das Projekt Heureka! an der LMU München und dem Max-Planck-Institut für Psychiatrie

Tobias Schuwerk[19,20], *Leonhard Schilbach*[19,21,22], *Hanna Thaler*[19,23], *Ilona Mennerich*[19], *Reiko Onishi*[19] *& Marina Röhrig*[19]

Dieser Beitrag stellt das partizipative Projekt Heureka! Autismusforschungsforum der LMU München und des Max-Planck-Instituts für Psychiatrie vor. Autist*innen und ihre Familien sind bisher nicht systematisch am wissenschaftlichen Prozess innerhalb der Autismusforschung beteiligt. Eine intensivere Zusammenarbeit birgt jedoch die Chance, nicht nur die Qualität der Forschung, sondern auch ihre praktische Relevanz für die betroffene Personengruppe zu verbessern. Die Suche nach Wegen einer solchen systematischen Beteiligung hat sich das Projekt Heureka! zur Aufgabe gemacht. Vor dem Hintergrund des durch die Neurodiversitätsbewegung angetriebenen partizipativen Forschungsansatzes werden die Struktur, Grundhaltung und Arbeitsweise des Projekts Heureka! dargestellt. Anschließend werden die Aktivitäten des Projekts in der empirischen Forschung und der gesellschaftlichen Aufklärung beschrieben. Schließlich werden in einer kritischen Reflexion Stärken und Verbesserungsmöglichkeiten des Projekts diskutiert.

1 Ausgangssituation

1.1 Ungleichgewicht in der traditionellen Autismusforschung

Seit langer Zeit liegt der Hauptfokus der medizinischen und psychologischen Autismusforschung auf der Grundlagenforschung. Ein Bericht des britischen Centre for Research in Autism and Education (CRAE) aus dem Jahr 2013 zeigt, dass ein überwiegender Anteil der zur Verfügung gestellten finanziellen Forschungsmittel in die Bereiche Biologie, Neurowissenschaften und Kognitionsforschung fließt (Pellicano et al. 2013). Hier wird unter anderem untersucht, welche molekularen, neu-

---

19 Heureka! Autismusforschungsforum
20 Department Psychologie, Ludwig-Maximilians-Universität München
21 Medizinische Fakultät, Ludwig-Maximilians-Universität München
22 Ambulanz für Störungen der sozialen Interaktion & Autismus im Erwachsenenalter, Abteilung für Allgemeine Psychiatrie 2, LVR-Klinikum Düsseldorf
23 Klinik und Poliklinik für Psychiatrie und Psychotherapie, Ludwig-Maximilians-Universität München

ronalen und kognitiven Veränderungen im Vergleich zur Allgemeinbevölkerung Autismus mitbedingen. Ein weiterer prominenter Forschungsbereich befasst sich mit möglichen Ursachen von Autismus, insbesondere mit genetischen und umweltbedingten Risikofaktoren. Ein im Vergleich dazu geringer Anteil an Förderung kommt der Weiterentwicklung diagnostischer Instrumente, medikamentöser und psychotherapeutischer Therapieforschung zugute. Nur ein Bruchteil der geförderten Forschung befasst sich mit gesellschaftlichen und ethischen Fragen um das Thema Autismus, der Lebenssituation von Autist*innen und ihren Familien sowie mit ihrer Bedarfs- und Versorgungssituation im Gesundheits-, Bildungs- und Sozialsystem. Der Bericht vergleicht Daten aus den USA und Großbritannien. Für den deutschsprachigen Raum liegen keine entsprechenden Untersuchungen vor. Es kann jedoch davon ausgegangen werden, dass das Verhältnis zwischen Grundlagenforschung und angewandter Forschung zu Autismus in Deutschland vergleichbar ist.

Forschung zu den genetischen, biologischen, neuronalen und kognitiven Besonderheiten von Autismus ist ohne Zweifel hochinteressant und bedeutsam. Jedoch fehlt hier oft der unmittelbare Nutzen für die betroffene Personengruppe: Autist*innen und ihre Familien (vergleiche Milton & Bracher 2013). Ein weiterer Kritikpunkt ist Defizitorientierung des medizinischen Ansatzes, die in diesen Forschungsbereichen oft noch vorherrscht. Der CRAE-Bericht stellte durch eine Umfrage und Interviews fest, dass die Autismus-Community (Autist*innen und ihre Familien bzw. im weiteren Sinne auch Personen, die beruflich mit Autismus zu tun haben) unzufrieden mit dieser aktuellen Gewichtung innerhalb der Autismusforschung ist, da der Fokus auf die Grundlagenforschung nicht mit ihren Forschungsprioritäten übereinstimmt. Sie wünschen sich mehr Forschung mit unmittelbarer praktischer Relevanz, die einen größtmöglichen Beitrag zur Verbesserung ihrer Situation in allen Lebensbereichen liefert. Das vorrangige Forschungsziel sollte zudem nicht der Versuch sein, Autismus »heilen« zu wollen, sondern die Lebensbedingungen von Autist*innen und ihren Familien zu verbessern. Dazu gehört vor allem auch eine Verbesserung der Unterstützungsangebote und eine Veränderung der gesellschaftlichen Haltung gegenüber der Autismus-Community.

1.2 Partizipative Forschung

Eine Möglichkeit, dieser Schieflage zu begegnen, ist der systematische Einbezug der Autismus-Community in den gesamten Forschungsprozess, von der Generierung der Fragestellung über die Umsetzung des Projekts bis hin zur Interpretation und Diskussion der Ergebnisse. Dieser sogenannte partizipative Forschungsansatz (siehe Cornwall & Jewles 1995) erhöht die Wahrscheinlichkeit, dass Forschungsagenden auch den tatsächlichen Bedürfnissen der Betroffenen entsprechen. Als beispielhaft kann hier die Konzeption des »Doppelten Empathieproblems« genannt werden, die im Gegensatz zu traditioneller Forschung die Auffassung vertritt, dass Autist*innen kein generelles Empathiedefizit haben, sondern dass sich ihre Empathiefähigkeit eben auf andere Autist*innen bezieht (Milton 2012) und dass es somit dann zu einem sozialen Interaktionsmismatch kommt, wenn Personen mit und ohne Autismus interagieren bzw. wenn der Unterschied der autistischen Persönlichkeitszüge besonders ausgeprägt ist (Bolis et al. 2017; Bolis et al. 2021). Forschung, die durch die Erfahrungen und Bedürfnisse der betroffenen Personengruppe gelenkt wird, hat aber nicht nur einen konkreten Alltagsbezug, sondern kann durch das Zurückgreifen auf die wertvolle Innensicht der Autismus-Community auch qualitativ hochwertiger als nicht-partizipative Forschung sein (Brett et al. 2012; Cusack 2017; Eder et al. 2012; Milton 2014; Pellicano & Stears 2011). Trotz diesem in den letzten Jahren gewachsenen Bewusstsein über die Vorteile partizipativer Forschung gibt es bisher erst wenige Initiativen, die diesen Ansatz verfolgen (z. B. Fletcher-Watson et al. 2019; Pellicano et al. 2014). In Deutschland ist die so genannte Autismus-Forschungs-Kooperation (AFK; https://www.autismus-forschungs-kooperation.de/) seit über 10 Jahren in diesem Bereich aktiv. In diesem Projekt untersuchen Autist*innen und Wissenschaftler*innen gemeinsam Forschungsfragen, die von der Autismus-Community als unmittelbar relevant eingestuft werden.

Ein Hindernis, auf das partizipative Projekte stoßen und das dadurch wohl auch die bisher geringe Verbreitung von partizipativer Autismusforschung mitbedingt, ist das Fehlen etablierter Strukturen zur Umsetzung von partizipativer Forschung (vgl. den Houting 2020). Es gibt bisher kein erprobtes oder gar evaluiertes methodisches Vorgehen, das den systematischen Einbezug der Autismus-Community in den Forschungsprozess optimal ermöglicht. Das Erscheinen von Leitfäden für die Umsetzung partizipativer Autismusforschung in den letzten Jahren deutet jedoch auf eine positive Entwicklung in diese Richtung hin und bietet interessierten Gruppen eine erste Hilfestellung (Nicolaidis et al. 2019; Pellicano et al. 2017; siehe auch Zamzow 2021).

2 Das Projekt Heureka!

Im Projekt Heureka! (https://www.psy.lmu.de/epp/forschung/heureka/index.html) versuchen Forscher*innen zusammen mit der Autismus-Community, partizipative Forschung umzusetzen. Heureka! ist ein Gemeinschaftsprojekt von Autist*innen, ihren Familien und Berufsgruppen, die mit Autismus zu tun haben (vorrangig aus den Bereichen Psychologie, Medizin, Pädagogik). Forscher*innen der LMU München bieten den institutionellen Rahmen für das Projekt. Im Folgenden werden die Struktur und die Arbeitsweise des Projekts vorgestellt und Aspekte betont, die sich bei der Umsetzung des partizipativen Ansatzes als beachtenswert herausgestellt haben. Diese Beschreibung des Lösungsansatzes von Heureka! sollte beispielhaft, aber keinesfalls prototypisch aufgefasst werden. Die Aktivitäten des Projekts stellen erste Schritte hin zu partizipativer Forschung dar. Zum Ziel der größtmöglichen Beteiligung der Autismus-Community am Forschungsprozess ist es jedoch noch ein weiter Weg. Wir beschreiben hier, was wir mit den zur Verfügung stehenden begrenzten Ressourcen erreichen können, um ein ähnliches Vorgehen für andere Personen im universitären Kontext attraktiv zu machen.

2.1 Struktur und Ziele

Das Projekt Heureka! ist im Kern ein loser Zusammenschluss von Personen, die sich im Projekt engagieren möchten. Diese sind in erster Linie Autist*innen und deren Familien, zusätzlich auch Vertreter*innen von Berufsgruppen, die mit Autismus zu tun haben. Interessierte Personen tragen sich in eine Mailingliste ein und erhalten so regelmäßig unter anderem Informationen zu Aktivitäten des Projekts und Möglichkeiten zur Beteiligung an diesen Aktivitäten. Die Beteiligung an der jeweiligen Aufgabe ist freiwillig und die Zusage der Forumsmitglieder ist unverbindlich. Personen, die Zeit und Lust haben, eine bestimmte Aufgabe zu übernehmen, melden sich. Diese Zusage kann jederzeit, ohne Angabe von Gründen und ohne dass der Person hieraus Nachteile entstünden, zurückgezogen werden. Aktuell hat die Mailingliste ca. 330 Abonnenten. Den institutionellen Rahmen für das Projekt Heureka! bietet das Department für Psychologie der LMU München. Die übergeordneten Ziele, die das Projekt verfolgt, sind (1) Information und Austausch zwischen Forscher*innen und der Autismus-Community, (2) Aufklärung von Berufsgruppen, die mit Autismus zu tun haben, und (3) die Umsetzung partizipativer Autismusforschung. Die konkreten Aktivitäten zum Erreichen dieser Ziele werden in Abschnitt 4 genauer vorgestellt.

2.2 Grundhaltung, Kerneigenschaften und Vorgehen

Die Ausrichtung des Projekts Heureka! und die Grundhaltung hinter jeglicher Aktivität und Kommunikation innerhalb des Projekts folgt dem Konzept der Neurodiversität (Cascio 2012; Owren & Stenhammer 2013). Autismus wird nicht defizitorientiert als von der Norm abweichende Störung oder Krankheit betrachtet, sondern als natürlich auftretende, normale Variation physischer, neuronaler und psychischer Eigenschaften. Schwierigkeiten, auf die Autist*innen in ihrem Leben stoßen, sind maßgeblich mitbedingt durch die Beschaffenheit ihrer nicht-autistischen Lebenswelt. Diese Grundhaltung ermöglicht es, Autismus nicht als isolierte, rein individuelle Störung zu sehen, von der eine Person betroffen ist und die es gilt, möglichst vollständig zu heilen, sondern als autismusbedingte Besonderheiten im Kontext der sozialen Interaktion und Interaktion mit der Umwelt (Schilbach 2016). Das entspricht dem Bedürfnis vieler autistischer Personen, Autismus als nichtpathologischen Teil ihrer Persönlichkeit zu betrachten und zu schätzen (vgl. Kenny et al. 2015). Vielmehr ist es der therapeutische wie gesellschaftliche Auftrag, Interventionen zu entwickeln, die Autist*innen helfen, ihre Lebensqualität zu verbessern, ohne sie aber in ihrer Persönlichkeit verändern zu wollen (Cascio 2012). Im Kontext des Projekts Heureka! hilft diese Grundhaltung die traditionell bestehende Hierarchie zwischen Fachperson (z. B. Psycholog*in, Arzt*in) und Patient*in (autistische Person) umzuwandeln in eine Begegnung auf Augenhöhe zwischen Expert*innen von Berufs wegen und Expert*innen in eigener Sache.

Zu Beginn des Projekts im Herbst 2017 bestand die wichtigste Aufgabe in der Kontaktaufnahme mit der Autismus-Community. Aufgrund fehlender Strukturen musste hier eine individuelle Lösung gefunden werden, indem im unmittelbaren

Umfeld interessierte Personen angefragt wurden. Dies geschah z. B. über eine Nachricht an den Mailverteiler für Mitarbeiter*innen und Studierende der LMU. Daraufhin meldeten sich interessierte Mitarbeiter*innen und Studierende, die selbst autistisch waren, Eltern von autistischen Kindern und Mitarbeiter*innen, die inhaltlich mit dem Thema Autismus zu tun hatten. In einem weiteren Schritt wurden regionale Autismusverbände und -organisationen kontaktiert. Die Personen, die sich meldeten, aktivierten ihrerseits wieder ihre Netzwerke, um weitere Personen auf das Projekt aufmerksam zu machen. Auf diese Weise entstand die bestehende Gruppe engagierter Personen mit einer regionalen Häufung im Großraum München, jedoch mit Beteiligten aus dem ganzen deutschsprachigen Raum.

In einem nächsten Schritt musste ein modus operandi für die Zusammenarbeit und insbesondere die Kommunikation im Projekt gefunden werden. Auf den Wunsch vieler beteiligter Personen hin wurde in der Anfangsphase der Versuch gestartet, ein Online-Forum für den generellen Austausch und die Besprechung projektspezifischer Themen zu etablieren. Dieses Forum musste nach kurzer Zeit wegen eskalierender Kommunikation einzelner Weniger wieder geschlossen werden, ein Phänomen, mit dem auch Selbsthilfeforen wie z. B. aspies.de (https://aspies.de/selbsthilfeforum/) immer wieder konfrontiert sind. Um nicht die Stimmen Weniger übermäßig zu gewichten und balanciert die Beteiligung möglichst vieler Personen zu ermöglichen, wurde daraufhin auf kurze Online-Umfragen gesetzt. So konnten unkompliziert und unkontrovers Stimmungsbilder, Meinungen oder Wünsche erfasst werden. Darüber hinaus kann jede Person jederzeit eigene Themen einbringen. Diese werden aber nicht direkt an die ganze Gruppe weitergegeben, sondern werden über die Betreuer*innen des Projekts weitergeleitet. Daneben finden ebenfalls auf Wunsch einiger beteiligter Personen unregelmäßig Treffen vor Ort an der LMU München bzw. Online-Videokonferenzen statt. Die Ergebnisse dieser Treffen werden anschließend an alle über die Mailingliste berichtet und ggf. diskutiert. Für die einzelnen Aktivitäten des Projekts bilden sich Untergruppen von Personen, die an der Umsetzung der jeweiligen Aufgabe mitarbeiten. Innerhalb dieser Untergruppen verläuft die Kommunikation wertschätzend, zielorientiert und produktiv.

Die Beteiligungsmöglichkeit am Projekt ist niedrigschwellig. Personen, die prinzipiell interessiert sind, sich zu engagieren, tragen sich in die Mailingliste ein und werden so Teil des Forums. Das bedeutet, dass die Zusammensetzung der Gruppe sehr heterogen ist. Es gibt Personen, die sich regelmäßig intensiv engagieren, Personen, die vereinzelt das Projekt unterstützen, und Personen, die eher passiv die Aktivitäten des Projekts verfolgen. Auch variiert das Engagement Einzelner im zeitlichen Verlauf. Dies unterscheidet das Projekt Heureka! z. B. von der Autismus-Forschungs-Kooperation, die aus einer kleineren Gruppe mit einer eher stabilen Zusammensetzung besteht. Das im Vergleich dazu offene Konzept von Heureka! führt zwar dazu, dass sich kein festes und zeitlich überdauerndes Team bildet, jedoch ermöglicht diese Vorgehensweise auch die Beteiligung von Personen, die nicht die nötige Motivation, Kraft sowie die Ressourcen haben, sich zu einer längerfristigen Mitarbeit zu verpflichten.

Schließlich ist festzuhalten, dass das Projekt Heureka! zieloffen ist. Auch die zuvor beschriebenen Kernziele wurden im partizipativen Prozess entwickelt. Dieses

Vorgehen kann vor allem für Forscher*innen fremd sein, welche es gewohnt sind, vorab definierte Forschungsziele mit geplanten Forschungsagenden zu verfolgen. Die Zieloffenheit von Heureka! bringt deshalb im Vergleich dazu ein erhöhtes Maß an Unsicherheit, gleichzeitig erlaubt es dieses Vorgehen aber, dass die Ziele und somit auch die Aktivitäten des Projekts durch die Autismus-Community mitgesteuert werden können.

3 Aktivitäten

3.1 Empirische Forschung

Forschung im Dienst der Autismus-Community sollte sich an den Bedürfnissen von Autist*innen und ihren Familien orientieren. Nur so kann sie einen größtmöglichen unmittelbaren positiven Einfluss auf ihre Lebenssituation haben. Leider fehlen jedoch vor allem in Deutschland systematische Erhebungen zur aktuellen Lebenssituation und Lebensqualität von Autist*innen und ihren Familien. Auch ist nicht viel über ihre Bedürfnisse und ihren Unterstützungsbedarf bekannt. Bisher gibt es nur einige wenige Studien, die die Themen Gesundheit, Arbeit und Bildung von Autist*innen in Deutschland adressierten (z. B. Albantakis et al. 2018; Frank et al. 2018; Lipinski et al. 2019).

Das Fehlen empirischer Befunde zur Lebenssituation und zum Unterstützungsbedarf wurde für das Projekt Heureka! im Rahmen der Erstellung von Empfehlungen für eine Autismus-Strategie-Bayern relevant (Witzmann & Kunerl 2021). Um Empfehlungen für die Gestaltung von Unterstützungsangeboten in verschiedenen Lebensbereichen wie Gesundheit, Ausbildung, Wohnen oder Freizeit für in Bayern lebende Autist*innen geben zu können, musste in einem ersten Schritt der Ist-Zustand erhoben werden. Aus diesem Grund wurde im Rahmen des Projekts Heureka! in Kooperation mit der Hochschule München eine Online-Befragung durchgeführt. Diese Umfrage war eine Adaption eines Fragenkatalogs, der für die sogenannte *microsegmentation study* im Rahmen einer schottischen Autismus-Strategie erstellt wurde (McKay et al. 2018). Die Fragen wurden an die in Bayern herrschenden Strukturen angepasst und gemeinsam mit erwachsenen Autist*innen, Eltern autistischer Kinder und Personen aus Berufsgruppen, die mit Autismus zu tun haben, weiter ausgearbeitet. Eine Pilotstichprobe von Personen aus denselben Gruppen prüfte das Material und die Durchführung auf Autismusfreundlichkeit.

Insgesamt konnten Daten von 677 Autist*innen aus allen bayerischen Regierungsbezirken erhoben werden (Schuwerk et al. 2020). Die Ergebnisse dieser Umfrage flossen in die Erstellung der Empfehlungen der Autismus-Strategie-Bayern ein. Darüber hinaus sind die gewonnenen Erkenntnisse auch Grundlage für weitere Veröffentlichungen. Ein wichtiger Befund war z. B. der Geschlechterunterschied im Diagnosealter von Autist*innen. Während männliche Studienteilnehmer*innen ihre Diagnose im Mittel mit 14 Jahren (Standardabweichung 13 Jahre) erhielten, war das durchschnittliche Diagnosealter von Frauen 23 Jahre (Standardabweichung 15 Jahre). Es konnte auch festgestellt werden, dass Autist*innen mit höherer Wahrscheinlichkeit mindestens eine Fehldiagnose erhalten. Darüber hinaus hatten autistische Frauen dieser Stichprobe häufiger unerfüllten Unterstützungsbedarf im Bildungsbereich und komorbide internalisierende psychische Störungen als autistische Männer (Breddemann et al. 2022).

Diese Online-Umfrage ist ein Beispiel für partizipative Arbeit im Projekt Heureka!, bei der Autist*innen sowohl inhaltlich mitwirkten (durch ihre Angaben zur Lebenssituation und ihrem Unterstützungsbedarf) als auch in den Prozess der methodischen Umsetzung dieses Forschungsprojekts eingebunden waren.

3.2 Aufklärung von Berufsgruppen, die mit Autismus zu tun haben

Universitäre Lehrveranstaltungen, Fortbildungen und Diskussionsveranstaltungen

Bereits in der Frühphase des Projekts wurde durch den Austausch mit der Autismus-Community klar, dass die Aufklärung von Berufsgruppen, die mit Autismus zu tun haben, eine enorm wichtige Aufgabe ist, die im Rahmen des Projekts Heureka! umgesetzt werden kann. Dies soll die Lebensqualität von Autist*innen und ihren Familien nachhaltig verbessern.

Personen, die in ihrem Beruf mit Autist*innen Kontakt haben, haben oft zu wenig Hintergrundwissen über autistische Wahrnehmung und Kognition, was zu ungünstigen Ausgängen dieses Kontakts führen kann. Dies betrifft einerseits Berufe, mit denen man im alltäglichen Leben gelegentlich zu tun hat, wie etwa Allgemeinärzt*innen, Zahnärzt*innen, Polizist*innen oder Behördenmitarbeiter*innen. Anderseits betrifft dies aber auch Berufe, mit denen Autist*innen regelmäßig in Interaktion treten und bei denen die Vermittlung von Wissen über Autismus ein wesentlicher Bestandteil der Ausbildung sein müsste, was aber leider bisher oft zu wenig der Fall ist. Hierzu zählen z. B. Lehrer*innen, Psychotherapeut*innen oder Psychiater*innen. Die wenigen empirischen Untersuchungen, die es zu diesem Thema gibt, bestätigen den Eindruck dieser Wissenslücken (z. B. Chown 2010; Kirchner et al. 2008, 2010, 2011).

Wie wichtig Aufklärung für das Gelingen sozialer Interaktion zwischen Menschen mit und ohne Autismus ist, zeigt aktuelle Forschung, die die Rolle von nichtautistischen Interaktionspartner*innen im Kontakt mit Autist*innen untersucht. Zu sozialer Interaktion und Kommunikation gehören per Definition immer mindestens zwei Personen. Das heißt auch, dass allein bei Autist*innen nach den Ursachen von Interaktionsschwierigkeiten zu suchen zu kurz greift. Erst in den letzten Jahren wuchs die Aufmerksamkeit für diesen Umstand in den so genannten sozialen Neurowissenschaften und der Autismusforschung (Schilbach et al. 2013). In einer Studie von Sasson und Kollegen (2017) z. B. bewerteten nicht-autistische Studienteilnehmer*innen kurze Videoaufnahmen, in denen sich Personen mit und ohne Autismus vorstellten. Im Vergleich zu den dargestellten Personen ohne Autismus fiel der erste Eindruck, den Autist*innen bei den Studienteilnehmer*innen hinterließen, besonders negativ aus, was in der Folge zu einem reduzierten Wunsch nach Kontaktaufnahme führte. In einer Folgestudie konnten Sasson und Morrison (2019) herausfinden, dass die Bewertung des ersten Eindrucks besser ausfiel, wenn die Studienteilnehmer*innen über die Autismusdiagnose Bescheid wussten. Zusätzlich wurde ein Zusammenhang zwischen dem Wissen der Studienteilnehmer*innen über Autismus und ihrem Urteil gefunden. Je mehr Hintergrundwissen die Studienteilnehmer*innen über Autismus hatten, desto besser fiel ihre Beurteilung des ersten Eindrucks aus. Übertragen bedeuten diese Studienergebnisse, dass das Wissen über Autismus in der nicht-autistischen Welt entscheidend zum Gelingen sozialer Interaktion beiträgt.

Um die Wissenslücken von Berufsgruppen, mit denen Autist*innen in Kontakt kommen, zu schließen, führen wir im Projekt Heureka! regelmäßig Aufklärungsveranstaltungen durch. Bisher waren Lehramtstudierende, Studierende der Schulpsychologie der LMU München, Referendar*innen und ausgebildete Lehrer*innen in Bayern die Zielgruppe. Über diese Vorträge, die größtenteils im universitären Kontext stattfinden, werden jährlich ca. 1500 Personen erreicht. In diesen Veranstaltungen werden im ersten Teil psychologische Grundlagen, wie z. B. Informationsverarbeitung, exekutive Funktionen und soziale Kognition bei Autismus erklärt, um Verständnis für die Wahrnehmung und das Verhalten von Autist*innen zu generieren. Wenn man z. B. weiß, dass von außen evtl. bizarr anmutendes stereotypes und repetitives Verhalten die Funktion hat, eine sensorische Reizüberflutung zu regulieren, kann man als beobachtende nicht-autistische Person verständnisvoll und individuell angemessen in dieser Situation reagieren. Bei der Vermittlung dieser psychologischen Grundlagen wird auch stets darauf Bezug genommen, welche Relevanz sie für den Kontakt mit der jeweiligen Berufsgruppe haben (z. B. Reizüberlastung von autistischen Schüler*innen im Klassenzimmer). Im zweiten Teil berichtet eine autistische Person und/oder ein Elternteil eines autistischen Kindes von Erfahrungen mit der jeweiligen Berufsgruppe. Hier spielt der beispielhafte Bericht von persönlichen Erfahrungen eine essentielle Rolle, da so das im ersten Teil eher abstrakt vermittelte Hintergrundwissen anhand konkreter Alltagssituation veranschaulicht wird. Im daraus entstehenden Gespräch mit dem Publikum werden Hinweise und Tipps für eine erfolgreiche Interaktion abgeleitet. So lernen Lehrkräfte aus erster Hand, was im Umgang mit autistischen Schüler*innen zu beachten ist und was sie tun können, um den Schulalltag für alle Beteiligten so positiv wie möglich gestalten zu können.

Darüber hinaus fanden am Max-Planck-Institut für Psychiatrie bis zum Jahr 2019 regelmäßig Diskussionsveranstaltungen statt, bei denen Forscher*innen aktuelle Studien vorstellten. Hier wurden erstens Autist*innen und ihren Familien über laufende Forschungsprojekte informiert und zweitens konnten sie den Forscher*innen ihre Sichtweise und Anregungen rückmelden. Ergebnisse dieser Diskussionsrunden haben z. B. dazu beigetragen, die Umsetzung von vorgestellten Studien, die sich noch in der Planungsphase befanden, autismusfreundlicher zu gestalten.

Wegweiser

In zwei Seminaren, die eine längere intensive Arbeit an einem Thema erlaubten, wurde ein Wegweiser für Lehrer*innen von autistischen Schüler*innen erstellt (Heureka! Autismusforschungsforum 2021; der Wegweiser findet sich unter https://doi.org/10.6084/m9.figshare.12018270.v5). Studierende der Schulpsychologie entwickelten hier zusammen mit erwachsenen Autist*innen, autistischen Schüler*innen und ihren Eltern, Lehrkräften von autistischen Schüler*innen und Schulbegleitungen eine Handreichung, die konkrete Tipps für Lehrkräfte für den Umgang mit autistischen Schüler*innen beinhaltet. Diese Tipps sind kurz und prägnant formuliert und jeweils mit den nötigen Hintergrundinformationen versehen. Sie sind Ergebnisse der Gespräche mit den eingeladenen Experten und der Sichtung der relevanten Literatur. Der Wegweiser soll ein niedrigschwelliges Angebot für Lehrer*innen darstellen, die bisher noch keine oder wenig Erfahrung mit autistischen Schüler*innen haben und eine erste Orientierung suchen. In weiteren Lehrveranstaltungen werden Wegweiser für andere Berufsgruppen, konkret für Schulbegleitungen und Psychotherapeut*innen ausgearbeitet.

Bedeutung partizipativer Aufklärung für die beteiligten Personen

Die Initiative für diese Aufklärungsveranstaltungen stammt von im Projekt mitwirkenden Personen aus der Autismus-Community. Die beteiligten Forscher*innen unterstützen hier, indem sie Zeit und Zugang zu Lehrveranstaltungen zur Verfügung stellen. Die Art der Beteiligung der Autismus-Community variiert je nach Veranstaltung. In den Vorlesungssitzungen und Fortbildungen lernen die Studierenden von den Erfahrungen von Autist*innen und ihren Familien als Expert*innen in eigener Sache. In den Seminaren geht die Beteiligung weiter, da sie gemeinsam mit den Studierenden hilfreiche Informationen für die jeweilige Zielgruppe sammeln. Zusätzlich sind sie auch in die Ausformulierung und Revision des Schriftstücks involviert.

Sowohl das Publikum als auch die mitwirkenden Personen des Heureka! Projekts profitieren von diesen Veranstaltungen. Durch die Vermittlung von Informationen aus erster Hand und den direkten Austausch können bei den Zuhörer*innen mögliche Vorurteile und Vorbehalte abgebaut werden. Das erworbene Wissen und die Interaktionserfahrung mit Expert*innen in eigener Sache hilft den Zuhörer*innen; zukünftige Interaktionen mit Autist*innen möglichst positiv zu gestalten. Aber auch die Autist*innen und Eltern profitieren von der Teilnahme. Für sie kann dies eine Übernahme von Verantwortung in ihrer aktuellen Lebenssituation darstellen. Das Bereitstellen von hilfreichen Informationen und das Weitergeben von Erfahrungen zum Nutzen Anderer stellt eine gesellschaftliche Interessenvertretung dar. Die Erfahrung, mit seiner/ihrer Teilnahme etwas bewirkt und zum Positiven verändert zu haben (was die Zuhörer*innen jedes Mal direkt an die beteiligten Personen rückmelden), ist selbstwirksamkeitsfördernd. Im Alltag erleben viele Autist*innen und/oder ihre Eltern, dass sie darum kämpfen müssen, sich z. B. bei Lehrkräften oder anderen Berufsgruppen Gehör zu verschaffen. In den Aufklärungsveranstaltungen des Projekts Heureka! sind sie die gefragten Expert*innen, denen interessiert zugehört wird. Dies verdeutlicht dieser Erfahrungsbericht einer autistischen Mutter:

> »Ich habe als Mutter eines Jugendlichen im Autismus-Spektrum an einer der Lehrveranstaltungen mit dem Titel »Klinische Psychologie des Kindes- und Jugendalters« für Schulpsycholog*innen teilgenommen, mit dem Anliegen, damit die Distanz zwischen Betroffenen und angehenden Lehrenden zu verringern. Liest man als Studierende*r in Büchern etwas über das Autismus-Spektrum, bleibt das Wissen theoretisch und oberflächlich. Durch den direkten Kontakt mit Betroffenen oder deren Eltern und die Möglichkeit, im Anschluss der Veranstaltung Fragen zu stellen, ist die Erfahrung viel intensiver. Man bekommt einen persönlicheren Bezug zum Thema. Ich und meine Familie haben leider persönlich die Erfahrung gemacht, dass die besonderen Bedürfnisse unseres Sohnes nicht erkannt wurden. Aus verschiedenen Gründen wurden Probleme nicht richtig eingeordnet oder zu spät wahrgenommen. Um in Zukunft anderen Kindern und Eltern diese leidvolle Erfahrung zu ersparen, war es mir ein Anliegen, einen Beitrag zur Sensibilisierung für dieses Thema zu leisten. Es hat mir gutgetan, unsere Geschichte im Rahmen dieser Veranstaltung erzählen zu können. Möglicherweise habe ich etwas erwähnt, das in der Zukunft einer anderen Familie weiterhilft. Ich habe das Gefühl, mit meiner Teilnahme an der Lehrveranstaltung dazu beigetragen zu haben, dass Lehrer*innen in ihrer Ausbildung die Gelegenheit bekommen, sich mit dem Thema auseinanderzusetzen und persönliche Erfahrungen damit zu machen. Sie können Eltern auf ihrem Weg eine hilfreiche Stütze sein. Generell sollte besser über die Vielfältigkeit des Spektrums aufgeklärt werden. Auch in anderen Bereichen, wie zum Beispiel bei der Polizei oder in Arztpraxen, gibt es viel Nachholbedarf. Autismus muss nicht wegignoriert oder negativ interpretiert werden. Vielmehr ist der Umgang damit eine Gelegenheit für ein verständnisvolleres Miteinander. Die Resonanz der Studierenden hat mir viel zurückgegeben und gezeigt, dass der Austausch notwendig und gewinnbringend ist. Insbesondere die Frage-Antwort-Runden waren aus meiner Sicht gegenseitig bereichernd. Diese Art des Austausches sollte zukünftig mehr Zeit und Raum bekommen, sowohl in der eigentlichen Veranstaltung, aber als auch dadurch, dass häufiger Veranstaltungen dieser Art stattfinden und organisiert werden.«

4 Kritische Reflexion

Insgesamt stellen die Arbeiten im Projekt! Heureka erste Schritte in Richtung einer partizipativen Autismusforschung dar. Durch die fehlenden Strukturen systematischer Teilhabe am kompletten Forschungsprozess müssen mit den begrenzten Mitteln der beteiligten Personen individuelle Umsetzungsmöglichkeiten gefunden werden. Bis zu einer vollständigen Beteiligung ist es noch ein weiter Weg. Um zu bestimmen, wie partizipativ das Projekt Heureka! aktuell ist, kann eine Skala von den Houting et al. (2020) herangezogen werden, anhand derer der Grad der Beteiligung der Autismus-Community eingeordnet werden kann. Auf den niedrigen Stufen der Beteiligung wird die Autismus-Community z. B. lediglich konsultiert, alle wesentlichen Entscheidungen werden jedoch von Forscher*innen getroffen. Auf höheren Stufen der Skala arbeiten beide Parteien auf Augenhöhe zusammen und treffen wichtige Entscheidungen gemeinsam. Auf der höchsten Stufe der Teilhabe steuert die Autismus-Community das Projekt, die akademischen Partner wirken lediglich beratend und unterstützend. Ausgehend von dieser Skala kann das Projekt Heureka! im oberen Bereich der mittleren Beteiligungsstufen eingeordnet werden. Autist*innen und ihre Familien werden nach ihrer Sichtweise gefragt und werden eingeladen, sich an Projekten zu beteiligen. Die Aktivitäten des Projekts werden gemeinsam mit Autist*innen und ihren Familien gesteuert. Die folgende Stellungnahme einer autistischen Mutter, die sich im Projekt engagiert, unterstreicht diese Einschätzung:

> »Ich freue mich, dass partizipative Forschung und Aufklärung an der LMU begonnen wurde. Allerdings kann und sollte die Partizipation noch viel weiter gehen. Die Auswahl von Forschungsthemen sollte durch Betroffene im Dialog mit Forschenden vorgenommen werden. Idealerweise sollten Autist*innen im Forscherteam sein. Die Forschung sollte sich stärker am Alltag mit seinen Herausforderungen orientieren. Ziel sollte eine Verbesserung des Alltags von Autist*innen sein. Dafür muss die Bekanntheit und Reichweite des Projekts noch stärker vergrößert werden. Viele Menschen sind gar nicht diagnostiziert, obwohl sie Probleme haben. Nach der Diagnose wird man oft alleingelassen oder mit Therapie versorgt, die nicht hilft. Dafür muss die Aufklärung noch viel breiter werden.«

Um den Grad der Partizipation im Projekt zu erhöhen und um das Projekt langfristig verstetigen zu können, sind weitere Maßnahmen nötig. Erstens fehlt aktuell eine partizipative Leitung des Projekts. Es wird nach wie vor maßgeblich von nichtautistischen Akademiker*innen gesteuert. Zweitens fehlt es an finanziellen Mitteln für das Projekt. Mit einer entsprechenden Finanzierung ließen sich mehr Aktivitäten in kürzerer Zeit umsetzen. Gleichzeitig kann das Projekt aktuell nicht immer das Ziel erfüllen, die eingebrachte Arbeit von Autist*innen und ihren Familien entsprechend zu vergüten, was z. B. auch im Leitfaden zur Umsetzung von partizipativer Autismusforschung von Zamzow (2021) als besonders wichtig beschrieben wird. In unserem Projekt bekommen Personen zumindest eine Aufwandsentschädigung für die Beteiligung an den Aufklärungsveranstaltungen. Hierfür wurden in der Vergangenheit z. B. intramurale Mittel für Gastvorträge oder zur Praxisorientierung der Lehre genutzt. Die geringen bzw. fehlenden finanziellen Mittel sind auch ein Hauptgrund für die bisher geringe Umsetzung tatsächlicher partizipativer Forschung. Mit größeren Ressourcen könnte ein entsprechendes Forschungsprogramm aufgebaut werden.

5 Fazit

Das Projekt Heureka! lebt vom freiwilligen Beitrag engagierter Personen aus der Autismus-Community. Ohne den Idealismus, den die beteiligten Personen einbringen, wäre dieses Projekt nicht realisierbar. Durch den Enthusiasmus der beteiligten Personen konnte mit geringen Mitteln eine Plattform zur Interessensvertretung geschaffen werden, die ihren Beitrag zur Verbesserung der Lebenssituation von Autist*innen und ihren Familien durch wissenschaftlichen Erkenntnisgewinn und gesellschaftliche Aufklärung liefert.

Literatur

Albantakis, L., Parpart, H., Thaler, H., Krankenhagen, M., Böhm, J., Zillekens, I. & Schilbach, L. (2018). Depression bei Erwachsenen mit Autismus-Spektrum-Störung. *Nervenheilkunde, 37*(09), 587–593.

Bolis, D., Balsters, J., Wenderoth, N., Becchio, C. & Schilbach, L. (2017). Beyond autism: introducing the dialectical misattunement hypothesis and a Bayesian account of intersubjectivity. *Psychopathology, 50*(6), 355–372.

Bolis, D., Lahnakoski, J. M., Seidel, D., Tamm, J. & Schilbach, L. (2021). Interpersonal similarity of autistic traits predicts friendship quality. *Social cognitive and affective neuroscience, 16*(1–2), 222–231.

Breddemann, A., Schilbach, L., Kunerl, E., Witzmann, M. & Schuwerk, T. (2022). Geschlechtsunterschiede in der Autismusdiagnostik. Under review.

Brett, J., Staniszewska, S., Mockford, C., Herron-Marx, S., Hughes, J., Tysall, C. & Suleman, R. (2012). Mapping the impact of patient and public involvement on health and social care research: a systematic review. *Health Expectations, 17*(5), 637–650.

Cascio, M. A. (2012). Neurodiversity: Autism pride among mothers of children with autism spectrum disorders. *Intellectual and developmental disabilities, 50*(3), 273–283.

Chown, N. (2010). 'Do you have any difficulties that I may not be aware of?' A study of autism awareness and understanding in the UK police service. *International Journal of Police Science & Management, 12*(2), 256–273.

Cornwall, A. & Jewkes, R. (1995). What is participatory research? *Social Science & Medicine, 41*(12), 1667–1676.

Cusack, J. (2017). Participation and the gradual path to a better life for autistic people. *Autism 21*, 131–132.

den Houting, J., Higgins, J., Isaacs, K., Mahony, J. & Pellicano, E. (2021). 'I'm not just a guinea pig': Academic and community perceptions of participatory autism research. *Autism, 25*(1), 148–163.

Eder, M., Tobin, J. N., Proser, M. & Shin, P. (2012). Special Issue Introduction: Building a Stronger Science of Community-Engaged Research. *Progress in Community Health Partnerships: Research, Education, and Action 6*(3), 227–230.

Ergebnisse aus dem Projekt »Entwicklung einer Autismus-Strategie-Bayern« im Zeitraum von 2018–2021. https://nbn-resolving.org/urn:nbn:de:bvb:m347-dtl-0000002057

Fletcher-Watson, S., Adams, J., Brook, K., Charman, T., Crane, L., Cusack, J., Leekam, S., Milton, D., Parr, J. R. & Pellicano, E. (2019). Making the future together: Shaping autism research through meaningful participation. *Autism, 23*(4), 943–953.

Frank, F., Jablotschkin, M., Arthen, T., Riedel, A., Fangmeier, T., Hölzel, L. P. & van Elst, L. T. (2018). Education and employment status of adults with autism spectrum disorders in Germany – a cross-sectional-survey. *BMC psychiatry, 18*(1), 75.

Heureka! Autismusforschungsforum (2021). Autismus und Schule – Ein Wegweiser für Lehrkräfte (Version2_März2021). Figshare. Online resource. https://doi.org/10.6084/m9.figshare.12018270.v5

Kirchner et al. (2008). Wissen und Vorurteile über Autismus im Jobcenter: Die erste Studie der Autismus-Forschungs-Kooperation (AFK). https://www.autismus-forschungs-kooperation.de/wissen-und-vorurteile-ueber-autismus-im-jobcenter/

Kirchner et al. (2010). Mangelndes Wissen über Autismus bei Allgemeinmedizinern: Eine Studie der Autismus-Forschungs-Kooperation (AFK). https://www.autismus-forschungs-kooperation.de/wissen-ueber-autismus-bei-allgemeinmedizinern/

Kirchner et al. (2011). Was wissen Lehrer in Berlin über Autismus? Eine Studie der Autismus-Forschungs-Kooperation (AFK). https://www.autismus-forschungs-kooperation.de/wissen-ueber-autismus-bei-lehrern/

Lipinski, S., Blanke, E. S., Suenkel, U. & Dziobek, I. (2019). Outpatient Psychotherapy for Adults with High-Functioning Autism Spectrum Condition: Utilization, Treatment Satisfaction, and Preferred Modifications. *Journal of Autism and Developmental Disorders, 49*(3), 1154–1168.

MacKay, T., Knapp, M., Boyle, J., Iemmi, V., Connolly, M. & Rehill, A. (2018). The microsegmentation of the autism spectrum: Economic and research implications for Scotland. The Scottish Government. https://www.gov.scot/publications/microsegmentation-autism-spectrum/

Milton, D.E. (2014). Autistic expertise: a critical reflection on the production of knowledge in autism studies. *Autism, 18*(7), 794–802.

Milton, D.E. & Bracher, M. (2013) Autistics speak but are they heard? *Journal of the BSA Medsoc Group, 7*, 61–69.

Nicolaidis, C., Raymaker, D., Kapp, S. K., Baggs, A., Ashkenazy, E., McDonald, K., Weiner, M., Maslak, J., Hunter, M. & Joyce, A. (2019). The AASPIRE practice-based guidelines for the inclusion of autistic adults in research as co-researchers and study participants. *Autism, 23*(8), 2007–2019.

Owren, T. & Stenhammer, T. (2013). Neurodiversity: accepting autistic difference. *Learning Disability Practice, 16*(4), 32–37. doi:10.7748/ldp2013.05.16.4.32.e681

Pellicano, E., & Stears, M. (2011). Bridging autism, science and society: moving toward an ethically informed approach to autism research. *Autism research, 4*(4), 271–282.

Pellicano, E., Crane, L., Gaudion, K. & the Shaping Autism Research team (2017). Participatory autism research: A starter pack. UCL Institute of Education. https://issuu.com/crae.ioe/docs/crane-starterpack_pages_v5

Pellicano, E., Dinsmore A., Charman, T. (2013). *A future made together: Shaping autism research in the UK.* Institute of Education.

Pellicano, E., Dinsmore, A. & Charman, T. (2014). What should autism research focus upon? Community views and priorities from the United Kingdom. *Autism, 18*(7), 756–770.

Sasson, N. J. & Morrison, K. E. (2019). First impressions of adults with autism improve with diagnostic disclosure and increased autism knowledge of peers. *Autism, 23*(1), 50–59.

Sasson, N. J., Faso, D. J., Nugent, J., Lovell, S., Kennedy, D. P. & Grossman, R. B. (2017). Neurotypical peers are less willing to interact with those with autism based on thin slice judgments. *Scientific reports, 7*(1), 1–10.

Schilbach, L. (2016). Towards a second-person neuropsychiatry. Philosophical Transactions of the Royal Society B: Biological Sciences, 371(1686), 20150081.

Schuwerk, T., Kunerl, E., Witzmann, M. & Schilbach, L. (2020). *Bayerische Autismus-Umfrage 2019: Ergebnisbericht.* https://nbn-resolving.org/urn:nbn:de:bvb:m347-dtl-0000001810.

Witzmann, M. & Kunerl, E. (2021). *Empfehlungen für eine Autismus-Strategie Bayern.*

Zamzow, R. (2021). Six steps to engaging in participatory autism research. *Spectrum / Autism Research News*, 4. November 2021. https://www.spectrumnews.org/news/six-steps-to-engaging-in-participatory-autism-research/

Partizipative Autismusforschung und das Partizipative Forschungsnetzwerk Autismus in der Schweiz (PFAU)

Andreas Eckert

Einleitung[24]

Die wachsende Mitwirkung von Menschen mit Autismus, einerseits an der gesellschaftlichen Sensibilisierung für ihre besonderen Lebenserfahrungen, Perspektiven und Bedürfnisse, andererseits an der (Weiter-)Entwicklung adäquater Unterstützungsangebote, ist in den letzten zwei Jahrzehnten deutlich sichtbar geworden. Eine Vielzahl an Autobiografien, Erfahrungsberichten und Ratgebern aus der Sicht von Expert:innen in eigener Sache leistet gegenwärtig einen wichtigen Beitrag sowohl zur Aufklärung interessierter Menschen als auch zur Wissens- und Kompetenzerweiterung von Fachpersonen.

Darüber hinaus zeigt sich die aktive Mitwirkung von Selbstbetroffenen in der Entstehung von neuen Selbsthilfegruppen sowie in Gremien- und Kommissionstätigkeiten auf institutioneller und politischer Ebene. Diese Entwicklung folgt der bereits seit längerer Zeit präsenten Mitwirkung von Angehörigen, insbesondere den Eltern von Kindern und Jugendlichen mit Autismus, die mit ihrem persönlichen Engagement die Gründung von Interessensverbänden sowie den Aufbau zahlreicher institutioneller Hilfen initiiert haben.

In der wissenschaftlichen Forschung nehmen Menschen mit Autismus demgegenüber weiterhin primär die Rolle der untersuchten Zielgruppe ein, d. h. des Forschungsobjektes. Studien zur Situation der Eltern oder der Geschwister von Kindern mit Autismus zeigen, dass dies auch für die Angehörigen gilt. Wenngleich in der Sozialforschung vermehrt Wert daraufgelegt wird, die Sichtweisen der Betroffenen in den Erkenntnisgewinn einzubeziehen, beispielsweise mit dem Einsatz von schriftlichen oder mündlichen Befragungen von Personen mit Autismus oder ihren Angehörigen, kommt dies den Grundgedanken einer partizipativen Forschung häufig nicht sehr nah.

In diesem Beitrag werden zunächst zentrale Begriffe, Komponenten und Qualitätskriterien partizipativer Forschung skizziert und im Kontext der heil- und sonderpädagogischen Forschung betrachtet. Anschließend werden aktuelle Wege partizipativer Autismusforschung beleuchtet und diesbezügliche Entwicklungen an der Interkantonalen Hochschule für Heilpädagogik Zürich (HfH) nachgezeichnet. Die Vorstellung des 2020 gegründeten Partizipativen Forschungsnetzwerks Autismus in

---

24 Bei diesem Beitrag handelt es sich um eine genehmigte Aktualisierung und Anpassung eines Artikels, der im Forschungsbericht Heilpädagogische Forschung: Bildung für Alle der Hochschule für Heilpädagogik Zürich (Klaver 2021) erschienen ist.

der Schweiz (PFAU) und seiner gegenwärtigen Aktivitäten schließt den Bogen von der Theorie zur Praxis partizipativer Autismusforschung.

1 Partizipative Forschung

Der Begriff *Partizipative Forschung* findet im deutschsprachigen Raum erst seit ungefähr zehn Jahren im wissenschaftlichen Diskurs Anwendung. Begrifflich und inhaltlich lehnt er sich an die aus den angloamerikanischen Sozial- und Gesundheitswissenschaften stammenden Forschungsansätze der *Participatory Action Research* sowie der *Community-Based Participatory Research* an (von Unger 2014, 2).

Im deutschsprachigen Fachdiskurs widmeten sich erste Beiträge der Beschreibung und Einordnung partizipativer Forschungsansätze im Kontext qualitativer Forschung (Bergold 2013; Bergold & Thomas 2010). Wenige Jahre später folgte das bis in die Gegenwart meist rezipierte Grundlagenwerk zur Einführung in die Theorie und Praxis partizipativer Forschung (von Unger 2014). Partizipative Forschung wird in diesen Schriften definiert als

> »Oberbegriff für Forschungsansätze, die soziale Wirklichkeit partnerschaftlich erforschen und beeinflussen« (von Unger 2014, 1) bzw. als »Versuch [...], einen Erkenntnisprozess zu initiieren und zu gestalten, an dem im Prinzip alle Personen und Gruppen als aktiv Entscheidende beteiligt werden, die von dem jeweiligen Thema und der Fragestellung betroffen sind« (Bergold 2013, 2).

Im Vordergrund dieser Definitionen und weiterführenden Ausformulierungen steht demzufolge die gemeinsame, partnerschaftliche Bearbeitung von Forschungsfragen durch die Personen, die an der untersuchten sozialen Lebenswelt teilhaben. Einig sind sich die Autor:innen des Weiteren bei der Einschätzung, dass es sich bei der partizipativen Forschung um keine eigenständige Methodik, sondern vielmehr um einen *Forschungsstil* (Bergold & Thomas 2010, 333) handelt, der sich »in hohem Maße durch Kontextualität und Flexibilität auszeichnet« (von Unger 2014, 1). Forschungsmethodisch bietet dieser Forschungsstil Spielraum für vielfältige Untersuchungsdesigns – und ist durch eine besondere Nähe zu qualitativen Verfahren gekennzeichnet.

Partizipative Forschung relativiert den Anspruch auf Objektivität und Wertfreiheit in der Wissenschaft und versteht sich als wertebasierte Forschung, die insbesondere das Ziel des *Empowerments* der aus den fokussierten Lebenswelten stammenden Mitforschenden verfolgt. Sie zeichnet sich durch eine *doppelte Zielsetzung* (von Unger 2014, 34) aus, indem sie einerseits Erkenntnisse über soziale Wirklichkeiten generieren möchte, andererseits die Entwicklung von Handlungsmöglichkeiten für eine Veränderung dieser sozialen Wirklichkeiten anstrebt.

Die Form der Beteiligung der Mitforschenden im Forschungsprozess ist gemäß der aktuellen Fachdiskussion ein zentrales Kriterium für die partizipative Ausrichtung eines Projektes. Die Anwendung des Stufenmodells der Partizipation nach

Wright, von Unger und Block (2010) bietet diesbezüglich eine gegenwärtig vielfach zitierte Orientierungshilfe (Abb. 1). Dieser Einordnung folgend wird erst dann von echter Partizipation gesprochen, wenn die Mitglieder der Zielgruppe eine »formale, verbindliche Rolle in der Entscheidungsfindung« (Wright, von Unger & Block 2010, 44) zugesprochen bekommen, die mindestens durch ein Mitspracherecht bei Entscheidungen bzw. der Projektgestaltung (Stufe 6) gekennzeichnet ist.

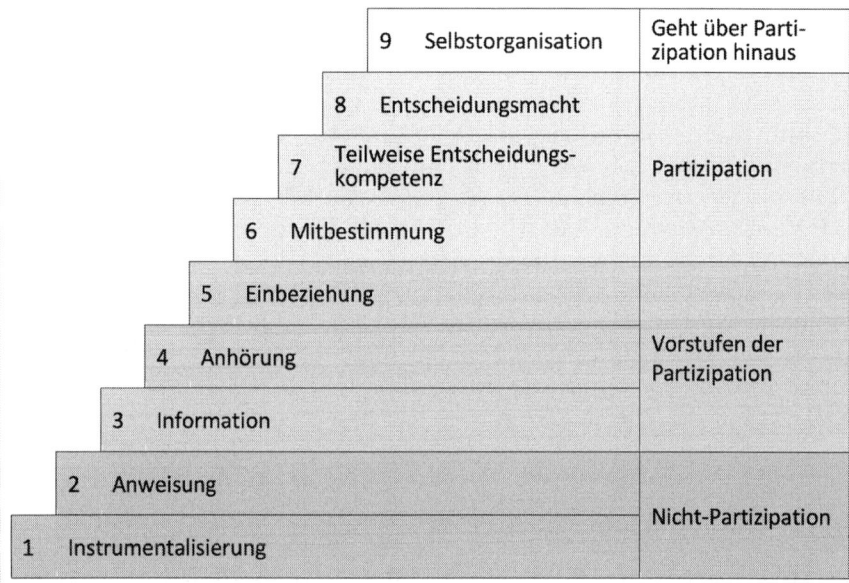

Abb. 27: Stufenmodell der Partizipation (Wright, von Unger & Block 2010, 42)

Bergold und Thomas (2010) betonen neben der Berücksichtigung der Gütekriterien qualitativer Forschung die Notwendigkeit der Formulierung ergänzender Kriterien für die partizipative Forschung, die sich wie das vorangehende Stufenmodell auf den Prozess der Partizipation beziehen. Im Einzelnen sind dies:

- der Zugang aller Betroffenen zum Forschungsprozess und den dort anstehenden Entscheidungen
- die Berücksichtigung der Stimmen aller Beteiligten
- die Bedeutsamkeit der Erweiterung des Wissens und der gemeinsamen Handlungsfähigkeit für alle Beteiligten
- die verständliche Kommunikation sowie Zugänglichkeit der Ergebnisse und ihrer Konsequenzen
- die Anschlussfähigkeit der Ergebnisse an die Praxis und die wissenschaftliche Theorie (Bergold & Thomas 2010, 342).

2 Partizipative Forschung in der Heil- und Sonderpädagogik

In der Heil- und Sonderpädagogik haben im deutschsprachigen Raum in den letzten zwei Jahrzehnten zunächst die *Disability Studies* an Bedeutung gewonnen (Dederich, 2007; Waldschmidt 2006). Dieses Forschungsfeld fokussiert Fragestellungen rund um das Phänomen Behinderung primär aus der Perspektive von Selbstbetroffenen. Dabei bilden die persönlichen Behinderungserfahrungen der Wissenschaftler:innen einen zentralen Ausgangspunkt für die Initiierung und Reflexion der Forschung. Personen mit einer Behinderung sind in diesem Sinne einerseits in einem hohen Maße in Prozesse der Entscheidungsfindung einbezogen, andererseits beschränkt sich die Partizipation vielfach auf die akademische Ebene der Forschung. Die Partizipation der untersuchten Zielgruppe und damit die Einbeziehung ihrer sozialen Wirklichkeit im Sinne des dargestellten Verständnisses partizipativer Forschung ist in den *Disability Studies* vielfach gegeben, sie bildet jedoch keine grundlegende Komponente dieses Forschungsfeldes (Schuppener & Hauser 2014).

Ein expliziter Transfer der partizipativen Forschung in heil- und sonderpädagogische Kontexte ist in den letzten Jahren im Themenfeld der Forschung mit Menschen mit Lernschwierigkeiten erfolgt. Ersten Publikationen im englischsprachigen Wissenschaftsraum (Nind 2014; Walmsley & Johnson 2003) zur *Inclusive Research* als möglichem Forschungsansatz für partizipative Forschung (von Unger 2014) folgten im deutschsprachigen Diskurs sowohl Theorieentwürfe zur *Inklusiven Forschung* mit Menschen mit Lernschwierigkeiten (Buchner, König & Schuppener 2016; Hauser 2020) als auch darauf aufbauende Praxisberichte (u. a. Seifert 2016; Zahnd & Egloff 2016). Mit der Begriffswahl *Inklusive Forschung* wird ein Anschluss an die englischsprachige Diskussion und ein deutlicher Bezug zur UN-Konvention über die Rechte von Menschen mit Behinderung hergestellt.

Hauser (2020) führt in ihrer empirischen Analyse zum aktuellen Forschungsstand die Begriffe zusammen und entwirft »Qualitätskriterien Partizipativer und Inklusiver Forschung« zur Absicherung der Qualität und Güte der gemeinsamen Forschung mit Menschen mit Lernschwierigkeiten. Diese ordnet sie den folgenden Kategorien zu:

- »Kriterien zu den grundlegenden Haltungen Partizipativer und Inklusiver Forschung,
- Kriterien zur Gestaltung des Forschungsprozesses,
- Kriterien für die Zusammenarbeit der Teilnehmenden im Forschungsprozess und
- Kriterien zur Wirkung und Bewertung von Forschungsergebnissen« (Hauser 2020, 150 ff.)

Diese Kriterien führt sie detailliert und theoriegeleitet aus und belegt sie mit empirischen Erkenntnissen. Nicht nur für die partizipative Forschung mit Menschen mit Lernschwierigkeiten bilden diese Kriterien eine hilfreiche Grundlage für die Gestaltung und Reflexion partizipativ ausgerichteter Forschungsprojekte. Das heilpädagogische Grundverständnis, das sich sowohl durch die Thematisierung von Haltungen wie der Inklusionsorientierung, dem *Empowerment* und der Selbstbestimmung als auch durch spezifische Gestaltungselemente wie die Barrierefreiheit des Forschungsprozesses zeigt, kann vielmehr auf erweiterte Zielgruppen der Heil- und Sonderpädagogik übertragen werden.

3 Partizipative Autismusforschung

Die Entwicklung von partizipativer Autismusforschung lässt sich aktuell primär anhand der Aktivitäten von neueren Forschungsnetzwerken nachzeichnen. Wissenschaftliche Publikationen sind bislang nur in geringer Zahl anzutreffen. Jivraj, Sacrey, Newton, Nicholas und Zwaigenbaum (2014) finden in einem systematischen Review lediglich zwei Studien, in denen Mitforschende mit Autismus den Kriterien partizipativer Forschung entsprechend involviert waren. Wright, Wright, Diener und Eaton (2014) untersuchen Studien zum Thema Autismus hinsichtlich ihrer Einbeziehung der Ansätze *Community-Based Participatory Research* und *Participatory Action Research*. Sie fassen zusammen, dass in wissenschaftlichen Publikationen bislang nur wenig direkte Bezüge zu finden sind, heben in ihrem Resümee zugleich die Chancen und Herausforderungen des Einsatzes partizipativer Ansätze hervor. Zu ähnlichen Erkenntnissen kommen Fletcher-Watson et al. (2019) in einem Entwurf der partizipativen Autismusforschung. Dieser basiert auf der 2013 publizierten britischen Strategie zur zukünftigen Gestaltung der Autismusforschung, zusammengefasst im Report *A Future Made Together* (Pellicano, Dinsmore & Charman 2013).

Fletcher-Watson et al. (2019) dokumentieren eine Seminarreihe, die einen Entwurf für die Zukunft der partizipativen Autismusforschung zum Inhalt und Ziel hatte. Die Seminarreihe wurde von Anfang an von einer Gruppe bestehend aus Forschenden mit und ohne Autismus, Angehörigen, politischen Vertreter:innen und Fachpersonen organisiert, besucht und geleitet. Aus diesem Prozess resultieren fünf Schlüsselthemen partizipativer Autismusforschung, denen in der Diskussion und Entwicklung zukünftiger Forschungsbemühungen eine besondere Beachtung zukommen sollte: *Respect*, *Authenticity*, *Assumptions*, *Infrastructure* und *Empathy* (Fletcher-Watson et al. 2019, 945 ff.). Ein praxisbezogenes Resultat dieses Prozesses ist das *Starter Pack for Participatory Autism Research* (Pellicano, Crane & Gaudion 2017), das konkrete Handlungsempfehlungen für den Einstieg in partizipative Forschungsaktivitäten bietet. Auch auf der Umsetzungsebene weisen Forschungsnetzwerke wie PARC (*Participatory Autism Research Collective*), Autistica und CRAE (*Centre for research in autism and education*) auf eine Vorreiterrolle britischer Organisationen hin.

Im deutschsprachigen Raum sind in den letzten Jahren ebenfalls erste Netzwerke partizipativer Autismusforschung entstanden. Dabei handelt es sich um die bereits 2007 gegründete *Autismus-Forschungs-Kooperation* (AFK) an der Humboldt-Universität zu Berlin sowie das *Heureka! – Autismusforschungsforum* an der Ludwig-Maximilians-Universität München.

4 Partizipative Autismusforschung an der Interkantonalen Hochschule für Heilpädagogik in Zürich

Seit dem Jahr 2010 stellt das Thema Autismus ein ausgewiesenes Forschungsfeld unserer Hochschule dar. Bisherige Projekte widmeten sich insbesondere den Themenschwerpunkten »Autismus und Schule«, »Autismus in der Schweiz« und »Kommunikationsförderung bei Autismus«. In diesen Projekten wurden in den untersuchten Lebenswelten und Arbeitsfeldern involvierte Personen in vielfältiger Form einbezogen. Angefangen bei schriftlichen und mündlichen Befragungen von Lehrpersonen zu den Gelingensfaktoren schulischer Förderung über Interviews mit Eltern zur familiären Lebenssituation bis hin zur Überprüfung von Untersuchungsinstrumenten hinsichtlich ihrer Autismusfreundlichkeit durch Selbstbetroffene lassen sich Beispiele angewandter Methoden zur Erweiterung der Forschungsperspektiven um die Sichtweise jeweils betroffener Personen benennen. Gemäß des Stufenmodells der Partizipation (Wright, von Unger & Block 2010) bewegen sich diese primär auf den Ebenen Anhörung (Stufe 4) und Einbeziehung (Stufe 5), die den Vorstufen der Partizipation zugeordnet werden. Neuere Projekte zielen nun auf eine Erweiterung der partizipativen Ausrichtung der Autismusforschung ab. Ein erstes Projekt fokussierte den Unterstützungsbedarf von Lernenden mit einem Asperger-Syndrom aus einer ressourcenorientierten Perspektive und involvierte den Austausch mit Erwachsenen mit Asperger-Syndrom und ihren retrospektiven Blick auf eigene Erfahrungen maßgeblich in den Forschungsprozess (Eckert 2021). Bei einem zweiten Projekt stand die Analyse der Erfahrungen von Eltern mit ihren Kindern im Autismus-Spektrum während der coronabedingten Schulschließungen in der Schweiz im Frühjahr 2020 im Vordergrund. Dieses Projekt wurde von der Initiierung, über die Planung der Forschungsmethodik bis hin zur Auswertung durchgehend von einem partizipativen Forschungsteam, bestehend aus einer Mutter von Kindern im Autismus-Spektrum sowie dem Autor dieses Beitrags kooperativ durchgeführt (Eckert & Kamm-Jehli 2021).

5 Das »Partizipative Forschungsnetzwerk Autismus in der Schweiz (PFAU)«

5.1 Entstehungsgeschichte

Mit der Zielsetzung, partizipative Autismusforschung in der Schweiz verstärkt zu etablieren, wurde im Spätsommer 2020 durch Mitarbeitende der Interkantonalen Hochschule für Heilpädagogik Zürich in Kooperation mit einem Psychologen mit dem Asperger-Syndrom ein partizipatives Forschungsnetzwerk initiiert. Dieses strebt primär an, zukünftige Forschungsprojekte von Beginn an auf einer hohen Stufe der Partizipation entwickeln und realisieren zu können. Des Weiteren bietet es eine Plattform für die Anhörung, Einbeziehung und, wo immer möglich, die Mitbestimmung von Menschen mit Autismus in Forschungsprojekten, die vom Netzwerk selber oder von kooperierenden Wissenschaftler:innen entwickelt werden. Zudem ist eine beratende Rolle der im Forschungsnetzwerk Mitwirkenden für externe Projektentwicklungen geplant.

In einem ersten Schritt wurden über den Interessenverband *autismus deutsche schweiz* Personen mit Autismus als Expert:innen in eigener Sache angeschrieben, über die geplanten Inhalte des Forschungsnetzwerks informiert und um mögliche Interessensbekundungen gebeten. Mehr als 80 Personen meldeten sich auf diese Anfrage mit Angaben zu ihrer Bereitschaft mitzuwirken. Dabei wurde unterschieden nach einem persönlichen Interesse an der Entwicklung von Forschungsthemen und -ideen (Zustimmung bei 81,6 %), dem Interesse an der Mitwirkung bei der Durchführung von Forschungsprojekten (83,3 %) sowie der Bereitschaft zur Teilnahme an schriftlichen (98,8 %) oder mündlichen Befragungen (90,6 %). Zudem konnten die angeschriebenen Personen eigene Ideen für Forschungsthemen benennen, die aus ihrer Perspektive besonders relevant sind. Aus den zahlreichen Angaben wurden mit einer qualitativ inhaltsanalytischen Auswertung zehn übergeordnete Kategorien abgeleitet. Diese bildeten die Grundlage für eine Ausdifferenzierung des bestehenden Forschungsinteresses aus der Perspektive der Teilnehmenden. Für diese wurden die Teilnehmenden erneut angeschrieben und um eine Gewichtung der möglichen Forschungsthemen gebeten. Abbildung 2 gibt einen Überblick über die aus den Vorschlägen abgeleiteten übergeordneten Forschungsthemen und ihrer Bewertung durch die Teilnehmenden der zweiten Befragung (N=32).

An einem ersten digitalen Treffen der Forschungsinteressierten im November 2020 nahmen mehr als 30 Personen teil, die in Kleingruppen den aktuellen Forschungsbedarf auf Grundlage der erwähnten Befragung diskutierten. Basierend auf den Ergebnissen dieser Diskussionen wurde die Gründung dreier Themengruppen mit den Schwerpunkten »Alltag mit Autismus«, »Aufklärung und Sensibilisierung« sowie »Arbeitsleben mit Autismus« beschlossen. An folgenden Treffen formierten sich diese Gruppen und bestimmten je zwei bis drei Delegierte, die wiederum die sogenannte Steuerungsgruppe des Partizipativen Forschungsnetzwerks bilden und

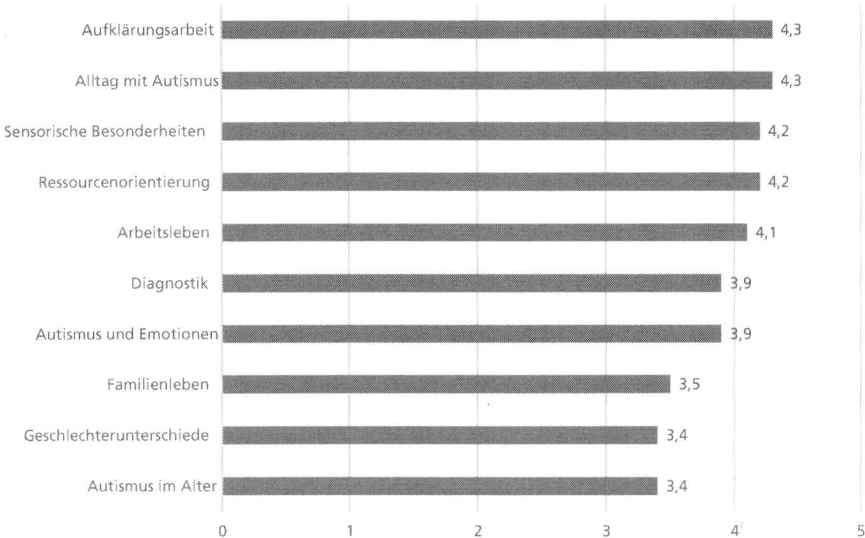

Abb. 28: Bedeutsamkeit der vorgeschlagenen Forschungsthemen (1 = weniger wichtig, 5 = sehr wichtig)

sich neben der inhaltlichen Arbeit für die Koordination und Organisation verantwortlich zeigen.

5.2 Gegenwärtige Aktivitäten und Forschungsbestrebungen (Frühjahr 2022)

Ein aktuelles Aufgabenfeld des Partizipativen Forschungsnetzwerks Autismus in der Schweiz (PFAU) besteht weiterhin in der Zusammenführung von Forschenden mit Expert:innen in eigener Sache. So konnten durch das Forschungsnetzwerk wiederholt Teilnehmende mit Autismus an Studien, u. a. im Rahmen von Masterarbeiten, vermittelt werden. Die Ermöglichung von Interviews mit Frauen mit dem Asperger-Syndrom zu ihrem Erleben der Schulzeit und ihren Ratschlägen für selbstbetroffene Kinder und Jugendliche im Autismus-Spektrum sowie Fachpersonen stellt ein Beispiel dar.

Den Schwerpunkt der Arbeit des Forschungsnetzwerkes bildet gegenwärtig die Fortführung der Projektentwicklung in den Themengruppen »Alltag mit Autismus«, »Aufklärung und Sensibilisierung« sowie »Arbeitsleben mit Autismus«. Die Gruppen befinden sich in unterschiedlichen Phasen der Planung und Vorbereitung von Projekten, jeweils mit einem inhaltlichen Fokus, der in den Diskussionen bei den regelmäßigen Treffen entstanden ist. So plant die Themengruppe »Alltag mit Autismus« eine Befragung von Autismusfachstellen in der Schweiz zu Fragen der Alltagsunterstützung und dem Wissen über Autismus an öffentlichen Institutionen. Die Themengruppe »Aufklärung und Sensibilisierung« widmet sich der schulischen Förderung von Jugendlichen im Autismus-Spektrum in der Sekundarstufe 2 und plant in einem ersten Schritt eine Befragung von Schulleitungen weiterführender Schulen in der Schweiz. Die Themengruppe »Arbeitsleben mit Autismus« entwickelt schließlich ein Forschungsprojekt zum Thema der Erfolgsfaktoren der Erwerbstätigkeit im ersten Arbeitsmarkt, in dessen Rahmen zunächst eine Befragung von Expert:innen in eigener Sache vorgesehen ist. Nächste Schritte werden in den Themengruppen bearbeitet und regelmäßig den weiteren Interessierten im Forschungsnetzwerk präsentiert. Die über das Netzwerk hinausgehende Kommunikation der Aktivitäten stellt eine Aufgabe für die nähere Zukunft dar.

6 Fazit

Partizipative Autismusforschung kann gegenwärtig zugleich als an Bedeutung gewinnender Forschungsstil wie auch als Entwicklungsaufgabe und Herausforderung verstanden werden. Im Vordergrund sollte dabei stehen, vermehrt den Schritt von der vielfach bewährten Anhörung und Einbeziehung von Menschen mit Autismus hin zur aktiven Partizipation in Entwicklungs- und Entscheidungsprozessen konsequent zu verfolgen.

Die bisherigen Entwicklungen des Partizipativen Forschungsnetzwerks zeigen vielfältige Möglichkeiten auf, die *doppelte Zielsetzung* partizipativer Forschung (von Unger 2014, 34) zunehmend in die Praxis zu übertragen. So scheint es zu gelingen, sowohl neues Wissen über autismusspezifische Fragestellungen und ihre Relevanz für Selbstbetroffene als Expert:innen zu generieren als auch die Handlungsoptionen der von diesen Fragestellungen betroffenen Personen – Selbstbetroffene, Angehörige oder Fachpersonen – zu erweitern.

Im Kontext institutioneller Prozesse der Projektentwicklung kann partizipative Forschung die Überwindung formaler Hürden notwendig machen, in erster Linie verlangt es jedoch das frühzeitige Mitdenken und Analysieren partizipativer Forschungsoptionen bei neuen Projektideen. Ein partizipatives Forschungsnetzwerk kann mit der Initiierung eigener Projekte sowie der Bereitstellung von Beratungs- und Mitwirkungsangeboten in diesem Kontext einen wichtigen Beitrag für die Förderung einer Forschung leisten, die die Erfahrungen und Ressourcen von Selbstbetroffenen gewinnbringend berücksichtigt.

Literatur

Bergold, J. (2013). *Partizipative Forschung und Forschungsstrategien*. eNewsletter No. 8. (S. 1–10). Wegweiser Bürgergesellschaften. http://www.buergergesellschaft.de/fileadmin/pdf/gastbeitrag_bergold_130510.pdf

Bergold, J. & Thomas, S. (2010). Partizipative Forschung. In G. Mey & K. Mruck (Hrsg.), *Handbuch Qualitative Forschung in der Psychologie*. Springer VS.
Buchner, T., König, O. & Schuppener, S. (2016). *Inklusive Forschung: Gemeinsam mit Menschen mit Lernschwierigkeiten forschen*. Klinkhardt.
Dederich, M. (2007). *Körper, Kultur und Behinderung. Eine Einführung in die Disability Studies*. Transcript.
Eckert, A. & Kamm Jehli, S. (2021). Schule und Autismus – Was können wir aus der Corona-Krise lernen? *Schweizerische Zeitschrift für Heilpädagogik, 5*, 26–32.
Eckert, A. (2021). Partizipative Autismusforschung an der Interkantonalen Hochschule für Heilpädagogik in Zürich. In P. Klaver (Hrsg.), *Heilpädagogische Forschung: Bildung für Alle*. Interkantonale Hochschule für Heilpädagogik. https://digital.hfh.ch/forschungsbericht-2021/chapter/11-partizipative-autismusforschung-an-der-hfh/
Fletcher-Watson, S., Adams, J., Brook, K., Charman, T., Crane, L., Cusack, J., Leekam, S., Milton, D., Parr, J. R. & Pellicano, E. (2019). Making the future together: Shaping autism research through meaningful participation. *Autism, 23*, 943–953. https://doi.org/10.1177/1362361318786721
Hauser, M. (2020). *Qualität und Güte im gemeinsamen Forschen mit Menschen mit Lernschwierigkeiten*. Klinkhardt.
Jivraj, J., Sacrey, L.-A., Newton, A., Nicholas, D. & Zwaigenbaum, L. (2014). Assessing the influence of researcher–partner involvement on the process and outcomes of participatory research in autism spectrum disorder and neurodevelopmental disorders: A scoping review. *Autism, 18*. https://doi.org/10.1177/1362361314539858
Klaver, P. (Hrsg.). *Heilpädagogische Forschung: Bildung für Alle*. Interkantonale Hochschule für Heilpädagogik. https://digital.hfh.ch/forschungsbericht-2021/chapter/11-partizipative-autismusforschung-an-der-hfh/
Nind, M. (2014). *What is Inclusive Research?* Bloomsbury Academic.
Pellicano, E., Crane, L. & Gaudion, K. (2017). *Participatory Autism Research: A Starterpack*. University of London, Institute of Education.
Pellicano, L., Dinsmore, A. & Charman, T. (2013). *A Future Made Together: Shaping Autism Research in the UK*. University of London, Institute of Education.
Schuppener, S. & Hauser, M. (2014). Empirische Forschung mit Menschen, die als geistig behindert gelten. Basisvariablen und methodische Zugänge aus Sicht der Partizipativen Forschung. *Behindertenpädagogik, 3*, 233–250.
Seifert, M. (2016). »Leben im Quartier« – Menschen mit Lernschwierigkeiten als AkteurInnen im Kontext eines teilhabeorientierten Forschungsprojektes. In T. Buchner, O. König & S. Schuppener (Hrsg.), *Inklusive Forschung: Gemeinsam mit Menschen mit Lernschwierigkeiten forschen* (S. 125–136). Klinkhardt.
von Unger, H. (2014). *Partizipative Forschung. Einführung in die Forschungspraxis*. Springer VS.
Waldschmidt, A. (2006). Disability Studies – Konturen einer neuen Forschungslandschaft. *Gemeinsam leben, 14*, 67–74.
Walmsley, J. & Johnson, K. (2003). *Inclusive research with people with learning disabilities. Past, present, and futures*. J. Kingsley Publishers.
Wright, C. A., Wright, S. D., Diener, M. L. & Eaton, J. (2014). Autism spectrum disorder and the applied collaborative approach: a review of community based participatory research and participatory action research. *Journal of Autism, 1*, 1–11. https://doi.org/10.7243/2054–992X-1–1
Wright, M. T., von Unger, H. & Block, M. (2010). Partizipation der Zielgruppe in der Gesundheitsförderung und Prävention. In M. T. Wright (Hrsg.), *Partizipative Qualitätsentwicklung in der Gesundheitsförderung und Prävention* (S. 35–52). Huber.
Zahnd, R. & Egloff, B. (2016). Das Forschungsprojekt »Lebensgeschichten«. In T. Buchner, O. König & S. Schuppener (Hrsg.), *Inklusive Forschung: Gemeinsam mit Menschen mit Lernschwierigkeiten forschen* (S. 137–146). Klinkhardt.

Ein Zentrum für Neurodiversitätsforschung (ZNDF) in Hamburg

André Frank Zimpel

Im Jahr 2016 ging in Hamburg aus dem Zentrum für Aufmerksamkeitsbesonderheiten (ZAB) das Zentrum für Neurodiversitätsforschung (ZNDF) hervor. Mit zwei wissenschaftlichen Mitarbeiter:innen-Stellen und 20 studentischen Hilfskräften werden derzeit dreißig Projekte zur pädagogischen Förderung von Kindern, Jugendlichen und Erwachsenen koordiniert und durchgeführt.

Diesen ergänzenden Praxiszugang für die Studierenden der Universität Hamburg können wir seit August 2017 über das ZNDF anbieten. Die dafür gemieteten Räume befinden sich in Hamburg-Eppendorf auf dem Gelände der Stiftung Anscharhöhe (Vermieter) und werden finanziell unterstützt von der Hermann-Reemtsma-Stiftung. Mehr als hundert Erstvorstellungen im ZNDF aus Hamburg, Österreich, der Schweiz, Frankreich und Spanien für Beratung und Diagnostik fanden schon im ersten Jahr statt. Wir bieten Eltern mit Kindern im Neurodiversitätsspektrum:

- Hilfen für Familien mit behinderten Kindern (HFbK), Eingliederungshilfe über das Fachamt Eingliederungshilfe;
- Hilfe nach § 30 SGB VIII – Erziehungsbeistand/Betreuungshelfer (Abrechnung als anerkannter Träger der freien Jugendhilfe über das Jugendamt);
- Entwicklungstherapie (Abrechnung über Kasse in Kooperation mit einer niedergelassenen Kinder- und Jugendpsychiaterin).

Die wissenschaftliche Begleitung im ZNDF erfolgt als enger Dialog zwischen Grundlagen- und Handlungsforschung. Mit einem Beispiel aus der Gründungszeit des ZNDF soll diese wissenschaftliche Begleitung hier näher erläutert werden.

1 Außensicht

Mit seinen 18 Jahren hatte Lukas[25], bei dem ein Asperger-Syndrom diagnostiziert wurde, bereits 13 Praktika zur beruflichen Eingliederung absolviert – ohne nachhaltige Ergebnisse. 2016 verursachte er einen Brand im Lagerzentrum eines großen

---

25 Name wurde aus Datenschutzgründen geändert.

Einzelhandelsunternehmens mit einem Schaden von circa 30.000 Euro. Als er am Arbeitsplatz verhaftet wurde, fand man bei ihm sechs Messer und sechs Feuerzeuge.

Seine Mutter sollte den Schaden übernehmen und wendete sich hilfesuchend an das ZNDF. Wir vermittelten ihr zunächst einen Anwalt, der diese Forderung mit unserer Unterstützung abwehren konnte. Ein Masterstudent, der schon seine Bachelorarbeit zu dieser Thematik verfasst hatte, übernahm eine Systemische Syndromanalyse (Zimpel 2013a). Er traf sich mit Lukas regelmäßig ein bis zwei Mal in der Woche.

Lukas berichtete uns über ein YouTube-Video mit dem Titel »Nicht nachmachen!«, das er sich am Vorabend mit Begeisterung angeschaut hatte. Es handelte sich wohl um eine satirische Wissenschaftsshow vom ZDF, in der die Protagonist:innen mit ironischen Kommentaren beispielsweise Feuerwerkskörper im Wohnzimmer oder Konservendosen auf der Herdplatte explodieren lassen. Auch wenn der Titel der Sendung »Nicht nachmachen!« lautet, konnte Lukas es sich nicht verkneifen, während der Arbeitszeit auf die Toilette zu gehen und zu probieren, wie ein Papierhandtuchspender brennt.

Er beteuerte glaubhaft, dass er nicht beabsichtigte, das gesamte Lager niederzubrennen. Als er merkte, dass das Feuer nicht mehr zu bändigen war, verließ er fluchtartig den Raum. Er hoffte auf eine Sprinkleranlage, die den Brand von selbst löschen würde. Als die Belegschaft gefragt wurde, wer das Feuer gelegt hätte, meldete sich Lukas freiwillig zu Wort.

Mit dem Kaufman-Test zur Intelligenzmessung für Jugendliche und Erwachsene (K–TIM) wurde bei Lukas im Gesamtergebnis ein IQ von 85 ermittelt. Schwächen zeigte er im schlussfolgernden Denken, der Unterscheidung wesentlicher von unwesentlichen Details, im hypothesenbildenden deduktiven Denken (Planen), in der kognitiven Verarbeitungsgeschwindigkeit, im reflexiven (versus impulsiven) kognitiven Lernstil und in der Flexibilität. Stärken ergab die Untertestanalyse in folgenden Bereichen: Fähigkeit zur Sequenzbildung, sprachlicher Ausdruck und visuelles Gedächtnis (vgl. Hacke 2018, 36f.). Bei der Durchführung der Standard Progressive Matrices (SPM) erreichte Lukas einen IQ von 82.

Wie die Anamnese ergab, traten bei Lukas schon im Kindergarten und in den ersten Schuljahren Schwierigkeiten im Umgang mit anderen Kindern auf. In der Grundschulzeit nahmen die sozialen Probleme zu. Später wurden bei ihm das Asperger-Syndrom mit atypischer Ausprägung, eine Intelligenzminderung und ein Aufmerksamkeitsdefizitsyndrom mit Hyperaktivität diagnostiziert. Der CFT-20-R ergab bei ihm damals einen IQ von 68. Ein sonderpädagogischer Förderbedarf wurde im Bereich der emotionalen und sozialen Entwicklung festgestellt. Mithilfe eines Schulbegleiters gelang es Lukas, nun ab dem dritten Schulbesuchsjahr immer besser dem Unterricht zu folgen (Hacke 2018, 39f.).

Die Förderbereiche »Autismus« und »emotionale und soziale Entwicklung« überschneiden sich zwar teilweise im Kriterium eines nicht altersangemessenen Arbeits- und Sozialverhaltens. Der Förderbereich »Autismus« ist aber zudem von einem erheblichen Unterstützungsbedarf in der Selbstkontrolle und zum situations-, sach- und sinnbezogenen Handeln geprägt. Dieser Bedarf zeigt sich bei Menschen mit Autismus-Spektrum-Störungen (ASS) häufig anhand von Schwierigkeiten in der Verhaltenssteuerung und der Orientierung.

Daher sind derartige Problematiken regelmäßig ausschlaggebend für die Feststellung des Förderschwerpunktes »Autismus«. Ziel der Förderung ist der bestmögliche Ausbau der individuellen Entwicklungs- und Lernmöglichkeiten sowie die Herstellung von Chancengleichheit beim Zugang zu Lerninhalten. Dass Lukas die Grundschule anfänglich ohne zusätzlichen Förderbedarf absolviert hat, lässt befürchten, dass ihm dadurch Entwicklungsmöglichkeiten entgangen sein könnten. Des Weiteren ist zu beachten, dass für einen Förderbedarf »Autismus« eine zusätzliche Ressource von mehr als nur fünf Unterrichtswochenstunden zur Verfügung steht (Zimpel 2020).

2 Innensicht

Aus wissenschaftlicher Perspektive betrachtet man Empathie als ein multidimensionales Konstrukt, das kognitiv Rückschlusse auf mentale Zustände ermöglicht und emotional die Sorge um andere Personen beinhaltet. Trotz eines Mangels an Untersuchungen geht man davon aus, dass Personen im Autismus-Spektrum im Allgemeinen einen Mangel an Empathie aufweisen. In einer Studie von Dziobek et al. (2008) wurde der Multifaceted Empathy Test (MET) in einer Gruppe von 17 Personen mit Asperger-Syndrom (AS) und 18 neurotypischen Personen ausgewertet.

Die Ergebnisse deuten darauf hin, dass Einzelpersonen im Autismus-Spektrum in kognitiven Komponenten der Empathie Schwierigkeiten haben, nicht aber in emotionalen Komponenten der Empathie. Das allgemeine Niveau der emotionalen Erregbarkeit und der Tendenz, sozial erwünschte Antworten zu geben, unterschieden sich nicht zwischen den Gruppen. Dieses Ergebnis unterstützt unseren pädagogischen Optimismus, dass eine kognitive Förderung des Perspektivwechsels bei Lukas zu mehr Impulskontrolle und Zuverlässigkeit im Verhalten führen wird (vgl. Zimpel 2022).

Wie sich später herausstellte, klagte Lukas während des beruflichen Praktikums sowohl über Beschäftigungslosigkeit und Langeweile als auch über Stress und Leistungsdruck. Die Toilette war für ihn ein Fluchtort und das Experiment aus dem Video eine willkommene Ablenkung. Stress kann bei Autismus-Spektrum-Störungen nicht selten zu Fehlinterpretationen und diese wiederum zu nicht nachvollziehbaren Reaktionen führen (vgl. Schuster 2013a, 23).

Aus der Innensicht war das Verhalten von Lukas besser zu verstehen, wenn man sowohl Hyper- als auch Hyposensibilität (vgl. Theunissen 2016, 21) kombiniert mit Schwierigkeiten, unterschiedliche Reize in einen Gesamtzusammenhang zu bringen (vgl. Walker 2014), ins Kalkül zieht. Viele Personen aus dem Autismus-Spektrum haben einen erhöhten Umfang der Aufmerksamkeit (Subitizing Limit), der ihnen ermöglicht, mehr Informationsbündel (Chunks) parallel wahrzunehmen als neurotypische Personen.

Diese Überlegungen bleiben so lange spekulativ, bis sie experimentell verifiziert oder falsifiziert werden konnten. Die Perspektiven »Außensicht« und »Innensicht«

werden zu einer dritten Perspektive »Supersicht« zusammengeführt. Die dritte Perspektive liefert eine Kalkulation, die sich experimentell überprüfen lässt (Zimpel 2012, 163–165).

3 Messung des Umfangs der Aufmerksamkeit

Das Spektrum von Personen im Autismus-Spektrum reicht von Autismus mit schwerwiegender Behinderung und fehlendem Sprachvermögen bis hin zu Autismus ohne Intelligenzminderung und guten Sprachfertigkeiten.

Circa 62 bis 83 % der Personen, bei denen eine Autismus-Spektrum-Störung (ASS) diagnostiziert wurde, haben einen IQ unter 85. Nur etwa 3 Prozent haben einen IQ über 115. Das kognitive Leistungsvermögen von Personen, bei denen ein »Asperger-Syndrom« diagnostiziert wurde, liegt im Durchschnittsbereich. Bei wenigen Ausnahmen wurden überdurchschnittliche IQ-Werte gemessen (Kamp-Becker 2014, 4.).

Diese Prozentzahlen illustrieren den psychiatrischen Blick auf Autismus-Spektrum-Störungen, der hauptsächlich auf Defizite fokussiert. Wünschenswert wäre, dass diagnostische Spektren in Zukunft nicht nur Störungen und Beeinträchtigungen auflisten, sondern auch Spektren besonderer Entwicklungspotenziale, wie sie bei verschiedenen Formen der Neurodivergenz, wie zum Beispiel AD(H)S, Tourettesyndrom, Dyskalkulie, Legasthenie, Dyspraxie usw., zweifelsfrei zu finden sind, wenn man gezielt danach sucht.

Dies ist zum Beispiel ein Ziel der Autismus-Forschungs-Kooperation (AFK) der Freien Universität Berlin. Sie versteht sich als Zusammenschluss von Menschen aus dem autistischen Spektrum mit Wissenschaftler:innen der FU. Eines ihrer Ziele ist es, mögliche Stärken von Personen im Autismus-Spektrum aufzudecken.

Dafür nutzten sie ein Konzept der »Positiven Psychologie« mit der Bezeichnung »Flow« (Csikszentmihalyi 1975). Damit ist das völlige Aufgehen in einer Tätigkeit, die nicht zu leicht und nicht zu schwer ist, gemeint, wobei Bewusstsein und Aufgabe verschmelzen.

Die AFK führte eine explorative Studie zum Flow-Erleben bei Personen im Autismus-Spektrum durch. Unter den 104 Teilnehmenden waren 42 Personen mit der Diagnose »Asperger-Syndrom« und 62 neurotypische Personen (NT). Das Ergebnis zeigte einen stärkeren Unterschied im Flow-Erleben zwischen Haushaltstätigkeit und Spezialinteresse bei Personen mit ASS als bei neurotypischen Personen (NT). Die Autismus-Forschungs-Kooperation sieht darin einen Hinweis dafür, dass Spezialinteressen bei ASS mit veränderten Aufmerksamkeitsprozessen zusammenhängen (Blanke et al. 2012).

Unsere These ist, dass die Hyperfokussierung auf die Gegenstände von Spezialinteressen eine Kompensation von Reizüberflutung darstellt. Für diese These konnten wir im Zentrum für Neurodiversitätsforschung weitere empirische Belege finden. Eine Reizüberflutung könnte sich beispielsweise in einem vergrößerten

Umfang der Aufmerksamkeit nachweisen lassen. Ein Nachweis von Abweichungen im Umfang der Aufmerksamkeit knüpft methodisch direkt an unsere Untersuchungen zu Aufmerksamkeitsbesonderheiten bei Trisomie 21 an.

Diese Untersuchungen basieren auf folgenden Ergebnissen: Wir konnten zeigen, dass die Aufmerksamkeit bei Trisomie 21 auf 2 bis 3 Einheiten begrenzt ist (Zimpel 2013; Zimpel & Röhm 2018; Zimpel & Rieckmann 2020). Diese Ursache beeinflusst alle Formen des Arbeitsgedächtnisses in universeller Weise. Gemeint ist ein verkleinerter Umfang der Aufmerksamkeit (Subitizing-Limit).

Von einem verkleinerten Aufmerksamkeitsumfang sind mentale Bündelungen sowohl in phonologischen als auch visuell-räumlichen Domänen des Arbeitsgedächtnisses betroffen. Seine Effekte wirken sich auf alle Sinne aus, nachweislich auf visuelle, akustische, haptische und kinästhetische Bündelungen von Wahrnehmungsmustern.

Eine Metastudie zum Umfang der Aufmerksamkeit bei neurotypischen Personen bestätigte ein Subitizing-Limit von vier Einheiten (Chunks) und prägte den Begriff der »magischen Zahl 4« (Cowan 2001). Unsere Hypothese ist: Personen mit ASS haben (wie Personen mit Trisomie 21) einen veränderten Umfang der Aufmerksamkeit (ein Subitizing-Limit), der kleiner oder größer ist als die 4 Einheiten bei neurotypischen Personen.

Das experimentelle Verfahren war das gleiche wie in unserer mehr als tausend Personen umfassenden Studie zum Umfang der Aufmerksamkeit bei Personen mit Trisomie 21: Die Präsentation der in der folgenden Abbildung aufgeführten unterschiedlichen Mengen (oder genauer Strichreihen) dauerte nur eine Viertelsekunde (Zimpel 2021, 40–42).

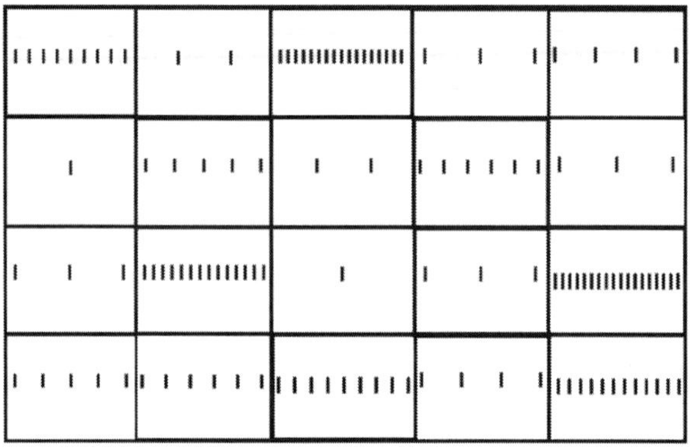

Abb. 29: Strichreihen, die im Tachistoskop nur für eine Viertelsekunde aufblitzen.

Dies ist eine etablierte empirische Methode zur Schätzung des Subitizing-Limits. Die kurze Präsentation ist ideal, um komplexe Bündelungstechniken zu verhindern oder zumindest erheblich zu erschweren. Wir haben diese Methode der Computer-Tachistoskopie verwendet, um unterschiedliche Streifen aus Strichen auf die gleiche Weise darzustellen, wie wir sie in einer Trisomie 21-Studie verwendet haben.

Für das Matching verwendeten wir einen Development-Trajectory-Ansatz innerhalb eines Between-Subjects-Designs (Thomas et al. 2009). Teilnehmende der Untersuchung waren

- 41 Personen mit Trisomie 21, die nach Jean-Piaget über einen konkret-operationalen Zahlbegriff verfügen, im Alter zwischen 9 und 52 Jahren (Durchschnittsalter 22 Jahre),
- 41 neurotypische Personen im Alter zwischen 11 bis 63 Jahren (Durchschnittsalter 26 Jahre) und
- 41 Personen mit der Diagnose ASS im Alter zwischen 11 und 69 Jahren (Durchschnittsalter 26 Jahre). Nach DSM-5 gehören sie zu Stufe 1 (Hilfebedarf) und Stufe 2 (ausgeprägter Hilfebedarf). Nach ICD-11 zu den Kategorien 6 A02.0–6 A02.1 (keine bis leichte Störung der intellektuellen Entwicklung sowie keine bis leichte Funktionsbeeinträchtigung der Sprache).

Die folgende Abbildung zeigt die Regressionslinien der ermittelten Werte für das mentale Alter (ermittelt mit Raven-Matrizen-Test) über dem chronologischen Alter für alle drei Gruppen:

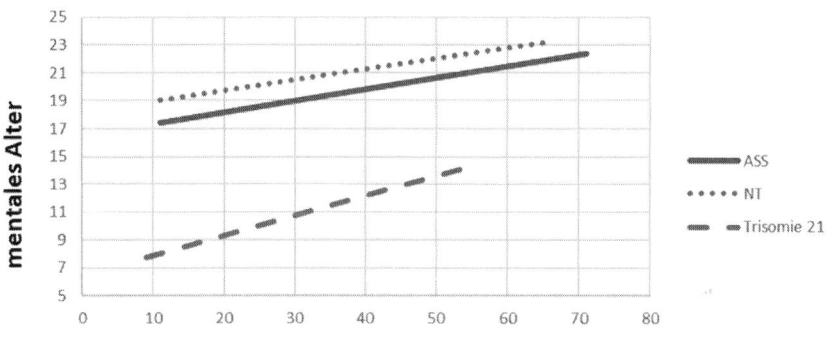

Abb. 30: Matching. Vergleich der Regressionslinien des mentalen Alters (Y-Achse) in den drei untersuchten Gruppen (ASS: Personen mit Autismus-Spektrum-Störung, NT: neurotypische Personen, Trisomie 21: Personen mit Down-Syndrom) über dem chronologischen Alter (X-Achse).

Das mentale Alter der Personen mit Trisomie 21 lag im Verhältnis zum Lebensalter deutlich unter dem der neurotypischen Personen, das mentale Alter der Personen im Autismus-Spektrum lag annähernd bei dem der neurotypischen Personen, nur etwas unterhalb.

Die folgende Abbildung vergleicht die Häufigkeiten richtig benannter Anzahlen auf der x-Achse (Abszisse) in allen drei Gruppen. Die y-Achse (Ordinate) zeigt den Anteil der jeweils 41 Personen in den einzelnen Gruppen an, die diese Anzahlen innerhalb von 250 Millisekunden erkannt haben:

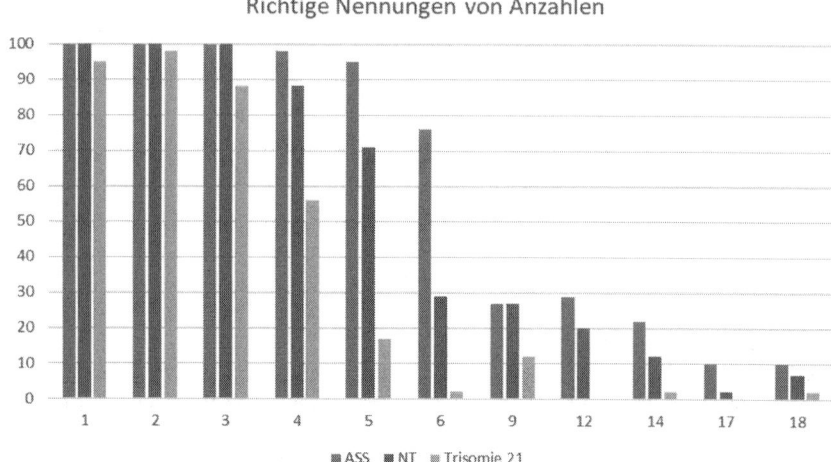

Abb. 31: Ergebnisse. Unterschiedliche Häufigkeiten der richtigen Nennungen der Anzahlen von Strichen in den mit Tachistoskop eine Viertelsekunde angezeigten Strichlisten. Y-Achse: Anzahl der richtigen Nennungen; X-Achse: Anzahl der präsentierten Striche für die drei untersuchten Gruppen (BLAU: Personen mit Autismus-Spektrum-Störung [ASS], ROT: neurotypische Personen [NT], GRÜN: Personen mit Down-Syndrom [Trisomie 21]).

Hier fällt auf, dass die Personen im Autismus-Spektrum besser als die neurotypischen Personen abschneiden und deutlich besser als Personen mit Trisomie 21. Die hoch signifikanten Unterschiede zwischen der Häufigkeit der richtigen Benennungen der Anzahl der Striche in der experimentellen Gruppe von Personen im Autismus-Spektrum (ASS) und in der Vergleichsgruppe neurotypischer Personen (NT) bestätigen unsere Hypothese, dass Personen im Autismus-Spektrum ein anderes Subitizing-Limit haben als neurotypische: Die Menschen im Autismus-Spektrum in der experimentellen Gruppe erkannten im Durchschnitt simultan mehr Striche innerhalb von 250 Millisekunden als die neurotypischen Menschen in der Vergleichsgruppe und unterscheiden sich darin noch deutlicher von Personen mit Trisomie 21, wie die folgende Übersicht belegt:

Tab. 1: Statistik der Ergebnisse der Tachistoskopmessungen innerhalb der drei Gruppen (ASS: Personen mit Autismus-Spektrum-Störung, NT: neurotypische Personen, Trisomie 21: Personen mit Down-Syndrom).

Gruppen	Anzahl	Summe	Mittelwert	Varianz
Trisomie 21	41	167	4,07	1,57
NT	41	239	5,83	3
ASS	41	321	7,83	9,9

Nach der einfaktoriellen Varianzanalyse (Anova) ergibt sich für die Prüfgröße F ein Wert von 30,0. Da dieser Wert größer ist als der kritische F-Wert von 3,1 gibt es deutliche Indikatoren dafür, dass sich die Mittelwerte hoch signifikant (p<0,001) unterscheiden.

Der Eta-Quadrat-Wert beträgt 0,33. Etwa ein Drittel der unabhängigen Variable (Trisomie 21, NT oder ASS) erklärt die Unterschiede in der abhängigen Variable (Umfang der Aufmerksamkeit). Das entspricht einem sehr starken Effekt f nach Cohen (1988). Die Prüfgröße beträgt f = 0,71 (kleiner Effekt ab 0,1; mittlerer Effekt ab 0,25 und starker Effekt ab 0,4).

Die Neigung der Regressionslinien zum Umfang der Aufmerksamkeit über dem mit dem Raven-Matrizen-Test ermittelten mentalen Alter (dargestellt in der folgenden Abbildung) verdeutlicht, dass eine zunehmende Fähigkeit, Zahlen mit zunehmendem mentalem Alter zu schätzen, in der Gruppe von Personen im Autismus-Spektrum ein höheres Niveau hat als in den beiden Vergleichsgruppen. Aufgrund der Hypothese, dass Menschen im Autismus-Spektrum Aufmerksamkeitsbesonderheiten aufweisen, bestätigt diese Differenz die Erwartungen.

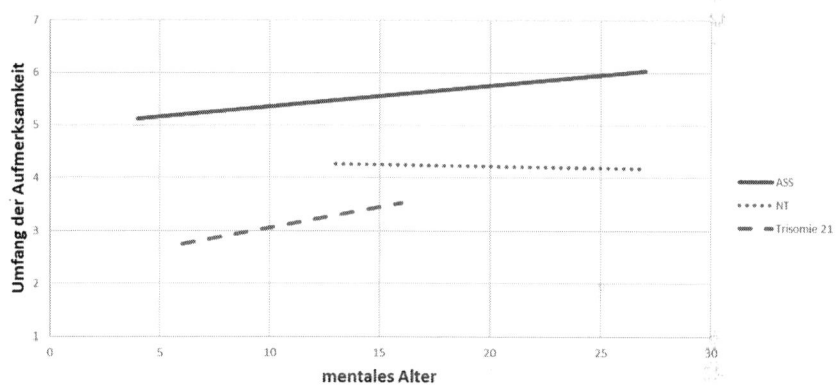

Abb. 32: Der Umfang der Aufmerksamkeit von Personen im Autismus-Spektrum ist im Durchschnitt höher und weist eine größere Varianz auf. Vergleich der Regressionslinien des Umfangs der Aufmerksamkeit (y-Achse) in den drei untersuchten Gruppen (ASS: Personen mit Autismus-Spektrum-Störung, NT: neurotypische Personen, Trisomie 21: Personen mit Down-Syndrom) über dem mentalen Alter (x-Achse).

Das, was wir als Verhaltensprobleme oder intellektuelle Beeinträchtigung bei Menschen im Autismus-Spektrum wahrnehmen, könnte sich als Zeichen der Ignoranz neurotypischer Personen für die Bedeutung der »magischen 4« in unserem Alltag erweisen. Der veränderte Aufmerksamkeitsumfang könnte auch einer der Gründe für eine erhöhte »Empfindlichkeit des zentralen Nervensystems« bei Menschen im Autismus-Spektrum sein, wie sie in der »intensiven Welttheorie« (Markram et al. 2007) erklärt werden.

Ein erhöhter Umfang der Aufmerksamkeit (des Subitizing-Limits) sollte mentale Bündelungen sowohl in phonologischen als auch visuell-räumlichen Domänen des Arbeitsgedächtnisses beeinflussen. Seine Effekte wirken sich auf alle Sinne aus, auf visuelle, akustische, haptische und kinästhetische Bündelungen von Wahrnehmungsmustern. Kein Wunder, dass bei Personen im Autismus-Spektrum die Teilnahme an der Alltagskommunikation erschwert oder unmöglich ist.

Alle Hilfsmittel, die unser Arbeitsgedächtnis unterstützen – seien es geschriebene Texte, Lautsprache, Gebärdensprache, Mimik, Gestik usw. –, basieren auf der »magischen Zahl 4«. Beispiele: Wenn man Buchstaben als Zusammensetzungen von Bögen und Strichen betrachtet (zum Beispiel ein D als zusammengesetzt aus einem Strich und einem Bogen) kommt man zu der Feststellung, dass die kompliziertesten Buchstaben sich nur aus vier Einheiten zusammensetzen, wie beispielsweise »E« und »W«. 98,61 % aller Silbenlängen in Pressetexten enthalten höchstens 4 Phoneme. 94,19 % aller deutschen Wörter enthalten höchstens 4 Silben. Die große Bedeutung der »magischen Zahl 4« lässt sich international in allen historischen Zahl- und Schriftsystemen nachweisen. Abweichungen von diesem Aufmerksamkeitsumfang wie bei einer Trisomie 21, aber auch in Richtung einer Erhöhung wie bei Personen im Autismus-Spektrum erschweren die Nutzung dieser alltäglichen Unterstützungssysteme (Zimpel 2022).

Das gilt auch für Alltagscodes, wie beispielsweise beim Smalltalk. Beifällige Bemerkungen, die kaum mehr als vier Sätze umfassen, werden in der Regel nicht als Aufforderung zu einem intensiven und tiefergehenden Gespräch missverstanden. Für Lukas war es eine Herausforderung, wie er uns selbst schilderte, mit der offenen und freundlichen Art seiner neuen Kolleginnen und Kollegen im Praktikum umzugehen. Solche Erfahrungen waren ihm aus seiner Schulzeit fremd. Zu ausgedehnte Unterhaltungen während der Arbeitszeit führten jedoch dazu, dass die Arbeit in den Hintergrund rückte. Diese Kritik nahm er einsichtig an (Hacke 2018, 46). Dann fiel er in das andere Extrem: Er stand stumm abseits und fühlte sich überflüssig.

In einem Interview sagte er: »Also der Computer ist […] sozusagen eine Art Spielkumpane der immer für mich da war. Und außerdem, da Menschen ja […] ziemlich unberechenbar sind, gibt er auch eine gewisse Sicherheit, denn man kann ihn kontrolliert steuern« (Hacke 2018, 45).

Wie sich bei Lukas zeigte, kann ein erweiterter Aufmerksamkeitsumfang einerseits eine nützliche Ressource sein, aber andererseits auch eine Quelle der Überforderung. Diese Reizüberflutung löst ein hohes Stresslevel aus, das auch gedankliches Chaos verursacht (vgl. Schuster & Schuster 2013, 23).

Lukas äußerte sich selbst dazu wie folgt:

> »Na ja also, ich habe das halt jetzt noch mal reflektiert und jetzt so würde ich sagen, dass es halt einfach eine Mischung aus körperlicher Unterforderung und geistiger Überforderung war. Weil, das war ja alles sehr laut, reizvoll und hat mich halt ziemlich gefordert, mental (…) Und körperlich war ich halt unterfordert, weil ich bin da ja nur rumgelaufen, habe ein paar Boxen gepackt, die weggestellt und dann wieder die nächste. Das war halt irgendwie zu einseitig« (Hacke 2018, 50).

Eine weitere Quelle von Über- und Unterforderung ist die Neigung von vielen Personen im Autismus-Spektrum, eher in Bildern als in Sprache zu denken. Williams et al. (2012) zeigten in einer Untersuchung zur artikulatorischen Suppression bei Personen im Autismus-Spektrum, dass das Ausmaß, in dem bei ihnen artikulatorische Suppression die Planung verzögerte, mit dem Grad der Kommunikations-

Beeinträchtigung zusammenhängt. Darin sieht die Forschungsgruppe um Williams eine Bestätigung dafür, dass es eine Verbindung zwischen interpersoneller Kommunikation und intrapersoneller Kommunikation bei der Entwicklung von Fähigkeiten des Lösens von Planungsaufgaben und der damit verbundenen kognitiven Entwicklung gibt. Sie spekulieren, dass bei Personen im Autismus-Spektrum generell Planungsaufgaben nicht sprachlich gesteuert werden, sondern visuell.

Unabhängig von den quantitativen Einschätzungen des Verhältnisses der Neigung zum verbalen und visuellen Denken beim Aufgabenlösen von Personen im Autismus-Spektrum bleibt unbestritten, dass die Nichtbeachtung kognitiver Stärken kommunikative Barrieren erzeugen kann. Grandin (2006, 12) schildert das, wie folgt: »I used to become very frustrated when a verbal thinker could not understand something I was trying to express he or she couldn't see the picture that was crystal clear to me.«

4 Messung der artikulatorischen Suppression

Besonders bewährt hat sich als Planungsaufgabe der sogenannte »Turm zu Hanoi«. Das Spiel wurde 1883 vom französischen Mathematiker Édouard Lucas beschrieben und deshalb auch als »Lucas-Türme« bezeichnet: Gegeben sind drei senkrechte Stäbe A, B und C.

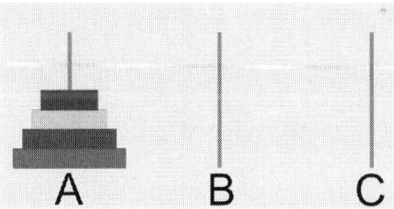

Abb. 33: Turm zu Hanoi, Ausgangsposition mit drei senkrechten Stäben A, B und C.

Auf dem ersten Stab (A) befindet sich eine Anzahl von n Scheiben. Sie sind in Form eines Haufens angeordnet: Jede höher gelegene Scheibe hat einen deutlich kleineren Durchmesser als die darunterliegende. Der Endzustand ist dadurch definiert, dass der am Anfang auf dem Stab A befindliche Haufen auf den Stab B oder C gebracht ist. Er soll dort die gleiche Anordnung haben.

Mit der Instruktion an die am Experiment Teilnehmenden wird gefordert, dass dieser Endzustand möglichst schnell mit wenigen Zügen erreicht werden soll. Als besondere Vorschrift ist zu beachten, dass immer nur eine einzelne Scheibe verlagert werden darf und dass es nicht erlaubt ist, eine größere auf eine kleinere Scheibe zu

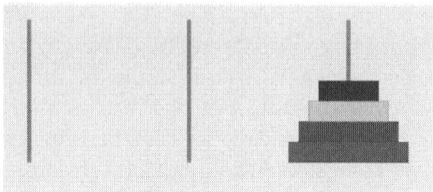

Abb. 34: Endzustand eines Durchgangs beim Turm zu Hanoi.

legen (und dass immer nur eine obenliegende Scheibe bewegt werden darf). Die Stäbe A, B und C können für Zwischenzüge benutzt werden.

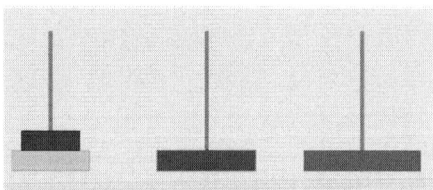

Abb. 35: Turm zu Hanoi, Nutzung der Stäbe für Zwischenzüge.

Wenn nur eine Scheibe da wäre, müsste man sie nur von A auf C oder B legen und die Aufgabe wäre erfüllt. Das gilt im Prinzip auch noch für die Aufgabe mit zwei Scheiben.

Keineswegs so einfach ist die Aufgabe mit drei Scheiben. Hier sind schon 7 Züge ($[2^n] - 1$; n entspricht der Anzahl der Scheiben) im Sinne der optimalen Zielerreichung zu verknüpfen. Es ist schwerlich möglich, alle Kombinationen gedanklich vorwegzuspielen (etwa durch assoziative Verknüpfungen von Zugpaarungen) und dann die beste Lösung auszuwählen. Also müssen sich andere Wege für eine optimale Aufgabenlösung finden.

Nach Vorführung und Erläuterung der Regeln wird das Experiment ohne verbale Störung in einem ersten Durchgang mit folgendem Ziel durchgeführt: Die Versuchspersonen sollen auf einem anderen Stab als A (also auf B oder C) mit möglichst wenigen Zügen entsprechend der oben genannten Regel die Scheiben der Größe nach sortieren. Die benötigte Zeit wird in Sekunden als Zeitwert t_1 gemessen.

Dann wird das Experiment mit verbalem Störer (artikulatorische Suppression) wiederholt – und zwar mit folgender Zusatzaufgabe: Die Versuchspersonen wiederholen während der Lösung der Aufgabe ständig die Worte »Dienstag« und »Donnerstag«. Auch in diesem Durchgang wird die benötigte Zeit gestoppt. Sie ergibt den Zeitwert t_2.

Ist die Zeitdifferenz (t_2-t_1) positiv oder gleich null, ist es wahrscheinlich, dass der geringe Lernzuwachs der Person vom verbalen Störer (artikulatorische Suppression) bei der zweiten Lösung der Aufgabe aufgehoben oder ausgebremst wurde, da sie genauso viel oder mehr Zeit für die Lösung mit verbalem Störer als beim ersten Mal benötigte.

Ist die Zeitdifferenz (t_2-t_1) negativ, ist es wahrscheinlich, dass der Lernzuwachs der Person vom verbalen Störer (artikulatorische Suppression) bei der Lösung nicht aufgehoben oder ausgebremst wurde, da sie trotz verbalem Störer weniger Zeit für die zweite Lösung als beim ersten Mal benötigte.

Um die individuelle Arbeitsgeschwindigkeit zu relativieren, empfiehlt es sich, die Zeitdifferenzen zu homogenisieren. Dies leistete in den Voruntersuchungen mit neurotypischen Personen der D_t-Wert mit folgender Formel hinreichend gut:

$D_t = [(t_2-t_1)/(t_2+t_1)]*100$.

Die Hypothese lautet: Die Mehrzahl der Personen im Autismus-Spektrum und der Personen mit Trisomie 21 neigt in den ausgewählten Experimenten zu visuellen kognitiven Strategien.

Für eine Annahme der Hypothese sollte sich die Verteilung der Werte für D_t bei Personen im Autismus-Spektrum signifikant durch höhere Häufigkeiten im negativen Bereich verglichen mit neurotypischen Personen auszeichnen.

Eine signifikante experimentelle Bestätigung von der Hypothese wäre ein Beitrag zur Verifikation der in der wissenschaftlichen Literatur häufig zu findenden Aussage, Menschen im Autismus-Spektrum hätten ähnlich wie Personen mit Trisomie 21 Stärken im visuellen Denken.

Für das Matching verwendeten wir wieder den Development-Trajectory-Ansatz innerhalb eines Between-Subjects-Designs (Thomas et al. 2009; Thomas et al. 2012). Teilnehmende der Untersuchung waren

- 17 Personen mit Trisomie 21 im Alter zwischen 6 und 25 Jahren (Durchschnittsalter 14 Jahre),
- 501 neurotypische Personen im Alter zwischen 7 bis 83 Jahren (Durchschnittsalter 20 Jahre) und
- 41 Personen mit der Diagnose ASS im Alter zwischen 10 und 55 Jahren (Durchschnittsalter 22 Jahre) im high-functioning-Spektrum.

Die folgende Abbildung zeigt die Regressionslinien der ermittelten Werte für das mentale Alter über dem chronologischen Alter für alle drei Gruppen (Abb. 36).

Das mentale Alter der Personen mit Trisomie 21 lag im Verhältnis zum Lebensalter deutlich unter dem der neurotypischen Personen, das mentale Alter der Personen im Autismus-Spektrum lag annähernd bei dem der neurotypischen Personen.

Abbildung 37 vergleicht die Häufigkeitsverteilungen der verzögernden Wirkung artikulatorischer Suppression auf der y-Achse (Ordinate) bei den drei Gruppen von untersuchten Personen auf der x-Achse (Abszisse).

Hier fällt auf, dass die verzögernde Wirkung artikulatorischer Suppression bei neurotypischen Personen durchschnittlich geringer ist als bei Personen im Autismus-Spektrum und bei Personen mit Trisomie 21. Die hoch signifikanten Unterschiede bestätigen unsere Hypothese, dass Personen im Autismus-Spektrum eher zum bildlichen Denken neigen als neurotypische:

III Partizipative Autismusforschung und interdisziplinäre Neurodiversitätsforschung

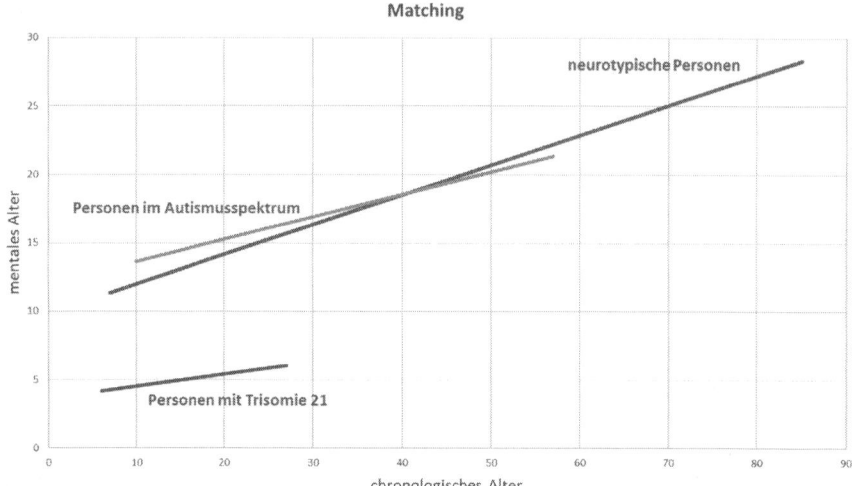

Abb. 36: Matching. Vergleich der Regressionslinien des mentalen Alters (Y-Achse) in den drei untersuchten Gruppen (ASS: Personen mit Autismus-Spektrum-Störung, NT: neurotypische Personen, Trisomie 21: Personen mit Down-Syndrom) über dem chronologischen Alter (X-Achse).

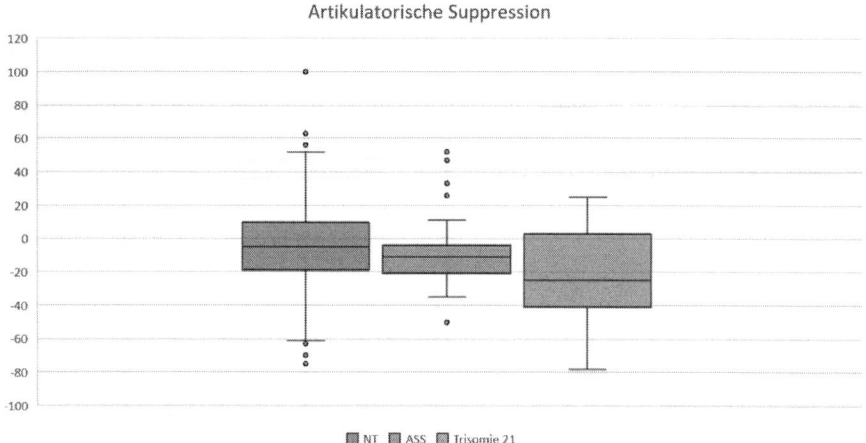

Abb. 37: Ergebnisse. Unterschiedliche Verteilungen der Verzögerung der Lösungszeiten bei der Planungsaufgabe durch artikulatorische Suppression D_t. Y-Achse: Verteilungen der D_t-Werte; X-Achse: untersuchte Gruppen (ASS: Personen mit Autismus-Spektrum-Störung, NT: neurotypische Personen, Trisomie 21: Personen mit Down-Syndrom).

Tab. 2: Ergebnisse der Verzögerung der Planungsaufgabe durch artikulatorische Suppression innerhalb der drei Gruppen (ASS: Personen mit Autismus-Spektrum-Störung, NT: neurotypische Personen, Trisomie 21: Personen mit Down-Syndrom).

Gruppen	Anzahl	Mittelwert	Varianz
NT	501	-4,02	639,68
ASS	41	-8,41	449,39
Trisomie 21	17	-24,29	989,22

Nach der einfaktoriellen Varianzanalyse (Anova) ergibt sich für die Prüfgröße F ein Wert von 5,73. Da dieser Wert größer ist als der kritische F-Wert von 3,01, gibt es deutliche Indikatoren dafür, dass sich die Mittelwerte signifikant (p= 0,003) unterscheiden.

Der Eta-Quadrat-Wert beträgt 0,02. Etwa 2 Prozent der unabhängigen Variable (Trisomie 21, NT oder ASS) erklärt die Unterschiede in der abhängigen Variable (verzögernde Wirkung der artikulatorischen Suppression). Das spricht einem kleinen Effekt f nach Cohen (1988). Die Prüfgröße beträgt f = 0,14 (kleiner Effekt ab 0,1; mittlerer Effekt ab 0,25 und starker Effekt ab 0,4).

Die Neigung der Regressionslinien zur verzögernden Wirkung von artikulatorischer Suppression über dem mentalen Alter (dargestellt in der folgenden Abbildung) illustriert, dass die Unterschiede zwar signifikant sind, aber nur eine geringe Effektstärke aufweisen. Aufgrund der Hypothese, dass bei Menschen im Autismus-Spektrum aufgrund ihrer Neigung zum bildlichen Denken die verzögernde Wirkung von artikulatorischer Suppression geringer ist, bestätigt diese Differenz die Erwartungen.

Die großen Unterschiede der Anzahlen untersuchter Personen in den drei Stichproben erschweren jedoch einen Vergleich der Statistiken immens. So sprechen die Mittelwertunterschiede zwar für eine größere Tendenz der Personen mit Trisomie 21 in der Experimentalgruppe, sich von sprachlicher Störung bei der Lösung von Problemaufgaben nicht beeinflussen zu lassen. Allerdings zeigt sich auch eine größere Standardabweichung in der Experimentalgruppe, die für große individuelle Unterschiede spricht.

Die signifikante experimentelle Bestätigung der Hypothese legt zwar nahe, dass Menschen im Autismus-Spektrum zum visuellen Denken neigen. Aufgrund der kleinen Stichproben wäre diese Aussage zum jetzigen Stand der Untersuchungen jedoch verfrüht.

Außerdem würde allein die Tatsache, dass Personen im Autismus-Spektrum Planungsaufgaben eher nicht sprachlich, sondern bildlich lösen, eine entwicklungspsychologische Bewertung offenlassen: Handelt es sich beim visuellen Denken um eine Stärke oder um einen Mangel an adäquater sprachlicher Förderung?

Die geringe Effektstärke der Differenzen zeigt jedoch auch, dass sich das Denken in Bildern aufgrund visueller kognitiver Stärken für Menschen im Autismus-Spektrum und Personen mit Trisomie 21 nicht absolut verallgemeinern lässt.

Immerhin konnte bei fast einem Drittel der Personen mit Trisomie 21 (5 von 17) und bei fast einem Fünftel der Personen im Autismus-Spektrum (8 von 41) ein

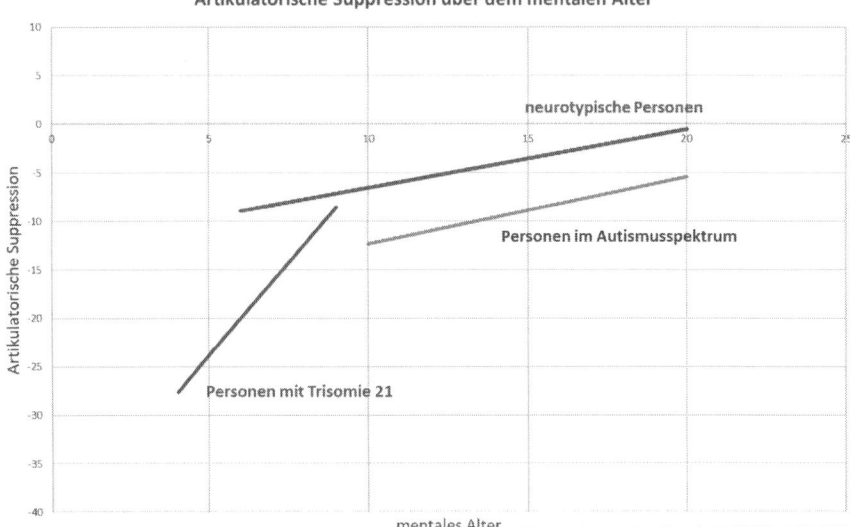

Abb. 38: Der Effekt der Verzögerung der Lösung der Planungsaufgabe durch artikulatorische Suppression ist bei Personen im Autismus-Spektrum im Durchschnitt geringer als bei neurotypischen Personen, aber höher als bei Personen mit Trisomie 21. Vergleich der Regressionslinien der Verzögerung durch artikulatorische Suppression (y-Achse) in den drei untersuchten Gruppen (ASS: Personen mit Autismus-Spektrum-Störung, NT: neurotypische Personen, Trisomie 21: Personen mit Down-Syndrom) über dem mentalen Alter (x-Achse).

verzögernder Effekt der artikulatorischen Suppression auf die Lösung der Planungsaufgabe ermittelt werden. Das spricht dafür, dass zu mindestens Teile der Lernenden mit Trisomie 21 und im Autismus-Spektrum bei vorwiegend visuellen Lernangeboten unter ihren Möglichkeiten bleiben.

Mit Lukas wurde dieses Experiment 2018 mittels einer von mir programmierten Version des »Turms zu Hanoi« an einem Laptop durchgeführt. Gestartet wurde mit einem Probelauf, für den er mit circa 5 Minuten relativ lange brauchte. Er blieb jedoch die ganze Zeit über bei der Aufgabe und schaffte es, ohne Hilfe die Aufgabe zu Ende zu bringen. Im Anschluss folgte der erste Durchlauf des Experiments. Dazu benötigte Lukas in einer Zeit von 54 Sekunden 15 Spielzüge. Daraufhin folgte der zweite Durchlauf mit einem sogenannten sprachlichen Störer (artikulatorische Suppression). Dabei führte Lukas das Experiment genau wie im ersten Durchlauf durch, jedoch mit der Ergänzung, dass er während des gesamten Durchlaufs die Wörter »Dienstag« und »Donnerstag« in einer Dauerschleife wiedergeben sollte. Da Lukas den Versuchsleiter darum bat, sprach er die vorgegebenen Wörter mit ihm gemeinsam. Diesen zweiten Durchlauf bewältigte er in einer Zeit von 92 Sekunden und mit einer Gesamtanzahl von 17 Spielzügen (Hacke 2018, 34).

Dieses Ergebnis spricht dafür, dass Lukas zu dem Fünftel der Personen im Autismus-Spektrum gehört, bei denen ein verzögernder Effekt der artikulatorischen Suppression auf die Lösung der Planungsaufgabe ermittelt werden konnte. Er denkt also eher in Sprache als in Bildern. Er schreibt eindrucksvolle Gedichte, die eine düster-romantische Stimmung mit nächtlichen Stürmen, einsamen Gebirgswegen und Skeletten erzeugen. Die sprachliche Eloquenz von Lukas führt dazu, dass er in seiner mentalen Reife regelmäßig überschätzt wird. Dies ist für die berufliche Eingliederung alles andere als trivial.

5 Berufliche Eingliederung

Preißmann (2012, 113) schildert aus eigener Erfahrung, dass Personen im Autismus-Spektrum mit zunehmendem Alter notwendiges Wissen und Können generieren, das ihnen hilft, mit anderen Menschen gute Kontakte aufzubauen und zu pflegen. Nur ist den anderen, neurotypischen Personen oft nicht klar, wie viel Kraft, Arbeit, Zeit und Hilfe dafür investiert worden sind.

Das bestätigt auch Sünkel (2016, 344):

»Viele Autisten haben ausgefeilte Kompensationsstrategien entwickelt, die sie relativ ‚unauffällig' wirken lassen. Wichtig ist hierbei, dass diese ‚Unauffälligkeit' niemals intuitiv funktioniert, sondern wie eine Fremdsprache gelernt und bewusst abgerufen werden muss. Autisten benötigen also wesentlich mehr Energie, um in unserem Gesellschaftssystem nicht aufzufallen.«

Solche Kompensationsstrategien entwickelte auch Lukas:

»Inzwischen kann ich weder nur alleine, noch nur mit Menschen zusammenarbeiten. Ich brauche halt eine gewisse Balance aus beidem. Quasi, dass ich schon soziale Kontakte habe, aber auch genügend Freiraum, falls ich wieder eine Überreizung kriege. So eine Art Blase für mich selber, in die ich mich zurückziehen kann, um wieder runterzukommen« (Hacke 2018, 55).

Finanziert von der AUTISMUS-STIFTUNG IRENE begleitet das ZNDF derzeitig ein Projekt in Kooperation mit der Agentur für Arbeit in Hamburg und dem Berufsbildungswerk Hamburg. Es handelt sich um eine gemeinsame handlungswissenschaftliche Untersuchung zur beruflichen Bildung für Jugendliche mit Autismus-Spektrum-Störungen. Die Ko-Kreation besteht in der Kombination von Erfahrungen des BBWs in der beruflichen Bildung und unseren Ergebnissen aus der Grundlagenforschung zu Besonderheiten der Aufmerksamkeit und Kognition von Personen im Autismus-Spektrum.

Studierende nehmen innerhalb von Seminaren und Forschungswerkstätten unter Anleitung an der Diagnostik von Personen im Autismus-Spektrum und der Erprobung empirisch basierter pädagogischer Ideen teil, deren Implikationen und Resultate in Theorieseminaren ausgewertet werden. Qualitativ geht es zunächst um das Gelingen der beruflichen Integration von derzeitig 20 Jugendlichen mit Diagnosen im Autismus-Spektrum (eine Erhöhung der Anzahl ist geplant).

Quantitativ geht es um die Erhebung weiterer Daten zu Besonderheiten der Aufmerksamkeit und Kognition von Personen im Autismus-Spektrum, um verallgemeinerbare Informationen über notwendige Nachteilsausgleiche und Spezialbegabungen von Personen im Autismus-Spektrum für die berufliche Eingliederung zu gewinnen.

Für die meisten Menschen aus dem Autismus-Spektrum ist nach der Schulzeit der Übergang von der Schule in den Beruf eine große Herausforderung. Grandin (1996) schrieb dazu: »I want to emphasize the importance of a gradual transition from the world of school to the world of work.«

Zur Bewältigung dieser Herausforderung will das ZNDF einen Beitrag leisten. Dabei ist die Kenntnis individueller Potenziale von Personen im Autismus-Spektrum von zentraler Bedeutung. Grandin (2013, 204–206) unterscheidet zwischen bilddenkenden (zu denen sie sich selbst zählt), verbaldenkenden und in Mustern denkenden Personen im Autismus-Spektrum. Für diese drei Gruppen spricht sie folgende Berufsempfehlungen aus:

- Berufe für Bilddenkende: technische Zeichner:in für Architektur und Ingenieurwesen; Fotograf:in, Tiertrainer:in, Grafiker:in, Schmuck- bzw. Handwerksdesigner:in, Webdesigner:in, Veterinärtechniker:in, Automechaniker:in, Maschinenwartungstechniker:in, Computer-Programmierer:in (Debugging), Theaterbeleuchtungsdirektor:in, Industrieautomationsdesigner:in, Landschaftsdesigner:in, Biologielehrer:in, Satellitenkartenanalyst:in, Klempner:in, Heizungs-, Lüftungs- und Klimatechniker:in, Reparaturtechniker:in für Fotokopierer, Techniker:in für audiovisuelle Geräte, Schweißer:in, Anlageningenieur:in, Radiologietechniker:in, Reparaturtechniker:in für medizinische Geräte, Industriedesigner:in und Computeranimator:in.
- Berufe für Verbaldenkende: Journalist:in, Übersetzer:in, Fachhändler:in (d. h. eine Spezialist:in in einem Geschäft, das nur eine Produktart verkauft), Bibliothekar:in, Aktien- und Anleihenanalyst:in, Redakteur:in, Buchhalter:in, Budgetanalyst:in, Buchhalter:in und Protokollführer:in, Sonderschullehrer:in, Bibliograph:in, Gesprächs-Therapeut:in, Spezialist:in für Bestandskontrolle, Rechtsforscher:in, Vertragsspezialist:in für Autohäuser, Historiker:in, technische Redakteur:in, Bankangestellte/r, Reiseleiter:in und Person an einem Informationsschalter.
- Berufe für Musterdenkende: Computerprogrammierer:in, Ingenieur:in, Physiker:in, Musiker:in, Komponist:in, Statistiker:in, Mathematiklehrer:in, Chemiker:in, Elektroniker:in, Musiklehrer:in, wissenschaftliche Forscher:in, Analyst:in für mathematisches »Data Mining«, Analyst:in für Aktien- und Finanzinvestitionen, Aktuar:in, Versicherungsmathematiker:in und Elektriker:in.

Ihr Resümee entspricht im Wesentlichen auch unseren Untersuchungsdaten:

> »Wenn ich zurückblicke, wie der Stand zum Thema Autismus vor sechzig Jahren war, als mein autistisches Gehirn bei meiner Mutter große Angst hervorrief, Neugier bei Ärzten auslöste sowie eine Herausforderung für mein Kindermädchen und meine Lehrer war, will meine Fantasie vorauseilen, wo wir in sechzig Jahren stehen werden. Ich mag mich täuschen, aber ich bin zuversichtlich, dass, was auch immer das Denken über Autismus sein wird, es immer die Notwendigkeit beinhalten wird, es Gehirn für Gehirn, DNA-Strang für

DNA-Strang, Merkmal für Merkmal, Stärke für Stärke und, was vielleicht am wichtigsten ist, Individuum für Individuum zu betrachten« (Grandin 2013, 204).

Die folgende Grafik illustriert diese Einsicht am Beispiel der Potenzialprofile von 8 Personen, die an unserem Projekt mit dem Berufsbildungswerk Hamburg teilnehmen.

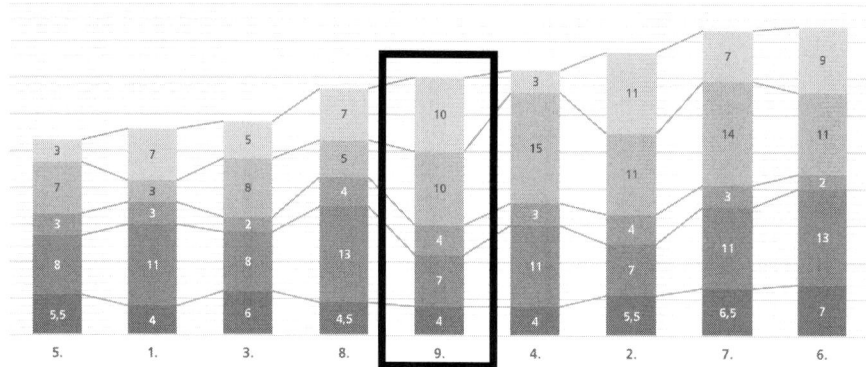

Abb. 39: 8 Potenzialprofile von Jugendlichen im Autismus-Spektrum am Berufsbildungswerk Hamburg im Vergleich zum neurotypischen Durchschnitt (rot eingerahmt) bezüglich der Potenzialbereiche: Aufmerksamkeitsumfang, Ultrakurzzeiterkennung, Perspektivwechsel, Mosaik-Test und Bildfehlererkennen.

Die Notwendigkeit, Individuum für Individuum zu betrachten, wirft für die Neurodiversitätsforschung nicht zu unterschätzende Probleme auf. Für empirische Untersuchungen benötigen Forschende eindeutige Klassen von Personen, definiert durch eindeutige Eigenschaften, wie das zum Beispiel bei einer Trisomie 21 der Fall ist, wenn 47 Chromosomen in allen Zellen nachweisbar sind.

Klassifikationen, die einer permanenten Reform unterliegen, sind bewegliche Ziele, weil Untersuchungen mit den Klassifikationen interagieren und sie verändern. Das bezeichnet der kanadische Physiker und Wissenschaftstheoretiker Ian Hacking (2006) als »Looping Effekt« oder »dynamischen Nominalismus«: »Manchmal erschaffen unsere Wissenschaften Menschenarten, die es in gewisser Weise vorher nicht gegeben hat. Das ist die Erfindung von Menschen.«

Solche Klassifikationen bilden kein auf ewig stabiles natürliches Kategoriensystem. Doch das bedeutet keinesfalls, dass das, was diese Kategorien erzeugen kann, nicht existent sei. Insofern ersetzen die Diagnoseverfahren ADOS-2 und ADI-R bei Autismus-Spektrum-Störungen die Biomarker bei der Diagnose einer Trisomie 21. (Allerdings sollte auch keineswegs der Vorteil fehlender Biomarker für die Abwehr einer unfairen Pränatal-Diagnostik übersehen werden.)

Autismus gilt als genetisch verursachte Störung. Dafür gibt es Evidenz aus Untersuchungen an eineiigen Zwillingen. Die genetischen Abweichungen scheinen jedoch in nahezu jedem Einzelfall unterschiedlich zu sein. Jedenfalls gibt es kein so einheitliches Muster wie bei Trisomie 21. Zwar lassen sich beispielsweise beim Phelan-McDermid Syndrom (PMD), einer Deletion auf Chromosom 22 (22q13.3), autistische Symptome, wie zum Beispiel Stimmingverhalten, Hypersensibilität, Kommunikations- und Interaktionsschwierigkeiten, vorhersagen, aber dieses Syndrom ist so selten, dass es unmöglich ist, die Vielfalt des Autismus-Spektrums mit diesem Syndrom auch nur ansatzweise erklären zu können.

Fest steht: Autismus gilt als erkennbarer Unterschied (und nicht als Krankheit). Andere behaupten dagegen: Kennst du eine Person mit Autismus, kennst du eine Person mit Autismus. Unsere Untersuchungen im Zentrum für Neurodiversität, dazu gehören insbesondere auch die oben geschilderten, zeigen tatsächlich in vielen messbaren Parametern (Umfang der Aufmerksamkeit und verzögernde Wirkung artikulatorischer Suppression) eine erhöhte Varianz verglichen mit neurotypischen Personen. Dieser erhöhten Varianz scheint jedoch eine Konstante zugrunde zu liegen: die Hypersensibilität für Stress.

Was bedeutet das für unseren Protagonisten? Lukas hat Erfahrungen gesammelt, seine Ausdrucksfähigkeiten sowie seine offene und lebendige Art zu erzählen in Filmprojekten so einzusetzen, dass er ein Publikum begeistern konnte. Die Möglichkeit, das Video immer wieder abzuspielen, zu schneiden und zu ergänzen, bis die von ihm gewünschte Fassung erreicht wurde, half ihm, sein Verständnis im sozialen Bereich zu steigern und seine schauspielerischen Fähigkeiten zu verbessern. Dabei zeigte er Freude daran, mit Familie und Freunden über das Video zu sprechen und Verbesserungsvorschläge anzunehmen.

Es bleibt die Problematik der ungewissen beruflichen Zukunft für Lukas. Da sich in allen Praktika Stress als Ursache für Konflikte erwiesen hat, ist für Lukas das Kennenlernen und Einüben von Stressbewältigungsstrategien von großer Bedeutung. Lukas schildert eine seiner Stressbewältigungsstrategien so:

»Und da ich gerade so ein auf das Meer und Schiffe bezogener Typ bin, stelle ich mir da gerne vor, wie ich auf einem Segelschiff über die Meere segle und den Wind um die Nase spüre, den Seegeruch rieche ...« (Hacke 2018, 63).

Darüber hinaus setzt er sich experimentell mit seinem Stresserleben auseinander:

»Ja also ich habe das mal ausprobiert, also sprich, ich habe mich bewusst einer Situation ausgesetzt, wo ich extrem gestresst und aufgebracht werde und habe dann an zwei so (...) Also zwei Stücken Ingwer gegessen und einen Chili und danach war ich wieder völlig entspannt« (ebenda).

In seinem jüngsten Praktikum in einem Altenheim hat es immerhin sechs Monate lang keine Probleme gegeben. Hilfreich war die Zusammenarbeit mit einer älteren, ihm wohlgesonnen Mitarbeiterin.

Zur Zeit meiner Vorträge an der Stanford und der Berkeley University in Kalifornien und in enger Zusammenarbeit mit meinen Kolleginnen Anne Cunningham und Adriana Schuler konnte ich erleben, dass Personen im Autismus-Spektrum mit viel größerer Selbstverständlichkeit von geeigneten beruflichen Inklusionsmaßnahmen profitieren als das in Deutschland der Fall ist. Doch die berufliche Eingliederung ist für die Neurodiversitätsforschung nur ein Feld von vielen anderen Untersuchungsgegenständen.

Auch wenn die Neurodiversitätsforschung sich im Alltag oft als mühsame Detektivarbeit mit häufigen Rückschlägen erweist, erleben wir in unserem Zentrum für Neurodiversitätsforschung sowohl die Grundlagen- als auch die Handlungsforschung als sehr sinnvolle Mühe. Denn für Lukas genauso wie für alle anderen Personen im Neurodiversitätsspektrum gilt letztendlich Silbermans (2015) Aussage: »We can't afford to waste a single brain.«

Literatur

Blanke, E., Bartz, J., Bullig, H., Chwiekowsky, C., Dern, S., Elias, R., Goetz, E., Grambert, C., Hartmann, R., Kirchner, J., Sünkel, U., Willer, L., Zoerner, D. & Dziobek, I. (2012). *Go with the Flow? Zusammenhänge zwischen dem Flow-Zustand und Spezialinteressen bei Autisten. Eine Studie der Autismus-Forschungs-Kooperation (AFK)*. WTAS.
Cohen, J. (1988). *Statistical Power Analysis for the Behavioral Sciences* (pp. 285–287).
Cowan, N. (2001). The Magical Number 4 in Short-Term Memory: A Reconsideration of Mental Storage Capacity. *Behavioral and Brain Sciences*, 24(1), 87–114. https://doi.org/10.1017/S0140525X01003922
Csikszentmihalyi, M. (1975). *Beyond boredom and anxiety*. Jossey-Bass.
Dziobek, I., Rogers, K., Fleck, S., Bahnemann, M., Heekeren, H. R., Wolf, O. T. & Convit, A. (2008). Dissociation of Cognitive and Emotional Empathy in Adults with Asperger Syndrome Using the Multifaceted Empathy Test (MET). *Journal of Autism and Developmental Disorders*, 38, 464–473. https://doi.org/10.1007/s10803-007-0486-x
Grandin, T. (1996). *Making the Transition from the World of School into the World of Work*. https://www.autism.com/grandin_schooltowork [25.08.2020]
Grandin, T. (2006). *Thinking in Pictures* (2nd ed.). Bloomsbury Publishing.
Grandin, T. (2013). *The Autistic Brain*. Rider.
Hacke, L. (2018). *Ein Beitrag zur Systemischen Syndromanalyse – Ein junger Mann mit Asperger-Syndrom auf dem Weg ins Berufsleben*. Masterarbeit an der Universität Hamburg.
Hacking, I. (2006). Making up people. *London Review of Books*, 28(16), 23–26.
Kamp-Becker, I. (2014). Autismus-Spektrum-Störung: Eine valide Diagnose? In autismus Deutschland e.V. (Hrsg.), *Autismus in Forschung und Gesellschaft*. von Loeper.
Markram, H., Rinaldi, T. & Markram, K. (2007). The intense world syndrome – an alternative hypothesis for autism. *Frontiers in neuroscience*, 1(1), 77–96. https://doi.org/10.3389/neuro.01.1.1.006.2007
Preißmann, C. (2012). *Asperger-Leben in zwei Welten*. Trias.
Schuster, N. (2013). *Schüler mit Autismus-Spektrum-Störungen. Eine Innen- und Außensicht mit praktischen Tipps für Lehrer, Psychologen und Eltern* (3. Auflage). Kohlhammer.
Schuster, N. & Schuster, U. (2013). *Vielfalt leben. Inklusion von Menschen mit Autismus-Spektrum-Störungen. Mit praktischen Ratschlägen zur Umsetzung in Kita, Schule, Ausbildung, Beruf und Freizeit*. Kohlhammer Verlag.
Silberman, S. (2015). The history of a spectrum. Posted by March T.-H. H. (2018), TEDBlog, blog.ted.com
Sünkel, U. (2016). Autismus-Spektrum-Störungen und die Arbeitswelt. In L. T. van Elst (Hrsg.), *Das Asperger-Syndrom im Erwachsenenalter und andere hochfunktionale Autismus-Spektrum-Störungen* (2. Auflage, S. 341–356). MWV.
Theunissen, G. (2016). *Autismus verstehen. Außen- und Innensichten*. Kohlhammer.
Thomas, M. S. C., Annaz, D., Ansari, D., Serif, G., Jarrold, C. & Karmiloff-Smith, A. (2009). Using developmental trajectories to understand developmental disorders. *Journal of Speech, Language, and Hearing Research*, 52, 336–358.

Thomas, M. S. C., Purser, H. R. & Herwegen, J. (2012). Cognition: The developmental trajectory approach. In E. K. Farran & A. Karmiloff-Smith (Eds.), *Neurodevelopmental Disorders Across the Lifespan: A neuroconstructivist approach* (pp. 13–35). Oxford University Press.

Walker, N. (2014). Neurocosmopolitanism. http://neurocosmopolitanism.com/what-is-autism/ [18.07.2020]

Williams, D. M., Bowler, D. M. & Jarrold C. (2012). Inner speech is used to mediate short-term memory, but not planning, among intellectually high-functioning adults with autism spectrum disorder. *Development and Psychopathology, 24,* 225–239.

Zimpel, A. F. & Rieckmann, T. (2020). The Influence of Trisomy 21 on Subitising Limit. *International Journal of Disability, Development and Education.* https//doi.org/10.1080/1034912X.2020.1737317

Zimpel, A. F. (2008). *Der zählende Mensch. Was Emotionen mit Mathematik zu tun haben* (2. Auflage). Vandenhoeck & Ruprecht.

Zimpel, A. F. (2013a). *Zwischen Neurobiologie und Bildung: Individuelle Förderung über biologische Grenzen hinaus* (2. Auflage). Vandenhoeck & Ruprecht.

Zimpel, A. F. (2013b). Studien zur Verbesserung des Verständnisses von Lernschwierigkeiten bei Trisomie 21 – Bericht über die Ergebnisse einer Voruntersuchung. *Zeitschrift für Neuropsychologie, 24*(1), 35–47. https://doi.org/10.1024/1016-264X/a000085

Zimpel, A. F. (2021). Autismus- und Neurodiversitätsspektren. *Menschen, 6,* 37–47.

Zimpel, A. F. (2021). Neurodiversität ist mehr als ein Verhaltensproblem – Autismus-Spektrum-Störung. *KLASSE LEITEN, 14,* 24–25.

Zimpel, A. F. (2022). Freies Spiel, Theory of Mind und Neurodiversitätsforschung. *Report Psychologie, 2/22,* 15–19.

Zimpel, A. F. & Röhm, A. C. (2018). A Study of Imitation Ability in People with Trisomy 21. *Zeitschrift für Neuropsychologie, 29,* 223–235. https://doi.org/10.1024/1016-264X/a000232

Verzeichnisse

Autor:innenverzeichnis

Dr. Kathrin Berdelmann ist Arbeitsbereichsleiterin im Forschungsbereich der Bibliothek für Bildungsgeschichtliche Forschung sowie Projektleiterin des Projektes »INCLASS – Inklusion von Kindern im Autismus-Spektrum in der Schule« am DIPF Leibniz-Institut für Bildungsforschung und Bildungsinformation. Zu ihren Arbeitsschwerpunkten gehören die Erforschung von schulischer Inklusion und Autismus-Spektrum in gegenwärtiger und historischer Perspektive sowie die autismusspezifische Professionalisierung pädagogischer Fachkräfte. Weitere Arbeitsschwerpunkte sind die Geschichte der pädagogischen Beobachtung sowie die Genese und der Wandel pädagogischer Praktiken.
Homepage: https://www.dipf.de/de/institut/personen/berdelmann-kathrin#4
Email: berdelmann@dipf.de

Prof. Dr. Andreas Eckert lehrt und forscht nach langjähriger Tätigkeit in einem Autismus-Therapie-Zentrum und an der Universität Köln seit 2009 an der Interkantonalen Hochschule für Heilpädagogik Zürich. Seit 2019 ist er dort als Professor für Kommunikation und Partizipation bei Autismus-Spektrum-Störungen tätig und leitet die hochschuleigene Fachstelle Autismus.Homepage: https://www.hfh.ch/person/andreas-eckert
Email: andreas.eckert@hfh.ch

Christina Feschin ist ehemalige wissenschaftliche Mitarbeiterin des Arbeitsbereiches Pädagogik im Autismus-Spektrum der Martin-Luther-Universität Halle Wittenberg. Zu ihren Arbeitsschwerpunkten gehören u. a. das Autismus Spektrum, Erwachsenwerden mit einer sogenannten geistigen Behinderung und die dazugehörige Unterstützung und Aufklärung in pädagogischen Settings.
Email: feschin@icloud.com

Thomas Fuchs engagiert sich seit 2021 in der Selbsthilfe autistischer Menschen und interessiert sich dabei insbesondere für Wirkung und Nutzen von Selbsthilfegruppen.

Lukas Gerhards ist wissenschaftlicher Mitarbeiter an der Goethe-Universität Frankfurt a. M. im Projekt *schAUT – Diagnose von Barrieren für autistische Schüler_innen in inklusiven Schulen*. Des Weiteren arbeitet er an der Humboldt-Universität Berlin als Lehrkraft für besondere Aufgaben am Institut für Rehabilitationswissenschaften. Er ist außerdem Mitglied des *Graduiertenkollegs Inklusion-Bildung-Schule* der Humboldt-Universität Berlin. Seine Arbeitsschwerpunkte sind insbe-

sondere Neurodiversität und Autismus, Stimming, partizipative Forschung, inklusive Bildung und Didaktik sowie neurophilosophische Perspektiven.
Website: https://zfib.org/de/junge-wissenschaft/graduiertenkolleg-inklusion-bildung-schule/mitglieder/lukas-gerhards
Email: lukas.gerhards@hu-berlin.de

Dr. Marek Grummt ist wissenschaftlicher Mitarbeiter im Arbeitsbereich »Pädagogik im Autismus-Spektrum« an der Fakultät für Erziehungswissenschaft der Martin-Luther-Universität Halle-Wittenberg. Neben der Professionsforschung, Forschungsmethodologie und der inklusiven Didaktik liegen seine Arbeits- und Forschungsschwerpunkte vor allem im Bereich Neurodiversität und der Neurodiversitätsbewegung.
Email: marek.grummt@paedagogik.uni-halle.de

Regina Hartmann engagiert sich seit 2010 in verschiedenen Selbsthilfegruppen autistischer Menschen und in der Autismus Forschungs Kooperation. Derzeit ist sie als Geschäftsführerin in der Selbtshilfe- und Selbstvetretungsorgansiation Aspies e.V. - Menschen im Autismusspektrum tätig.
Homepage: https://aspies.de/
Email: regina@aspies.de

Dr. Imke Heuer studierte Anglistik und Geschichte, hat einen PhD in English and Related Literature von der Universität York, war als Dozentin tätig und hat mehrere Jahre in Großbritannien gelebt. Als Literaturwissenschaftlerin hat sie hauptsächlich zum späten 18. und frühen 19. Jahrhundert publiziert, insbesondere zum historischen Drama und Roman sowie zur Gothic Fiction. Unter anderem hat sie sich mit Darstellung von Behinderung im romantischen Drama befasst. Ihre Autismusdiagnose, die sie erst nach dem Abschluss ihrer Promotion erhielt, führte sie zu einer intensiven persönlichen, kulturwissenschaftlichen und gesellschaftspolitischen Auseinandersetzung mit der Thematik. Sie engagiert sich für bessere gesellschaftliche Aufklärung über Autismus und für erwachsene autistische Menschen, unter anderem bei autWorker/ autSocial e. V.
Email: imke_heuer@yahoo.com

Prof. Dr. Christian Lindmeier leitet den Arbeitsbereich »Pädagogik bei kognitiver Beeinträchtigung« und den Arbeitsbereich »Pädagogik im Autismus-Spektrum« an der Martin-Luther-Universität Halle Wittenberg. Seine Forschungsschwerpunkte liegen im Bereich der theoretischen Forschung zur Pädagogik der Nicht_Behinderung, der Biographieforschung bei behinderten und benachteiligten Menschen, der Schul- und Professionsforschung zur schulischen Inklusion (insb. Übergang Schule – Beruf) sowie der Berufsbildungs- und Erwachsenbildungsforschung.
Email: christian.lindmeier@paedagogik.uni-halle.de

Ilona Mennerich ist Autistin, Mutter, Lehrerin und autodidaktische Autismus-Forscherin. Sie ist Aktivistin für Autist:innen und arbeitet in der Autismus-Selbsthilfe.

Reiko Onishi, selbst Autistin, ist Mutter zweier autistischer Kinder und engagiert sich in der Aufklärung über das Thema Autismus.

Dr.in Mechthild Richter ist wissenschaftliche Mitarbeiterin an der Martin-Luther-Universität Halle-Wittenberg, wo eine Forschungs- und Vernetzungsstelle für Pädagogik im Autismus-Spektrum aufgebaut wird. Seit ihrer Dissertation an der Universität Straßburg setzt sie sich mit pädagogischen Fragen im Kontext von Autismus auseinander, insbesondere mit schulischen Übergängen.
Email: mechthild.richter@paedagogik.uni-halle.de

Dr. Torben Rieckmann hat als wissenschaftlicher Mitarbeiter der Universität Hamburg an der weltweit größten Studie zu Trisomie 21 mitgewirkt. Als Gründer des Vereins Guter Unterricht für alle e. V. und der neurodactics GmbH hat er sich auf die Entwicklung evidenzbasierter digitaler Lernmaterialien spezialisiert, die Neurodiversität berücksichtigen.
Homepage: https://www.guter-unterricht.eu / https://neurodactics.com/
Email: torben.rieckmann@guter-unterricht.eu

Marina Röhrig ist Wirtschaftsjuristin und arbeitet ehrenamtlich mit Menschen im Autismus-Spektrum. Sie ist außerdem Fachberaterin für Menschen mit einer Autismus-Spektrum-Störung. Zu Ihren ehrenamtlichen Tätigkeiten gehören unter anderem die Leitung einer Selbsthilfegruppe sowie die Betreuung und Beratung von Menschen mit einer Autismus-Spektrum-Störung über den Autismus Rhein Main e.V.

Prof. Dr. Leonhard Schilbach ist Professor für Experimentelle Psychiatrie an der LMU München sowie Chefarzt und Stv. Ärztlicher Direktion am LVR-Klinikum Düsseldorf. Zu seinen wissenschaftlichen Arbeitsschwerpunkten gehören die behavioralen und neurobiologischen Mechanismen sozialer Interaktion sowie die sozialen Ursachen, Ausdrucksformen, Folgen und Behandlungsmöglichkeiten psychischer Erkrankungen.

PD Dr. Tobias Schuwerk ist Entwicklungspsychologe und psychologischer Psychotherapeut für Kinder, Jugendliche und Erwachsene. Er leitet das Münchner universitäre Institut für Kinder- und Jugendlichenpsychotherapie-Ausbildung (MUNIK) an der LMU München. Er forscht zu sozialer Kognition und Interaktion bei Autismus.

Dr. Hajo Seng engagiert sich seit Anfang der 2000er Jahre in der Selbsthilfe autistischer Menschen. Seine Schwerpunktthemen sind dabei die Lebenswelten autistischer Menschen, ihre »speziellen« Fähigkeiten und Autismus als Teil einer Neurodiversität. Er promovierte zum Thema »Autistisches Erleben« bei Prof. Theunissen an der Martin-Luther-Universität Halle-Wittenberg. Beruflich arbeitet er als Mathematiker im Wissenschaftlichen Dienst der Staats- und Universitätsbibliothek Hamburg.

Homepage: http://hajoseng.de
Email: hajo.seng@autsocial.de

Dr. Hanna Thaler ist Psychologin in Ausbildung zur Psychotherapeutin und Postdoktorandin an der Klinik für Psychiatrie und Psychotherapie des LMU Klinikums. Zu ihren Arbeitsschwerpunkten gehören u. a. Autismus bei Erwachsenen, Psychotherapie, Emotionsregulation und psychische Gesundheit.

Prof. Dr. habil. André Frank Zimpel ist Professor für Lernen und Entwicklung, Förderschwerpunkt geistige Entwicklung im Fachbereich EW2: Schul- und Grundschulpädagogik, Sozialpädagogik sowie Pädagogik bei Behinderung und Benachteiligung an der Universität Hamburg. Er ist Diplompsychologe, Psychotherapeut (HPG), Sonder- und Diplompädagoge (mit den Fächern: Mathematik und Kunst). Seine Forschungs- und Arbeitsschwerpunkte sind Neurodiversität, Neuropsychologie, Anthropologie, Spieltheorie und Lernschwierigkeiten.
Homepage: https://www.ew.uni-hamburg.de/ueber-die-fakultaet/personen/zimpel.html
Email: andre.zimpel@uni-hamburg.de